本书为博众精工文化资助项目

儒家要典导读书系

周易程氏传

宋·程颐 撰
邵逝夫 导读

黄山书社

周易程氏传

出版说明

一、儒家道统一脉相承，源远流长。西汉中期独尊儒术以后两千多年，儒家精神和学问向来是华夏文明的主流，尤其是经宋儒构建了完整的体系之后，从此以仁义礼智信、温良恭俭让为核心的儒家精神为天下共尊，庙堂之高，江湖之远，男女莫不知，童叟均熏染，上下一贯、内外通透，成为华夏民族的血脉和灵魂。

二、"人能弘道"。尧舜禹汤、文武周公、孔曾思孟、程朱陆王是儒家道统的圣贤，圣贤传心，经典载道，相辅相成，缺一不可。"夫子之文章"是儒家的载道之学，"夫子之言性与天道"是儒家的传心之学。儒家精神来自天道，见诸人心，靠教育来落实，教育需以经典为载体。

三、儒家数千年的经典，以六经四书和历代大儒的见道文字为核心，有经，有传，有注疏，有讲解。文以载道，圣贤们的奏疏、书信、记铭等等，莫不有天理存焉。儒家的经典文字，皆为圣贤们在不同时空和环境下应机而作，是他们体验和践履天道天理的遗存，是不同时期儒者的责任和事业。历史发展到今天，各种环境均发生了很大的移易，甚至语言系统亦有根本转变。但无论时代如何变化，人们在身心上对德性的需求、对生命问题的探索，永无止息，历久弥新。"儒家要典导读书系"即是选取儒家道统历史长河中的重要典籍，在新时代环境下，进行整理、导读和讲解。

四、"儒家要典导读书系"所选取的经典，往往是历史上起到重要作用的著述和文字，希冀以点带面，能展现儒家学问的全貌，并做出新时代和新语境下的解读，俾使普通读者发现天行健生生不息之精神，体悟自性本有之光明，完善自我人格，获取生命的喜悦感；也力图使得有志于儒家修齐治平理想的大魄力者，能以此为进学基石，循序渐进，日积月累，盈科而后进，放乎四海。

五、"儒家要典导读书系"对经典文字的整理，主要依据重要古本，参考现有优良整理本，并订正其舛误。章节分段、文字断句、标点符号等关系到对儒家精神和大儒学问的理解，当涵泳文意，反复揣摩，慎加抉择，断以己意，整理出一个清晰明确的完整简体字本，而一般不出校记。于书首撰写详尽导读，尤从儒家真精神及工夫体悟角度，阐扬圣贤们的学问面目，以期对今人的身心有所裨益。

六、孟子曰："有天爵者，有人爵者。仁义忠信，乐善不倦，此天爵也；公卿大夫，此人爵也。古之人修其天爵，而人爵从之。"岁月潮流滚滚向前，每个时代的人有每个时代下的责任，实为义不容辞。愿有心君子共同努力，默而识之，学而不厌，秉文之德，对越在天。

目 录

一

古来论《易》学者，大体以义理与象数为二途，各执己见，相互倾轧，后世遂成水火之势，乃至于不相容。究其实，则义理、象数本自一贯，实不必分。而其间之枢纽，则为象。象者，理之象。理，无形象、无声气、无方所，不可以见闻觉知，故而圣人取象以明理。《系辞》有云："圣人有以见天下之赜，而拟诸其形容，象其物宜，是故谓之象。"此之谓也。数者，象之数也，有象方有数，无象便无数可言。象是理之象，数是象之数。论《易》者，当求理、象、数一贯之旨。若是惟就象而论其理，抑或是就象而论其数，则悉皆有失偏颇。惜乎古今论《易》著述，大多莫不如此。而所谓《易》学之义理、象数两大派系正由此而分。

盖理、象、数一贯之旨，自孔子而后，便已丧亡。幸哉千余年后，有伊川程夫子（颐）续明此旨。当门人张闳中来信询问《易传》（即《周易程氏传》）状况，信中有云"《易》之义本起于数"，伊川见后，答之曰：

谓义起于数则非也。有理而后有象，有象而后有数。《易》

因象以明理，由象而知数。得其义，则象数在其中矣。（《答张闳中书》）

　　"有理而后有象，有象而后有数"，正可见理、象、数一贯之旨。而《易》则"因象以明理，由象而知数"，则可知《易》实为一大象，由六十四卦、三百八十四爻所呈现的一大象。此一大象，既尽宇宙生生之理，亦定宇宙万物之数。习《易》者，当由此一大象入手，先究明生生之理，再依之推定万物之数，惟有如此，方可谓为真明《易》理、真通《易》道。然而，由象明理，于常人为难，文王之作卦辞，周公之作爻辞，（亦有以卦辞、爻辞为孔子所作者，然观卦、爻辞，与《十翼》辞气截然不同，今不从。）其后，孔子又作《十翼》。论其要，则悉皆在于指明《易》理。盖倘不能由象而明理，则纵是能由象推数，其所知者，也只是个知其然而不知其所以然。概言之，卦、爻辞也好，《十翼》也罢，都是依据《易》象来指明《易》理。而《易》理明后，于数，亦可谓思过半矣。故知，由辞（即卦、爻辞与《十翼》），则既可究明《易》理，亦可观象知数。此即伊川所谓"理既见乎辞矣，则可由辞以观象"（《答张闳中书》）。此亦为习《易》之要法。

　　明乎此，则知伏羲画八卦，文王重之为六十四卦，并作卦辞，周公续之，作爻辞，其后，孔子又作《十翼》，诸圣之所为，实在是一以贯之。然而，孔子作《十翼》后，虽然传其《易》学者不乏其人，"而所传之义，惟《易》之亡最早"（皮锡瑞《经学通论》）。至于汉唐经学，以《易》名家者亦甚众，然能明《易》之大义者，却也并无其人。时至北宋，方有濂溪周夫子（敦颐）通晓其义，而示之与明道（程颢）、伊川二夫子。明道早逝，止留少许论《易》之言于《遗书》，伊川则依循濂溪之教，反复体贴，穷毕生之功，终而撰成《周易程氏传》（简称《易传》）传于世。至此，则《易》理更无余义，诚如黄宗羲所云：

> ……逮伊川作《易传》，收其昆仑旁薄者，散之于六十四卦中，理到语精，《易》道于是而大定矣。（《易学象数论·自序》）

依笔者之浅见，则自伏羲、文王、周公、孔子至于濂溪、伊川，是为《易》学之正脉，后世之习《易》者，由伊川《易传》入手，庶几无误。伊川亦颇自信，其尝有云：

> 自孔子赞《易》之后，更无人会读《易》。先儒不见于书者，有则不可知；见于书者，皆未尽。如王辅嗣、韩康伯，只以庄、老解之，是何道理？某于《易传》，杀曾下工夫。如学者见问，尽有可商量，书则未欲出之也。（《河南程氏外书》卷五）

直续孔子之意，洋溢于字里行间。

然而，时至今日，学者仅仅将伊川《易传》视作为义理派《易》学著述的一种，认为伊川与他人一般，也只是在就《易》象、《易》辞谈义理，只不过较之他人，述理更加精纯，陈辞更见深切而已。如此一来，伊川《易传》的真价值也就被掩埋了。笔者早年读伊川《易传》，为世说所囿，亦是如此。后来方识得伊川之论《易》理，与他人论《易》理着实不同。盖伊川观

《易》象、读《易》辞，深知其象、其辞皆是为了指明《易》理，故而，观其象、玩其辞而究明象、辞背后所蕴藏的《易》理，而后再依据此理去阐述圣人取象、系辞的用心。如此一来，则象是明理之象，辞也是明理之辞。故而，我们读伊川《易传》，会发现象、辞悉皆归宗于理，都是理的承载。诚如伊川所自述："至微者，理也；至著者，象也。体用一源，显微无间。"（《易传序》）他人则不然，往往只是就《易》象、遵《易》辞去论述义理。在他们那里，理是象、辞之理。无可否认，如此述《易》，往往也会有精彩之处，如范文正公（仲淹）之《易义》、胡安定公（瑗）之《周易口义》等。然而，如此述《易》，往往无免乎两种弊端：一、无从一贯。故而，读诸人之《易》著，总会觉得一卦有一卦之理，一爻有一爻之理，读来也颇觉有理，可终究像是一盘散沙。二、臆测附会。圣人取象、系辞，皆本自于理，明了象、辞背后的理，再来论述象、辞，所述自然从容适中。然而，未曾究明象、辞背后的理，而只是依照象、辞来强行说理，则难免会有牵强附会之处。关于这一点，伊川便曾作过批评：

今时人看《易》，皆不识得《易》是何物，只就上穿凿。若念得不熟与，就上添一德亦不觉多，就上减一德亦不觉少。譬如不识此兀子，若减一只脚亦不知是少，添一只脚亦不知是多。若识，则自添减不得也。（《河南程氏外书》卷五）

正因为此，读诸人《易》著，常常会有似是而非之感。更有甚者，则以一己之见代替圣人之意去论述《易》理，如以老、庄释《易》、以禅释《易》、以自然之道释《易》、以功利之说释

《易》，等等，悉皆如此。如此释《易》，或可成一家之言，然皆非《易》学之正统。

概言之，则在他人，理是象、辞之理；在伊川，则象、辞是理之象、辞。乍一看，二者似无差别，细究之，则可谓天壤之别。故而，在他人，不免乎支离破碎、牵强附会；在伊川，则象、辞无不统摄于理之下。故而，六十四卦、三百八十四爻实为一贯，浑然天成；而其述圣人之意，笃实、自然，宛若铁定一般。正所谓"失之毫厘，谬以千里"。当然，也有人以为伊川的理也只是伊川的理，伊川《易传》也只是一种"六经注我"的态度。睿智如朱子，也是如此认识：

> 伊川见得个大道理，却将经来合他这道理，不是解《易》。（《朱子语类》卷六十七）

却不知伊川所见的这个"大道理"，实乃经由体贴《易》象、玩味《易》辞所得，其实即是《易》理。以《易》理解《易》，"不是解《易》"，莫不成以一己之意牵强附会，方是解《易》？朱子续孔、颜、曾、思、孟诸圣，周、张、程、邵诸子之学，而为理学之集大成，实为万世之师，然其论《易》论《春秋》，则皆有违于圣人之意。且观其论《易》，一则曰"《易》本为卜筮而作"，一则曰"学《易》者须将《易》各自看，伏羲《易》，自作伏羲《易》看，是时未有一辞也；文王《易》，自作文王《易》；周公《易》，自作周公《易》；孔子《易》，自作孔子《易》看。必欲牵合作一意看，不得"（皆见《朱子语类》卷六十六），皆大失《易》之正义。

二

自十数岁始，直至七十五岁病逝，伊川一生，除却哲宗元祐年初尝任崇政殿说书一年多外，有六十年左右的岁月悉皆从事于治学（伊川先生生平，详见《河南程氏遗书》导读）。伊川于四书五经，皆有深入研究，并曾一一解读。时至今日，不少文字已然佚失，然今存《河南程氏经说》依旧保存了伊川关于《尚书》《诗经》《春秋》《论语》《中庸》等诸经典的诠释文字，从中可见伊川诠释经学之范式，也正是这些文字奠定了宋明理学的基础，对后世如胡文定（安国）、张南轩（栻）、朱子（熹）、吕东莱（祖谦）等人释读经典产生了巨大的影响。然而，若论伊川用心最深、耗时最久者，则莫过于《周易》。可以说，对于《周易》的体贴玩味，贯穿着伊川的整个治学生涯。

至于伊川之《易》学，或可一言以概之，曰：因濂溪之教而上续孔子《易》。

仁宗庆历六年（1046），伊川与其兄明道遵父亲之嘱，从学于濂溪先生。濂溪疏于撰述，今存文字不足万言，然据其《太极图说》及《通书》，可知其学实本于《易》。濂溪虽然未曾解《易》，然其通晓《易》理，深明《易》道。究其实，则濂溪《易》学本自于孔子《十翼》，尤其是《系辞》。试读《通书》中此诸文字，自可一目了然：

诚者，圣人之本。"大哉乾元，万物资始"，诚之源也；"乾道变化，各正性命"，诚斯立焉。纯粹至善者也。故曰：

"一阴一阳之谓道，继之者，善也；成之者，性也。"元、亨，诚之通；利、贞，诚之复。大哉《易》也，性命之源乎！（《诚上第一》）

"寂然不动"者，诚也；"感而遂通"者，神也；动而未形、有无之间者，几也。诚，精故明；神，应故妙；几，微故幽。诚、神、几，日圣人。（《圣第四》）

至诚则动，"动则变，变则化"，故日："拟之而后言，议之而后动，拟议以成其变化。"（《拟议第三十五》）

尽管未曾系统解《易》，然而，濂溪必定曾对《易》之象、辞作过全面深入地体贴、玩味，有诗为证：

双双瓦雀行书案，点点杨花入砚池。闲坐小窗读《周易》，不知春去几多时。（《暮春即事》）

书房兀坐万机休，日暖风和草色幽。谁道二千年远事，而今只在眼前头。（《读易象》）

并已将《易》理贯穿于日常生活之中：

有风还自掩，无事昼常关。开阖从方便，乾坤在此间。（《题门扉》）

濂溪于圣人取象以明理，体味极深，其有云：

圣人之精，画卦以示；圣人之蕴，因卦以发。卦不画，圣人之

精，不可得而见；微卦，圣人之蕴，殆不可悉得而闻。《易》，何止五经之源，其天地鬼神之奥乎！（《通书·精蕴第三十》）

《通书》中尚存有濂溪关于《乾》《损》《益》《家人》《睽》《复》《无妄》《蒙》《艮》诸卦的陈述，其中可见其观象玩辞以明理，并已然关注卦序关系：

君子乾乾，不息于诚，然必"惩忿窒欲""迁善改过"而后至。《乾》之用，其善是，《损》《益》之大莫是过。圣人之旨深哉！"吉凶悔吝生乎动"，噫！吉，一而已，动可不慎乎！（《乾损益动第三十一》）

治天下有本，身之谓也；治天下有则，家之谓也。本必端，端本，诚心而已矣；则必善，善则，和亲而已矣。家难而天下易，家亲而天下疏也。家人离，必起于妇人，故《睽》次《家人》，以"二女同居，而志不同行"也。尧所以釐降二女于妫汭，舜可禅乎？吾兹试矣。是治天下观于家，治家，观身而已矣。身端，心诚之谓也。诚心，复其不善之动而已矣。不善之动，妄也。妄复，则无妄矣。无妄则诚矣。故《无妄》次《复》，而曰"先王以茂对时、育万物"。深哉！（《家人睽复无妄第三十二》）

"童蒙求我"，我正果行，如筮焉。筮，叩神也。再三则渎矣，渎则不告也。"山下出泉"，静而清也。汩则乱，乱不决也。慎哉！其惟"时中"乎！"艮其背"，背，非见也。静而止，止，非为也。为，不止也。其道也深乎！（《蒙艮第四十》）

此中所强调之"时中"，实亦为伊川《易传》之核心（后文将详述之）。据说濂溪还曾为《同人》卦作解，惜已遗佚，今则不可见。而濂溪于《易》，玩味体贴之所得，则集中在太极图及《太极图说》中，濂溪据《系辞》"一阴一阳之谓道""生生之谓易""天地之大德曰生""乾道成男，坤道成女"诸意，演绎出完备的宇宙生成论，并将之落实为人生论，就此贯通天人，集理论、工夫于一体，将儒家成圣之学揭示得一览无余。关于《太极图说》，笔者另有传文论述，此则不赘。

濂溪之学本于《易》，故而，其讲学论学，自然离不得《易》，故而，伊川追忆从学于濂溪之时，有云：

> 昔吾受《易》于周子，使吾求仲尼、颜子之所乐。要哉此言！二三子志之！（《河南程氏粹言》卷一）

儒门之学，讲求自得。然而，若是经由师长先行指示道理，而后求之于经，体贴玩味，则更易自得之。故知，明道、伊川于天理皆为"自家体贴出来"，然濂溪的指示、启悟之功却亦不可轻忽视之。而以笔者之见，明道、伊川体贴天理所依据之经典，即当为《易》。正是因为得濂溪之教，二程兄弟二十四五岁时便已经"深明《易》道"，而令横渠张夫子（载）为之折服：

> 横渠昔在京师，坐虎皮，说《周易》，听从甚众。一夕，二程先生至，论《易》。次日，横渠撤去虎皮，曰："吾平日为诸公说者，皆乱道。有二程近到，深明《易》道，吾所弗及，汝辈可师之。"（《河南程氏外书》卷十二）

濂溪《易》学以孔子《易》为本，伊川则遵其所授，向上直承孔子《十翼》，反复体贴，终而于晚岁撰定《易传》。伊川释《易》，根本在于《系辞》。《易传》中引述、化用《系辞》处甚多，最直接的体现便是《系辞》中孔子释诸爻处共十九条，除却释《乾》卦上九者，因《文言》有重文，其余十八条，伊川悉皆有所引述。相信伊川曾于此诸文字反复体贴，终而不但加以引述，还从中探索出诠释《周易》的范式，这一范式的成果便是《易传》。

因为伊川在京师期间，曾入太学，就学于安定先生（胡瑗），安定长于经学，有《周易口义》《洪范口义》等传于世。学界便以为伊川《易》学得益于安定处者为多，并就此否定伊川之于濂溪《易》学的传承。此非确论。观诸学人所述，以伊川《易》学得之于安定者，无非四点：一、伊川劝初习《易》者先看安定说《易》文字；二、以"易"为"变易"说；三、推重《序卦》；四、解《易》方法相似，如"以史证《易》"。现一一辩解如下：

其一，伊川劝初习《易》者先看安定说《易》文字。这是事实：

《易》有百余家，难为遍观。如素未读，不晓文义，且须看王弼、胡先生、荆公三家。理会得文义，且要熟读，然后却有用心处。（《河南程氏遗书》卷十九）

若欲治《易》，先寻绎令熟，只看王弼、胡先生、王介甫三家文字，令通贯。余人《易》说，无取，枉费功。（《与金堂谢君书》）

然而，以此来论定伊川《易》学本于安定之教，甚是无端。若如此，论者亦可谓伊川《易》学本于王弼、王荆公（安石，字介甫）之《易》学了。事实绝不然，伊川于王弼、王荆公注《易》批评处甚多，且直指为"不见道""不识理"：

王弼注《易》，元不见道，但却以老、庄之意解说而已。（《河南程氏遗书》卷一）

介甫解"直、方、大"，云："因物之性而生之，直也；成物之形而不可易，方也。"人见似好，只是不识理。如此，是物先有个性，坤因而生之，是甚义理？全不识也。（《河南程氏遗书》卷十九）

至于安定说《易》，伊川亦有不指名的批评，如伊川释《贲》卦《彖传》，有云："卦之变，皆自乾、坤，先儒不达，故谓《贲》本是《泰》卦，岂有乾、坤重而为《泰》，又由《泰》而变之理？"此中"不达"之先儒，便有安定："《贲》卦自《泰》而得，坤之上六来居乾之九二，此以柔道文饰刚健之德也。"（《周易口义》）

伊川劝初习《易》者先看安定述《易》文字，实因安定说《易》于文义较通，且常常能作文字校正，而非安定说《易》义理出色。而伊川《易传》引述安定文字数处，悉皆取其文义，皆与义理无涉。如"安定胡公以'陆'为'逵'。'逵'，云路也，谓虚空之中。"（《渐卦》）且伊川亦有不以安定为然处，如于《夬》卦九三，伊川有云："爻辞差错，安定胡公移其文曰：'壮于頄，有凶，独行遇雨，若濡，有愠，君子夬夬，无咎。'亦未安也。当云：'壮于頄，有凶，独行遇雨，君子夬夬，若濡，有愠，无咎。'"

其二，以"易"为"变易"说。伊川《易传序》上来即云："易，变易也，随时变易以从道也。"而安定尝有云："大《易》之作，专取变易之义。盖变易之道，天人之理也。以天道言之，则阴阳变易而成万物，寒暑变易而成四时，日月变易而成昼夜；以人事言之，则得失变易而成吉凶，情伪变易而成利害，君子小人变易而成治乱。故天之变易，则归乎生成而自为常道；若人事变易，则固在上位者裁制之如何耳。"（《周易口义发题》）于是，学者便以为伊川受到安定的影响，而将"'变易'视为《周易》的精髓和基本特征"，且不论《易》"变"之义，遍布《系辞》，不必受某人影响方才明之。即就伊川与安定对于"变易"的理解也迥然有别，观伊川之意，"变易"乃是为了"从道"，"道"是生生之道，变迁不止，故而，惟有"随时变易"方能"从道"。而安定的"变易"只是对自然法则的描述。他认为《易》讲的就是"变易之道"，就是"天人之理"，这正是前文中所指出的"就《易》象、遵《易》辞去论述义理"，距离真正的《易》道尚有一定的距离。

其三，推重《序卦》。伊川《易传》将《序卦》放置于每卦之首，并作了详实解说。安定亦是如此。故而，学者便以为伊川受安定影响，其实置《序卦》于每卦之首，安定并非首创，此且不必说。关键仍在于二者对于《序卦》的体认完全不同，虽然有学者说"胡瑗认为《周易》六十四卦是一个有序的整体"，然而，我们读《周易口义》，便会发现安定根本没有依据《序卦》去揭示六十四卦的内在联系。如其释《蒙》卦：

按，《序卦》云"屯者，物之始生也。物生必蒙，故受之以《蒙》"，又曰"蒙者，物之稚也"，言若人之幼稚，其心未有所知，故曰"蒙"也。

观安定之意，根本无视《序卦》中所述《蒙》卦之所以在《屯》卦之后的原由，再来看看伊川是如何引用《序卦》的：

《蒙》，《序卦》："屯者，盈也；屯者，物之始生也。物生必蒙，故受之以《蒙》。蒙者，蒙也，物之稚也。"屯者，物之始生，物始生稚小，蒙昧未发，《蒙》所以次《屯》也。

很显然，伊川引用《序卦》的目的在于强调卦与卦之间的先后次序，所以，几乎每一卦，在引用《序卦》之后，伊川都会有"所以次"字样，如《需》卦，"故《需》为饮食之道，所以次《蒙》也"；又如《讼》卦，"《讼》所以次《需》也"，等等。原因很简单，伊川真正体认到六十四卦乃为一演进的整体之象（详述见后）。而安定则并没有如此的体认。

其四，解《易》方法相似，如"以史证《易》"。确实，伊川《易传》中常有"引史证《易》"之处，然而，引史证经，自孔子始，便是儒家诠释之一法。若如此者，亦能强加附会，则濂溪所存说《易》文字仅寥寥数条，却也有引史证《易》处（见前引），则伊川又何必待安定之教？其实，伊川《易传》诠释之核心特征在于以经释《易》，据学者统计，伊川《易传》中引《诗》六次、引《书》九次、引《论语》十次、引《孟子》十六次，惟引《礼》引《春秋》处较少。

如此辩解，并非要否认安定之于伊川的影响。只是想表明一点：真正意义上的学问传承，不在于表象的问学关系，也不在于记问之学的传承，而在于对道体的体认，进而产生学问精神与学术担当之一致。从这一个层面而言，朱子、南轩等人以周程授受，可谓确论，无可动摇！

三

《易》本为一大象，由六十四卦、三百八十四爻所呈现的一大象。之所以称之为"一大象"，是为了强调其整体性、一贯性。此一大象，实为阴阳消长所呈现的变化之象。"一阴一阳之谓道"，阴阳消长是有其规则的，这一个规则便是"道"。

> "一阴一阳之谓道"，道非阴阳也，所以一阴一阳，道也。如一阖一辟谓之变。（《河南程氏遗书》卷三）

"道"无形无象，看不见，也摸不着。然而，道却有其载体，其载体便是气。气只是一气，因其动则必有对，而此消彼长，彼进此退，故而以阴阳为名。阴阳乃是气的两种相对的形态，并非阴是一气，阳又是另一气。"道"非其他，只是一个生道：

> "生生之谓易"，是天之所以为道也。天只是以生为道，继此生理者，即是善也。善便有一个元底意思。"元者，善之长"，万物皆有春意，便是"继之者，善也"。"成之者，性也"，成却待佗万物自成其性须得。（《河南程氏遗书》卷二上）

阴阳消长即是生道的体现。阴阳消长则自然会呈现为四象、八卦，此即所谓"易有太极，是生两仪，两仪生四象，四象生八卦"。"生"，不是生成的意思，而是呈现的意思。两仪即阴阳，阴阳消长则必然会呈现为四象，呈现为八卦。同样，八卦相重而得的六十四卦，也是阴阳消长所呈现出来的象。

象自然是气所呈现的象，气又是遵循于"道"而运行的，所以，气所呈现的象，即是"道"的体现。由此则知，所谓两仪、四象、八卦、六十四卦，其实都是"道"的体现。这一个"道"，伊川称之为天理。故知，《易》象即是天理的体现。而伏羲之所以要画八卦、文王之所以要重八卦为六十四卦，正是为了以象示理。

天理永恒，故而，阴阳消长，无始无终，而宇宙生生不息，无穷无尽，又岂是寥寥六十四卦所能体现的？这其中有着一个关键。圣人观天地运行之象，深明其间阴阳消长，无始无终，然而，其所谓无始无终者，乃是因为阴阳消长周而复始，循环不断，其终即是其始。而非只消不长，亦非只长不消。也惟有周而复始，循环不断，方才可以恒久。此所谓"无往不复"。既然如此，可知阴阳消长乃是有周期的。惟此周期终而复始，循环不绝。宇宙之生生不息，正源于此。既然如此，则定一周期之象，即可总括无穷无尽之生生之象，即可尽天地变化之道，即可全然体现天理。故知，伏羲画八卦，八卦者，阴阳消长之一周期之象也；文王重八卦为六十四卦，六十四卦者，亦阴阳消长之一周期之象也。文王之所以重八卦为六十四卦，乃是因时而为。盖伏羲之世，人心淳朴，于天理为近，故而画八卦，便已可"继天地、理人伦而明王道"（《乾凿度》）；至于文王之世，则私欲渐盛，于天理为远，故而，必要重八卦为六十四卦，且为之系辞，方才可以"继天地、理人伦而明王道"；又至于孔子之世，物欲横流，礼乐败坏，则《十翼》又不得不作。

《易》之六十四卦乃为一大象，此象所呈现者，乃为阴阳消长之一大周期。此一大周期乃为宇宙生生无穷无尽之周期之一，而此一大周期内，又涵盖有无数之小周期。且以一年为一大周期为喻，则年复一年，循环不绝，此为无穷无尽；而一年中有月，月中有日，日中有时，时中有分，分中有秒，如此分解下去，亦是无尽。六十四卦既为阴阳消长之一大周期之象，则知此一大象乃为一演进的整体之象，也就是说，六十四卦的次序乃是天理的体现，是严密的，无可动摇的。既然是演进的，则必定会落实到时上来，时，乃是延续的，每一时，都是整体演进中的一个环节。六十四卦，正是六十四个时象。我们读《周易》，会发现孔子反复强调"时""时义""时用"之大，正因为此。而伊川之所以强调《序卦》，正是因为《序卦》明示了六十四卦的演进关系。

六十四卦，即六十四个时象。然而，在这其中，《乾》《坤》二卦较为特殊，因为就实质而言，《乾》《坤》二卦便已总括了阴阳消长之一大周期，只不过过于简要，后世之人往往难以理会。故而，虽然对于阴阳消长的周期而言，《乾》《坤》二卦本也只是其中的两个环节，然而，因为具有总括之义，故而，文王将它们置于六十四卦之首，以示《乾》《坤》二卦乃为《易》之纲要。孔子于此，体味极深，故有云："《乾》《坤》，其《易》之蕴邪！《乾》《坤》成列，而《易》立乎其中矣。《乾》《坤》毁，则无以见《易》，《易》不可见，则

《乾》《坤》或几乎息矣。"（《系辞上》）又云："《乾》《坤》，其《易》之门邪！"（《系辞下》）而其撰《序卦》，亦是从《屯》卦开始，而直指《乾》《坤》为"天地"："有天地，然后万物生焉。"前人论《易》，必以上经三十，下经三十四为说。此说自不无道理，即伊川亦如此说，"天地，万物之本；夫妇，人伦之始，所以上经首《乾》《坤》，下经首《咸》，继以《恒》也。"（《易传·咸》）然笔者终觉不安，若依文王、孔子之意，则或当以《乾》《坤》二卦为上经，《屯》至《未济》卦为下经，方才妥帖。而自《屯》至《未济》，正可见由始而终、终而复始之意。且前人所公认之上经以《习坎》《离》为终，下经以《咸》《恒》为始。细析之，则《离》《咸》二卦可谓次第相承，浑然一贯。《习坎》为陷险，必有所附丽，方可脱险，故次之以《离》。离，附丽。相互附丽，则必要互有感应，故次之以《咸》。咸，感也。当然，笔者亦不敢自是，惟就此提出，以供大方之家教正。

六十四卦乃为时象。那么，三百八十四爻所呈现的又是什么？答曰：位象。时象，呈现的是先后，是次序。位象，呈现的则是上下、前后、左右的空间关系。六十四卦乃由八卦相重而成，故而，圣人论卦，则必以上下论。惟此上下，其实已经包含前后、左右在内。与时一般，位亦是天理的体现。

时即时间，位即空间，时空皆为天理的体现。"四方上下曰宇，古往今来曰宙"（《尸子》），宇即空间，宙即时间，宇宙即是时空。故知，宇宙即是天理所体现之一大象。而《易》象——六十四卦、三百八十四爻即为宇宙之象的总括。正可谓"广大悉备"。

卦为时象，爻为位象，时与位皆是天理的体现。文王、周公又为之系辞，作卦辞释时之义，作爻辞释位之义。及至孔子，又作《文言》详释《乾》《坤》二卦，作《彖传》上下释卦辞，作《大象传》释一卦之义，作《小象传》释爻辞，作《系辞》上下概述《易》理，作《序卦》释诸卦次序，作《说卦》《杂卦》浅述诸卦之义。至此，《周易》成矣。

一部《周易》，每一卦、每一爻，每一字、每一词，悉皆本自于"道"——天理。明乎此，再去读伊川《易传》，便可知《易传》之为深得圣人之用心，而与圣人同。

伊川深明《易》乃为一大象，而圣人取象作辞，无非在于指示天理。惜乎此意，自孔子而后，惟孟子知之，孟子而后，则更无知者。哀《易》道之丧，伊川决心作《易传》。

去古虽远，遗经尚存。然而前儒失意以传言，后学诵言而忘味。自秦而下，盖无传矣。予生千余载之后，悼斯文之湮晦，将俾后人沿流而求源，此《传》所以作也。（《易传序》）

如前所述，伊川一生，解经无数，然论其用心之深、耗时之久者，则莫过乎《易》。至于伊川何时开始撰述《易传》，今则已不可考。然而，伊川与明道一道，从《周易》中拈出"敬以直内，义以方外"为生命涵养之要。《河南程氏遗书》《河南程氏外书》中又收录了诸多伊川论《易》述《易》之言。由此可见，伊川很早便已开始讲授《周易》。依据伊川自述，笔者以为《易传》初稿当撰定于其六十岁之前：

先生尝说："某于《易传》，今却已自成书，但逐旋修改，期以七十，其书可出。韩退之称'聪明不及于前时，道德日负于初心'，然某于《易传》，后来所改者无几，不知如何？姑且更期之以十年之功，看如何。"（《河南程氏遗书》卷十七）

既云"期以七十，其书可出"，又云"更期之以十年之功"，由此推断，则伊川《易传》初稿当撰成于六十岁之前。其后，伊川不断修订《易传》。到了六十七岁那年（元符二年），终于撰定《易传》，并作了《易传序》。其时，伊川编管涪州。元符三年（1100）四月，天下大赦，伊川得以返归洛阳，却依旧未曾将《易传》轻易示人，惟有在门人恳请之时，方才亲自取出，以示门弟子。至于《易传序》，则似乎曾传授予门弟子：

伊川自涪陵归，《易传》已成，未尝示人。门弟子请益，有及《易》书者，方命小奴取书箧以出，身自发之，以示门弟子，非所请不敢多阅。一日，出《易传序》示门弟子。（《河南程氏外书》卷十二）

崇宁元年（1102），门人张闳中来信询问《易传》，伊川答曰：

《易传》未传，自量精力未衰，尚觊有少进尔。然亦不必直待身后，觉耄则传矣。书虽未出，学未尝不传也，第患无受之者尔。（《答张闳中书》）

此年，伊川已整整七十岁矣。由"自量精力未衰，尚觊有少进尔"，可见伊川仍希望精益求精，他的这一追求一直延续到逝世之前病重，这种精神着实令人感动。

> 子为《易传》成，门人再三请传，终不可。问其故，子曰："尚不祈有少进也乎？"时年已七十余矣。（《粹言》卷一）

时至崇宁五年（1106），伊川已经七十四岁，《易传》成书已久，却依然不曾传于学者，有人问起时，伊川依旧答曰："自量精力未衰，尚觊有少进尔。"大观元年（1107），伊川病重，"始以授尹焞、张绎"（朱熹《伊川先生年谱》），且曰："只说得七分，后人更须自体究。"（《河南程氏外书》卷十一）是年九月，伊川病逝。以笔者之见，伊川《易传》于《易》理之发明已然更无余义，惟在于学者体贴自得而已。"七分"之说，或为伊川自谦之辞；或为《易传》之辞虽已尽意，之于玩味有得则在乎其人也。笔者倾向于后说，因为伊川在《易传序》之末亦曾传达出这一层意思："予所传者，辞也。由辞以得其意，则在乎人焉。"故知，那剩余的三分，不在伊川处，却在于吾人处也。

有学者以为伊川一生用心，其本在于《易》。诚哉斯言！其实，伊川逝后，其晚年重要弟子和靖先生（尹焞）便曾作过这样一番陈述：

> 先生生平用意，惟在《易传》，求先生之学者，观此足矣！《语录》之类，出于学者所记，所见有浅深，故所记有工拙，盖未能无失也。（朱熹《伊川先生年谱》）

伊川之学本于《易》，其出处亦一遵于《易》。和靖又有云：

> 先生践履尽《易》，其作《传》，只是因而写成，熟读玩味，即可见矣。（同上）

亦即伊川《易传》实即伊川之所为，笔者尝细细绎伊川生平，诚然如此。观其出任崇政殿说书一事，正与其释《比》卦九五爻辞时所云"以臣于君言之，竭其忠诚，致其才力，乃显其比君之道也，用之与否，在君而已，不可阿谀逢迎，求其比己也"如出一辙：

元祐元年（1086），伊川蒙召对，太皇太后面谕，将以伊川为崇政殿说书，伊川面辞，不允。其后，伊川上《乞再上殿论经筵事札子》，其中有云：

> ……窃以知人则哲，帝尧所难。虽陛下圣鉴之明，然臣方获进对于顷刻之间，陛下见其何者，遽加擢任？今取臣于畎亩之中，骤置经筵，盖非常之举，朝廷责其报效，天下之所观瞩。苟或不当，则失望于今而贻讥于后，可不慎哉？臣亦未敢必辞，只乞再令臣上殿，进札子三道，言经筵事。所言而是，则陛下用臣为不误，臣之受命为无愧；所言而非，是其才不足用也，固可听其辞避。如此则朝廷无举动之过，愚臣得去就之宜。

真可谓"显其比君之道"，而"用之与否，在君而已"，而绝无半点"阿谀"之状。所行即其所学，于伊川，我见之也！

伊川毕其一生之力，慎之又慎，反复修订，终而撰成《易传》。伊川《易传》直承孔子《易》学精神，实为《易学》之正脉。笔者时常劝勉习《易》者由伊川《易传》入手，然而，因为《易》学本不易明，而伊川《易传》又可谓"精义入神"者，若无明确之指导纲要，一时恐怕也难以读懂。为此，笔者拟就研习伊川《易传》提示三个纲领，三者皆为伊川《易传》的关键所在，即：一、体用一源，显微无间；二、理一分殊；三、时中。有了前文中关于理、象、数一贯以及《易》乃为一大象的陈述，对于这三者便也能够轻松理解了。

一、体用一源，显微无间。

这八个字出现在《易传序》中："至微者，理也；至著者，象也。体用一源，显微无间。"所谓体者、微者，理也；所谓用者、显者，象也。所谓"一源"，即不二。理与象是不二的，象是理之象，理是象之理，即象即理，即理即象。所谓"无间"，即浑然一体。显明的象与幽微的理浑然一体，故而，要究明幽微的理就当到显明的象中去求。"体用一源"就理而言，象不离理；"显微无间"就象而言，理在象中。此所谓"即体而言，用在体；即用而言，体在用"。而据前文所述，则《易》之一大象即为一大周期之象，而一卦即一时象，一爻即一位象，则一大象即天理于一大周期之体现，一卦即天理于一时之体现，一爻即天理于一位之体现。不正是"体用一源，显微无间"吗？

有了这八个字，再来读《易传》，就会理解伊川为何每一卦都会不厌其烦地讲明卦象，他讲明卦象，是为了指示卦象背后所蕴藏的理。因为六十四卦皆由八卦相重而成，故而伊川论象，往往都会"以二体言之"，所谓"二体"，即上下二卦。又因为每卦皆具六爻，故而伊川论象，亦常常会"以爻言之"。如《师》卦：

为卦，坤上坎下。以二体言之，地中有水，为众聚之象；以二卦之义言之，内险外顺，险道而以顺行，师之义也；以爻言之，一阳而为众阴之主，统众之象也。《比》以一阳为众阴之主而在上，君之象也；《师》以一阳为众阴之主而在下，将帅之象也。

理岂非全在象中？故而，要明《易》理，当在《易》象中求。"体用一源，显微无间"八个字，因为将《易》义陈述得淋漓尽致，乃至于曾为弟子尹焞指为"似太露天机"：

一日，出《易传序》示门弟子，先生（尹焞）受之归，伏读数日后，见伊川。伊川问所见，先生曰："某古欲有所问，然不敢发。"伊川曰："何事也？"先生曰："'至微者，理也；至著者，象也。体用一源，显微无间'，似太露天机也。"伊川叹美曰："近日学者何尝及此？某亦不得已而言焉耳。"（《河南程氏外书》卷十二）

二、理一分殊。

伊川讲"理一分殊"，遍观今存二程著述，如《河南程氏遗书》《河南程氏外书》《河南程氏文集》《河南程氏经说》等，止有一见，即在其与龟山先生（杨时）讨论横渠《西铭》之时：

《西铭》之为书，推理以存义，扩前圣所未发，与孟子性善、养气之论同功，岂墨氏之比哉？《西铭》明理一而分殊，墨

氏则二本而无分。(《答杨时论〈西铭〉书》)

伊川推崇《西铭》甚高。理一分殊,意谓分殊之理本于一理,此一理者,即是天理。亦即就天(指自然之天,而非本体之天,天理之天则为本体之天)、地、人、事、物而言,天有天之理,地有地之理,人有人之理,事有事之理,物有物之理。然而,这诸多的理,究其实,则悉皆本于天理。天理在天即为天之理,在地即为地之理,在人即为人之理,在事即为事之理,在物即为物之理。这就是理一分殊。伊川有着另一个说法:"道一理殊。"

散之在理,则有万殊;统之在道,则无二致。(《易序》)

理有万殊,天、地、人、事、物,各有各的理,何止是万殊?然而,究其实,则悉皆本自于道,并无二致。很显然,此中的"道"即理一之理,"理"即分殊之理。"道一理殊"即为"理一分殊"。(关于《易序》的作者是否为伊川,学界尚有争论,然笔者观其辞气,与《易传序》颇为相类,而其所述《易》理,亦与《易传》全然一贯,故而,仍旧认定为伊川之作。)

理一分殊的说法,濂溪已发先声:

二气五行,化生万物。五殊二实,二本则一。是万为一,一实万分。万一各正,小大有定。(《通书·理性命第二十二》)

有学者认为濂溪的这个说法对后世理学家产生了重大影响:"后来理学家所常说的一些本体论的命题,诸如'一本万殊''理一分殊''体用一源''全体大用',实际上都是依据周敦颐的这种表述提炼而成的。"（余敦康《汉宋易学解读》）笔者以为伊川当是或多或少受到了濂溪的影响，事实上，伊川《易传》所要抵达的正是"万一各正，小大有定"，亦即为每一卦（时）、每一爻（位）都下一个铁定之论述。这或许也正是伊川于《易传》之传慎之又慎的原因。盖于伊川而言，但有一爻之论尚不能全然合理，则《易传》即不可传。前贤的这种治学精神，今日已不可见矣！

遵循理一分殊之旨，研习《易传》有着两个过程：其一，玩味伊川之释，体贴天理；伊川之所释者，无非《易》象、《易》辞，根本在于明理。无伊川之释，就《易》象、《易》辞本亦可以体贴天理，然而，因去古甚远，伊川之世，学人便已难以直接理会，更何况今日？故而，学者需要玩味伊川之释。这一个过程，要在体贴天理——理一之理。体贴得理一之理，还需要逐一究明分殊之理，亦即于每一卦、每一爻之理一一究明。惟有如此，方可识得《易》乃为一大象，乃为一浑然之整体。这便是第二个过程——依天理而明六十四卦、三百八十四爻之理。明了卦、爻之理，则于时之理、位之理，成竹在胸，自此即可依之行事了。

理一分殊，乃是伊川《易传》的核心构架。故而，我们读《易传》，既要明理一之理，又要明分殊之理。只明理一之理，不明分殊之理，则不得《易》之用。

三、时中。

"体用一源，显微无间"与"理一分殊"二者，所指示的仍旧是究明《易》理（含理一之理与分殊之理）的指导纲领。时中则已然落实至人事，倾向于指明《易》之用。现今的学者，大多是学问与人生二分，学问归学问，人生归人生，《易》学家们更是如此。伊川则不然，如前所述，其一生践履，全然尽《易》。他将其毕生对《易》的体贴写进了《易传》，就此来指导世人明《易》用《易》。亦因为此，后世之人往往将伊川《易传》划归为言"人事"：

> 程子不信邵子之数，故邵子以数言《易》，而程子此《传》则言理。一阐天道，一切人事。（《四库全书总目》卷二《〈易传〉提要》）

且不论邵子言《易》是否是"以数言《易》"（邵子其实是以《易》理而言象、数），以伊川《易传》"切人事"便已极偏颇，盖不明伊川《易传》先明天理，后明卦、爻之理，终而归于言"人事"。伊川之言"人事"，实乃由天理一贯而下，言"人事"，则天道已在其中。

所谓时中，即为尽天理。时时遵循天理，事事合乎天理，自然时中——时时无过无不及。时中，于事而言，则事事有成；于物而言，则物各付物。"万物无一物失所，便是天理时中"（《河南程氏遗书》卷五）。而《易》之象、辞无非是为了指示一卦一爻之理，一卦一爻之理，本为天理在于时、位之体现，故能全然遵循卦爻之理而为，即是尽天理，即可时中。此即《易》之根本大义，故伊川有云：

> 尽天理，斯谓之《易》。（《粹言》卷一）

卦是时象，爻是位象，明卦、爻之理，而能遵循其理而为，即可时中。然而，卦是随时变易的，爻亦是随时变易的，故而，要做到时中，其要在于"随时变易"：

易，变易也，随时变易以从道也。其为书也，广大悉备，将以顺性命之理，通幽明之故，尽事物之情，而示开物成务之道也。（《易传序》）

"随时变易"，要在"从道"，若不"从道"，则不可谓之为时中。所谓"从道"，即合乎天理。"随时变易以从道"一语，可见伊川《易传》旨在示人以时中之教。而明时中之意者，即为明《易》，如孟子：

孟子曰："可以仕则仕，可以止则止，可以久则久，可以速则速，孔子也。孔子，圣之时者也。"故知《易》者，莫若孟子。（《遗书》卷二十五）

应事时，但能做到时中，则事事皆可成。然而，世人往往不明天理，天理不明，事理又岂能明？故而，只是依据一己之得失成败去考量，如此一来，即便是一时间看似有成，其实已然违背事理，终则必坏。圣人有感于此，设时中之教于《易》，伊川所谓"圣人之忧患后世，可谓至矣"（《易传序》），正是此意。故其又本于圣人之意，将时中之教揭示得一览无余。我们读伊川《易传》，往往会发现其中非示教即劝诫，细析之，则无非是教人于其时、于其位出处进退皆得其中而已。而六十四卦、三百八十四爻虽似有限，其实则已总括宇宙间一切事象于内，故但能究明卦、爻时中之意，则天下之事无不可成。《易》所谓

"开物成务"之功正在于此。

为了更好的让诸位体会伊川时中之教，此处且以《屯》卦为例，略作提示，或可于诸位研习伊川《易传》略有助益：

> 《屯》，《序卦》曰："有天地，然后万物生焉。盈天地之间者，惟万物，故受之以《屯》。屯者，盈也；屯者，物之始生也。"万物始生，郁结未通，故为盈塞于天地之间。至通畅茂盛，则塞意亡矣。天地生万物，《屯》，物之始生，故继《乾》《坤》之后。以二象言之，云雷之兴，阴阳始交也；以二体言之，震始交于下，坎始交于中，阴阳相交，乃成云雷。阴阳始交，云雷相应而未成泽，故为屯；若已成泽，则为解也。又动于险中，亦屯之义。阴阳不交则为否，始交而未畅则为屯。在时，则天下屯难，未亨泰之时也。

按：经上所述，可知伊川引述《序卦》，乃是为了确定卦序，指示卦象之义，并就此确定卦时。若《屯》卦，则"天下屯难，未亨泰之时也"。

此中需要指明的一点是：就《易》象而言，卦为时象，爻为位象。然而，落实到人事上来，则卦所指示的乃为处时之事，爻所指示的则为所处之事的时况。所谓时况，乃是由时势决定的，时位正是时势的最佳体现。成事与否，往往取决于时势，故诸卦六爻有成有否，有吉有凶。以《屯》为例，则就《易》象而言，《屯》卦象征"屯难"之时；就人事而言，则《屯》卦为处"屯难"之事，六爻则为处"屯难"之事的六种时况。时况虽只有六种，却已该摄可能出现的种种时况。所以，伊川于《屯》卦释后，有云："夫卦者，事也；爻者，事之时也。分三而又两之，足以包括众理，引而伸之，触类而长之，天下之能事毕矣。"

《屯》：元亨，利贞。勿用有攸往，利建侯。

屯有大亨之道，而处之利在贞固。非贞固，何以济屯？方屯之时，未可有所往也。天下之屯，岂独力所能济？必广资辅助，故"利建侯"也。

按：处"屯难"之事，其要在二：其一为"贞固"，其二为"广资辅助"。若能如此而为，即为时中。

《彖》曰：屯，刚柔始交而难生，动乎险中。

以云雷二象言之，则刚柔始交也；以坎震二体言之，动乎险中也。刚柔始交，未能通畅，则艰屯，故云"难生"。又动于险中，为艰屯之义。

按：由坎震二体之象，释"屯"之义。

大亨贞，雷雨之动满盈。

所谓"大亨而贞"者，"雷雨之动满盈"也。阴阳始交，则艰屯未能通畅；及其和洽，则成雷雨，满盈于天地之间，生物乃遂，屯有大亨之道也。所以能"大亨"，由夫"贞"也。非贞固，安能出屯？人之处屯，有致大亨之道，亦在夫贞固也。

按：明"贞固"之要。

天造草昧，宜建侯而不宁。

上文言天地生物之义，此言时事。"天造"，谓时运也；"草"，草乱无伦序；"昧"，冥昧不明。当此时运，所宜建立辅助，则可以济屯。虽建侯自辅，又当忧勤兢畏，不遑宁处，圣人之深戒也。

按：明"广资辅助"之要。

《象》曰：云雷屯，君子以经纶。

坎不云雨而云云者，云为雨而未成者也。未能成雨，所以为屯。君子观屯之象，经纶天下之事，以济于屯难。经纬，纶缉，谓营为也。

按：指示处"屯难"之时，当先经略。

初九，磐桓，利居贞，利建侯。

初以阳爻在下，乃刚明之才，当屯难之世，居下位者也。未能便往济屯，故"磐桓"也。方屯之初，不磐桓而遽进，则犯难矣，故宜居正而固其志。凡人处屯难，则鲜能守正。苟无贞固之守，则将失义，安能济时之屯乎？居屯之世，方屯于下，所宜有助，乃居屯济屯之道也。故取"建侯"之义，谓求辅助也。

按：处"屯难"之一种时况，当贞固自守、寻求辅助。

《象》曰：虽"磐桓"，志行正也。

贤人在下，时苟未利，虽磐桓未能遂往济时之屯，然有济屯之志与济屯之用，志在行其正也。

按：强调志之正。

以贵下贱，大得民也。

九当屯难之时，以阳而来居阴下，为"以贵下贱"之象。方屯之时，阴柔不能自存，有一刚阳之才，众所归从也。更能自处卑下，所以"大得民也"。或疑方屯于下，何有贵乎？夫以刚明之才而下于阴柔，以能济屯之才而下于不能，乃"以贵下贱"也。况阳之于阴，自为贵乎？

按：当自处卑下，以得众人之所归从。

六二，屯如，邅如，乘马班如，匪寇，婚媾。女子贞不字，

十年乃字。

二以阴柔居屯之世，虽正应在上，而逼于初刚，故屯难。"邅"，回；"如"，辞也；"乘马"，欲行也。欲从正应，而复"班如"，不能进也。"班"，分布之义。下马为班，与马异处也。二当屯世，虽不能自济，而居中得正，有应在上，不失义者也，然逼近于初。阴乃阳所求，柔者刚所陵，柔当屯时，固难自济，又为刚阳所逼，故为难也。设匪逼于寇难，则往求于婚媾矣。"婚媾"，正应也；"寇"，非理而至者。二守中正，不苟合于初，所以"不字"。苟贞固不易，至于十年，屯极必通，乃获正应而字育矣。以女子阴柔，苟能守其志节，久必获通，况君子守道不回乎？初为贤明刚正之人，而为寇以侵逼于人，何也？曰："此自据二以柔近刚而为义，更不计初之德如何也。《易》之取义如此。"

按：处"屯难"之二种时况，当恪守中正，不苟合，如此坚持下去，终能有通达之时。观伊川之言，恳切之至！

《象》曰：六二之难，乘刚也。"十年乃字"，反常也。

六二居屯之时，而又乘刚，为刚阳所逼，是其患难也。至于十年，则难久必通矣，乃得反其常，与正应合也。"十"，数之终也。

按：复述上意。

六三，即鹿无虞，惟入于林中。君子几，不如舍，往吝。

六三以阴柔居刚，柔既不能安屯，居刚而不中正，则妄动。虽贪于所求，既不足以自济，又无应援，将安之乎？如即鹿而无虞人也。入山林者，必有虞人以导之。无导之者，则惟陷入于林莽中。君子见事之几微，不若舍而勿逐，往则徒取穷吝而已。

按：处"屯难"之三种时况，当察几而舍。若是从欲而妄动，则自取穷吝而已。

《象》曰："即鹿无虞"，以从禽也。君子舍之，往吝穷也。

事不可而妄动，以从欲也；无虞而即鹿，以贪禽也。当屯之时，不可动而动，犹无虞而即鹿，以有从禽之心也。君子则见几而舍之不从，若往则可吝而困穷也。

按：复述上意。

六四，乘马班如，求婚媾。往吉，无不利。

六四以柔顺居近君之位，得于上者也，而其才不足以济屯，故欲进而复止，"乘马班如"也。己既不足以济时之屯，若能求贤以自辅，则可济矣。初，阳刚之贤，乃是正应，己之婚媾也。若求此阳刚之婚媾，往与共辅阳刚中正之君，济时之屯，则吉而无所不利也。居公卿之位，己之才虽不足以济时之屯，若能求在下之贤亲而用之，何所不济哉？

按：处"屯难"之四种时况，当求贤自辅。

《象》曰：求而往，明也。

知己不足，求贤自辅而后往，可谓明矣。居得致之地，己不能而遂已，至暗者也。

按：示以必当求贤自辅。

九五，屯其膏，小贞吉，大贞凶。

五居尊得正，而当屯时，若有刚明之贤为之辅，则能济屯矣。以其无臣也，故"屯其膏"。人君之尊，虽屯难之世，于其名位，非有损也。唯其施为有所不行，德泽有所不下，是"屯其膏"，人君之屯也。既膏泽有所不下，是威权不在己也。威权去己，而欲骤正之，求凶之道，鲁昭公、高贵乡公之事是也，故小贞则吉也。"小贞"，谓渐正之也。若盘庚、周宣修德用贤，复先王之政，诸侯复朝，盖以道驯致，为之不暴也。又非恬然不为，若唐之僖、昭也，不为则常屯，以至于亡矣。

按：处"屯难"之五种时况，当"小贞"，不当"大贞"。

《象》曰："屯其膏"，施未光也。

膏泽不下及，是以德施未能光大也。人君之屯也。

按：明不当"大贞"之意。

上六，乘马班如，泣血涟如。

六以阴柔居屯之终，在险之极，而无应援，居则不安，动无所之，乘马欲往，复班如不进，穷厄之甚，至于"泣血涟如"，屯之极也。若阳刚而有助，则屯既极可济矣。

按：处"屯难"之六种时况，穷厄之甚，无从济屯。若欲济屯，惟转为阳刚，且广求辅助。

《象》曰："泣血涟如"，何可长也！

屯难穷极，莫知所为，故至"泣血"。颠沛如此，其能长久乎？

按：既不可济屯，则不若早日放弃，另觅他途。

由此可见，伊川作《易传》，其要在于时中之教，六十四卦、三百八十四爻，无一不是如此。故笔者以为《易传》乃为伊川之一大教义。

笔者以为但能抓住"体用一源，显微无间""理一分殊"以及"时中"三者，则于伊川《易传》便会有一纲在手，统御全局之感。至于其他诠释方式，如以经释经、以史证经等所谓解释学领域之问题，已有诸多学者如朱伯崑、余敦康、姜海军等作了充分之陈述，此则无须赘言。

四

笔者习《易》甚早，最初并无师友指导，全凭一己感觉，不加抉择，也不分派系，无论是义理派著述，还是象数派著述，凡是能找来的，悉皆读之，先后过眼之《易》学著述不下百种。一日，读至伊川《易传》，心中顿觉明亮起来，以往的诸多疑惑一时间烟消云散，自此则专心于《易传》，渐渐识得孔子《易》乃为《易》学正统，并于伏羲、文王、周公、孔子、濂溪、伊川之为《易》学正脉日益笃定。四五年前，尚有注译伊川《易传》之想，惜乎在译出十数卦后，因故中辍。

庚子年秋，有幸与旭辉兄一起策划"儒家要典导读书系"，因我念念不忘于伊川《易传》，终而蒙旭辉兄与黄山书社朱莉莉老师肯允，伊川《易传》得以列入第二辑。与《河南程氏遗书》一般，伊川《易传》的点校底本亦为清同治十年涂宗瀛刻本，并参考了中华版王孝鱼先生点校之《周易程氏传》，王先生之点校本有首发之功，且极精良，为目前唯一可供参考之读本。然智者千虑，难免一失，故中华版《易传》尚存一些可改善之处，如"犹地道代天终物而成功，则主于天也"（19页），当为"犹地道代天终物，而成功则主于天也"；又如"卦有柔上刚下，二气感应，相与止而说，男下女之义"（175页），当为"卦有柔上刚下，二气感应相与，止而说，男下女之义"；又如"处不正于平时，且不能安"（295页），当为"处不正，于平时且不能安"。当然，转出益精本为后学之责，亦是向前辈的致敬。

自去岁夏日起，先后三校，今日又撰定导读文字，自觉于伊川《易传》作了一个提纲挈领式的指示。然而，《易》道要在自家体得，惟愿诸位能够平其心，易其气，去体贴《易传》，玩味自得。亦愿诸方家不吝斧正为谢！

壬寅孟夏，射阳邵逝夫于浮海草堂锡庆堂。

易传序

　　易，变易也，随时变易以从道也。其为书也，广大悉备，将以顺性命之理，通幽明之故，尽事物之情，而示开物成务之道也。圣人之忧患后世，可谓至矣。去古虽远，遗经尚存。然而前儒失意以传言，后学诵言而忘味。自秦而下，盖无传矣。予生千余载之后，悼斯文之湮晦，将俾后人沿流而求源，此《传》所以作也。

　　《易》有圣人之道四焉："以言者，尚其辞；以动者，尚其变；以制器者，尚其象；以卜筮者，尚其占。"吉凶消长之理，进退存亡之道，备于辞。推辞考卦，可以知变，象与占在其中矣。"君子居则观其象而玩其辞，动则观其变而玩其占"，得于辞，不达其意者有矣；未有不得于辞而能通其意者也。至微者，理也；至著者，象也。体用一源，显微无间。观会通以行其典礼，则辞无所不备。故善学者，求言必自近。易于近者，非知言者也。予所传者，辞也，由辞以得其意，则在乎人焉。有宋元符二年己卯正月庚申，河南程颐正叔序。

易序

　　《易》之为书，卦、爻、彖、象之义备，而天地万物之情见。圣人之忧天下来世，其至矣！先天下而开其物，后天下而成其务。是故极其数以定天下之象，著其象以定天下之吉凶。六十四卦，三百八十四爻，皆所以顺性命之理，尽变化之道也。

　　散之在理，则有万殊；统之在道，则无二致。所以"《易》有太极，是生两仪"。太极者，道也；两仪者，阴阳也。阴阳，一道也；太极，无极也。万物之生，负阴而抱阳，莫不有太极，莫不有两仪，絪缊交感，变化不穷。形一受其生，神一发其智，情伪出焉，万绪起焉。

　　《易》所以定吉凶而生大业。故《易》者，阴阳之道也；卦者，阴阳之物也；爻者，阴阳之动也。卦虽不同，所同者，奇耦；爻虽不同，所同者，九六。是以六十四卦为其体，三百八十四爻互为其用。远在六合之外，近在一身之中，暂于瞬息，微于动静，莫不有卦之象焉，莫不有爻之义焉。

　　至哉《易》乎！其道至大而无不包，其用至神而无不存。时固未始有一，而卦亦未始有定象；事固未始有穷，而爻亦未始有定位。以一时而索卦，则拘于无变，非《易》也。以一事而明爻，则窒而不通，非《易》也。知所谓卦、爻、彖、象之义，而不知有卦、爻、彖、象之用，亦非《易》也。故得之于精神之运，心术之动，"与天地合其德，与日月合其明，与四时合其序，与鬼神合其吉凶"，然后可以谓之知《易》也。

虽然，《易》之有卦，《易》之已形者也；卦之有爻，卦之已见者也。已形、已见者，可以言知；未形、未见者，不可以名求。则所谓《易》者，果何如哉？此学者所当知也。

上下篇义

《乾》《坤》，天地之道，阴阳之本，故为上篇之首；《坎》《离》，阴阳之成质，故为上篇之终。《咸》《恒》，夫妇之道，生育之本，故为下篇之首；《未济》，坎、离之合。《既济》，坎、离之交，合而交则生物，阴阳之成功也，故为下篇之终。二篇之卦既分，而后推其义以为之次，《序卦》是也。

卦之分则以阴阳。阳盛者居上，阴盛者居下。所谓盛者，或以卦，或以爻。卦与爻，取义有不同。如《剥》，以卦言，则阴长阳剥也；以爻言，则阳极于上，又一阳为众阴主也。如《大壮》，以卦言，则阳长而壮；以爻言，则阴盛于上，用各于其所，不相害也。

乾，父也，莫亢焉；坤，母也，非乾无与为敌也。故卦有乾者居上篇，有坤者居下篇。而《复》阳生，《临》阳长，《观》阳盛，《剥》阳极，则虽有坤而居上；《姤》阴生，《遁》阴长，《大壮》阴盛，《夬》阴极，则虽有乾而居下。

其余有乾者皆在上篇，《泰》《否》《需》《讼》《小畜》《履》《同人》《大有》《无妄》《大畜》也。有坤而在上篇，皆一阳之卦也。卦五阴而一阳，则一阳为之主，故一阳之卦皆在上篇，《师》《谦》《豫》《比》《复》《剥》也。

其余有坤者皆在下篇，《晋》《明夷》《萃》《升》也。卦一阴五阳者，皆有乾也，又阳众而盛也，虽众阳说于一阴，说之而已，非如一阳为众阴主也。王弼云"一阴为之主"，非也。故一阴之卦皆在上篇，《小畜》《履》《同人》《大有》也。

卦二阳者，有坤则居下篇。《小过》虽无坤，阴过之卦也，亦在下篇。其余二阳之卦，皆一阳生于下而达于上，又二体皆阳，阳之盛也，皆在上篇，《屯》《蒙》《颐》《习坎》也。阳生于下，谓震、坎在下。震，生于下也；坎，始于中也。达于上，谓一阳至上，或得正位也；生于下而上达，阳畅之盛也。阳生于下而不达于上，又阴众而阳寡，复失正位，阳之弱也，《震》也，《解》也；上有阳而下无阳，无本也，《艮》也，《蹇》也。震、坎、艮，以卦言则阳也，以爻言则皆始变，微也。而震之上、艮之下无阳，坎则阳陷，皆非盛也。惟《习坎》则阳上达矣，故为盛卦。

二阴者，有乾则阳盛可知，《需》《讼》《大畜》《无妄》也；无乾而为盛者，《大过》也，《离》也。《大过》阳盛于中，上下之阴弱矣；阳居上下，则纲纪于阴，《颐》是也。阴居上下，不能主制于阳而反弱也。必上下各二阴，中惟两阳，然后为胜，《小过》是也。《大过》《小过》之名，可见也。《离》则二体上下皆阳，阴实丽焉，阳之盛也。其余二阴之卦，二体俱阴，阴盛也，皆在下篇，《家人》《睽》《革》《鼎》《巽》《兑》《中孚》也。

卦三阴三阳者，敌也，则以义为胜。阴阳尊卑之义，男女长少之序，天地之大经也。阳少于阴而居上，则为胜。《蛊》，少阳居长阴上；《贲》，少男在中女上，皆阳盛也。坎虽阳卦，而阳为阴所陷，弱也，又与阴卦重，阴盛也。故阴阳敌而有坎者，皆在下篇，《困》《井》《涣》《节》《既济》《未济》也。

或曰："一体有坎，尚为阳陷；二体皆坎，反为阳盛，何也？"曰："一体有坎，阳为阴所陷，又重于阴也；二体皆坎，阳生于下而达于上，又二体皆阳，可谓盛矣。"

男在女上，乃理之常，未为盛也。若失正位而阴反居尊，则弱也。故《恒》《损》《归妹》《丰》皆在下篇。女在男上，阴之胜也。凡女居上者，皆在下篇，《咸》《益》《渐》《旅》《困》《涣》《未济》也。唯《随》与《噬嗑》，则男下女，非女胜男也。故《随》之《象》曰："刚来而下柔。"《噬嗑·象》曰："柔得中而上行。"长阳非少阴可敌，以长男下中少女，故为下之。若长少敌，势力侔，则阴在上为陵，阳在下为弱，《咸》《益》之类是也。《咸》亦有下女之象，非以长下少也，乃二少相感以相与，所以致陵也，故有"利贞"之诫。《困》虽女少于男，乃阳陷而为阴揜，无相下之义也。

"《小过》，二阳居四阴之中，则为阴盛；《中孚》，二阴居四阳之中，而不为阳盛，何也？"曰："阳体实，《中孚》中虚也。""然则《颐》中四阴，不为虚乎？"曰："《颐》二体皆阳卦，而本末皆阳，盛之至也；《中孚》二体皆阴卦，上下各二阳，不成本末之象，以其中虚，故为《中孚》，阴盛可知矣。"

卷第一　周易上经上

乾

≡ 乾下乾上

《乾》：元，亨，利，贞。

上古圣人始画八卦，三才之道备矣。因而重之，以尽天下之变，故六画而成卦。重乾为《乾》。乾，天也。天者，天之形体；乾者，天之性情。乾，健也，健而无息之谓乾。夫天，专言之则道也，"天且弗违"是也；分而言之，则以形体谓之天，以主宰谓之帝，以功用谓之鬼神，以妙用谓之神，以性情谓之乾。乾者，万物之始，故为天，为阳，为父，为君。元、亨、利、贞，谓之四德。元者，万物之始；亨者，万物之长；利者，万物之遂；贞者，万物之成。惟《乾》《坤》有此四德，在他卦则随事而变焉。故元专为善大，利主于正固，亨、贞之体，各称其事。四德之义，广矣！大矣！

初九，潜龙勿用。

下爻为初。九，阳数之盛，故以名阳爻。理无形也，故假象以显义。乾以龙为象。龙之为物，灵变不测，故以象乾道变化，阳气消息，圣人进退。初九在一卦之下，为始物之端，阳气方萌。圣人侧微，若龙之潜隐，未可自用，当晦养以俟时。

九二，见龙在田，利见大人。

田，地上也。出见于地上，其德已著。以圣人言之，舜之田渔时也。利见大德之君，以行其道；君亦利见大德之臣，以共成其功；天下利见大德之人，以被其泽。大德之君，九五也。《乾》《坤》纯体，不分刚柔，而以同德相应。

九三，君子终日乾乾，夕惕若，厉，无咎。

三虽人位，已在下体之上，未离于下而尊显者也。舜之玄德升闻时也。日夕不懈而兢惕，则虽处危地而无咎。在下之人而君德已著，天下将归之，其危惧可知。虽言圣人事，苟不设戒，则何以为教？作《易》之义也。

九四，或跃在渊，无咎。

渊，龙之所安也。或，疑辞，谓非必也。跃不跃，惟及时以就安耳。圣人之动，无不时也。舜之历试时也。

九五，飞龙在天，利见大人。

进位乎天位也。圣人既得天位，则利见在下大德之人，与共成天下之事。天下固利见夫大德之君也。

上九，亢龙有悔。

九五者，位之极中正者。得时之极，过此则亢矣。上九至于亢极，故有悔也。有过则有悔。唯圣人知进退存亡而无过，则不至于悔也。

用九，见群龙，无首，吉。

用九者，处乾刚之道，以阳居乾体，纯乎刚者也。刚柔相济为中，而乃以纯刚，是过乎刚也。"见群龙"，谓观诸阳之义，无为首则吉也。以刚为天下先，凶之道也。

《彖》曰：大哉乾元！万物资始，乃统天。云行雨施，品物流形。大明终始，六位时成，时乘六龙以御天。乾道变化，各正性命，保合太和，乃利贞。首出庶物，万国咸宁。

　　卦下之辞为《彖》。夫子从而释之，通谓之《彖》。《彖》者，言一卦之义，故知者观其《彖辞》，则思过半矣。"大哉乾元"，赞乾元始万物之道大也。四德之元，犹五常之仁，偏言则一事，专言则包四者。"万物资始，乃统天"，言元也。"乾元"，统言天之道也。天道始万物，万物资始于天也。"云行雨施，品物流形"，言亨也。天道运行，生育万物也。大明天道之终始，则见卦之六位各以时成。卦之初终，乃天道终始。乘此六爻之时，乃天运也。"以御天"，谓以当天运。"乾道变化"，生育万物，洪纤高下，各以其类，"各正性命"也。天所赋为命，物所受为性。"保合太和，乃利贞"，保谓常存，合谓常和，"保合太和"，是以利且贞也。天地之道，常久而不已者，"保合太和"也。天为万物之祖，王为万邦之宗；乾道"首出庶物"而万汇亨，君道尊临天位而四海从。王者体天之道，则"万国咸宁"也。

　　《象》曰：天行健，君子以自强不息。

　　卦下《象》，解一卦之象；爻下《象》，解一爻之象。诸卦皆取象以为法。乾道，覆育之象至大，非圣人莫能体，欲人皆可取法也，故取其"行健"而已，至健固足以见天道也。"君子以自强不息"，法天行之健也。

　　"潜龙勿用"，阳在下也。
　　阳气在下，君子处微，未可用也。

"见龙在田"，德施普也。
见于地上，德化及物，其施已普也。

"终日乾乾"，反复道也。
进退动息，必以道也。

"或跃在渊"，进无咎也。
量可而进，适其时则无咎也。

"飞龙在天"，大人造也。
大人之为，圣人之事也。

"亢龙有悔"，盈不可久也。
盈则变，有悔也。

"用九"，天德不可为首也。
"用九"，天德也。天德阳刚，复用刚而好先，则过矣。

《文言》曰：元者，善之长也；亨者，嘉之会也；利者，义之和也；贞者，事之干也。

他卦，《彖》《象》而已，独《乾》《坤》更设《文言》以发明其义。推《乾》之道，施于人事。元、亨、利、贞，乾之四德。在人，则元者，众善之首也；亨者，嘉美之会也；利者，和合于义也；贞者，干事之用也。

君子体仁足以长人，
体法于乾之仁，乃为君长之道，"足以长人"也。"体仁"，体元也。比而效之谓之体。

嘉会足以合礼，

得会通之嘉，乃合于礼也。不合礼则非理，岂得为嘉？非理，安有亨乎？

利物足以和义，

和于义，乃能利物。岂有不得其宜，而能利物者乎？

贞固足以干事。

"贞固"，所以能干事也。

君子行此四德者，故曰："《乾》：元，亨，利，贞。"

行此四德，乃合于乾也。

初九曰"潜龙勿用"，何谓也？子曰："龙德而隐者也。不易乎世，不成乎名，遁世无闷，不见是而无闷，乐则行之，忧则违之，确乎其不可拔，潜龙也。"

自此以下，言乾之用，用九之道也。初九，阳之微，龙德之潜隐，乃圣贤之在侧陋也。守其道，不随世而变；晦其行，不求知于时。自信自乐，见可而动，知难而避，其守坚不可夺，潜龙之德也。

九二曰"见龙在田，利见大人"，何谓也？子曰："龙德而正中者也。庸言之信，庸行之谨，闲邪存其诚，善世而不伐，德博而化。《易》曰：'见龙在田，利见大人。'君德也。"

以龙德而处正中者也。在卦之正中，为得正中之义。庸信、庸谨，造次必于是也。既处无过之地，则唯在"闲邪"。邪既闲，则诚存矣。"善世而不伐"，不有其善也；"德博而化"，正己而物正也。皆大人之事，虽非君位，君之德也。

九三曰"君子终日乾乾，夕惕若，厉，无咎"，何谓也？子曰："君子进德修业。忠信，所以进德也；修辞立其诚，所以居业也。知至至之，可与几也；知终终之，可与存义也。是故居上位而不骄，在下位而不忧，故乾乾因其时而惕，虽危无咎矣。"

三居下之上，而君德已著，将何为哉？唯"进德修业"而已。内积忠信，"所以进德也"；择言笃志，"所以居业也"。"知至至之"，致知也。求知所至而后至之，知之在先，故"可与几"，所谓"始条理者，知之事也"；"知终终之"，力行也。既知所终，则力进而终之，守之在后，故"可与存义"，所谓"终条理者，圣之事也"。此学之始终也。君子之学如是，故知处上下之道而无骄忧，不懈而知惧，虽在危地而无咎也。

九四曰"或跃在渊，无咎"，何谓也？子曰："上下无常，非为邪也；进退无恒，非离群也。君子进德修业，欲及时也，故无咎。"

或跃或处，上下无常；或进或退，去就从宜。非为邪枉，非离群类，"进德修业，欲及时"耳。时行时止，不可恒也，故云"或"。深渊者，龙之所安也。"在渊"，谓跃就所安。渊在深而言跃，但取进就所安之义。"或"，疑辞，随时而未可必也。君子之顺时，犹影之随形，可离非道也。

九五曰"飞龙在天，利见大人"，何谓也？子曰："同声相应，同气相求，水流湿，火就燥，云从龙，风从虎，圣人作而万物睹。本乎天者，亲上；本乎地者，亲下，则各从其类也。"

人之与圣人，类也。五以龙德升尊位，人之类莫不归仰，况同德乎？上应于下，下从于上，"同声相应，同气相求"也。流湿、就燥，从龙、从虎，皆以气类，故圣人作而万物皆睹。上既见下，下亦见上。"物"，人也，古语云人物、物论，谓人也。《易》中"利见大人"，其言则同，义则有异。如《讼》之"利见大人"，谓宜见大德中正之人，则其辩明，言在见前。《乾》之二、五，则圣人既出，上下相见，共成其事，所利者，见大人也，言在见后。"本乎天者"，如日月星辰；"本乎地者"，如虫兽草木。阴阳各从其类，人、物莫不然也。

上九曰"亢龙有悔"，何谓也？子曰："贵而无位，高而无民，贤人在下位而无辅，是以动而有悔也。"

九居上而不当尊位，是以无民、无辅，动则有悔也。

"潜龙勿用"，下也。
此以下言乾之时。"勿用"，以在下未可用也。

"见龙在田"，时舍也。
随时而止也。

"终日乾乾"，行事也。
进德修业也。

“或跃在渊”，自试也。
随时自用也。

“飞龙在天”，上治也。
得位而行上之治也。

“亢龙有悔”，穷之灾也。
穷极而灾至也。

乾元“用九”，天下治也。
“用九”之道，天与圣人同。得其用，则天下治也。

“潜龙勿用”，阳气潜藏。
此以下言乾之义。方阳微潜藏之时，君子亦当晦隐，未可
用也。

“见龙在田”，天下文明。
龙德见于地上，则天下见其文明之化也。

“终日乾乾”，与时偕行。
随时而进也。

“或跃在渊”，乾道乃革。
离下位而升上位，上下革矣。

“飞龙在天”，乃位乎天德。
正位乎上，位当天德。

“亢龙有悔”，与时偕极。

时既极，则处时者亦极矣。

乾元"用九"，乃见天则。

"用九"之道，天之则也。天之法则，谓天道也。或问：
"《乾》之六爻，皆圣人之事乎？"曰："尽其道者，圣人也。
得失则吉凶存焉，岂特《乾》哉？诸卦皆然也。"

乾元者，始而亨者也；

又反覆详说以尽其义。既始则必亨，不亨则息矣。

利贞者，性情也。

乾之性情也。既始而亨，非利贞，其能不息乎？

乾始能以美利利天下，不言所利，大矣哉！

乾始之道，能使庶类生成，天下蒙其美利，而不言所利者。
盖无所不利，非可指名也。故赞其利之大，曰"大矣哉"。

大哉，乾乎！刚、健、中、正、纯、粹，精也。六爻
发挥，旁通情也。时乘六龙，以御天也。云行雨施，天下
平也。

"大哉"，赞乾道之大也。以"刚、健、中、正、纯、粹"
六者，形容乾道。"精"，谓六者之精极。以六爻发挥旁通，尽
其情义；乘六爻之时，以当天运，则天之功用著矣。故见云行雨
施，阴阳溥畅，天下和平之道也。

君子以成德为行，日可见之行也。"潜"之为言也，隐
而未见，行而未成，是以君子弗用也。

德之成，其事可见者，行也。德成而后可施于用。初，方潜

隐未见，其行未成。"未成"，未著也，是以君子弗用也。

君子学以聚之，问以辩之，宽以居之，仁以行之。《易》曰："见龙在田，利见大人。"君德也。

圣人在下，虽已显而未得位，则"进德修业"而已。学聚、问辨，"进德"也；宽居、仁行，"修业"也。君德已著，利见大人，而进以行之耳。进居其位者，舜、禹也；进行其道者，伊、傅也。

九三重刚而不中，上不在天，下不在田，故乾乾因其时而惕，虽危无咎矣。

三重刚，刚之盛也。过中而居下之上，上未至于天，而下已离于田，危惧之地也。因时顺处，乾乾兢惕以防危，故虽危而不至于咎。君子顺时兢惕，所以能泰也。

九四重刚而不中，上不在天，下不在田，中不在人，故"或"之。"或"之者，疑之也，故"无咎"。

四不在天，不在田，而出人之上矣，危地也。疑者，未决之辞。处非可必也，或进或退，唯所安耳，所以"无咎"也。

夫大人者，与天地合其德，与日月合其明，与四时合其序，与鬼神合其吉凶，先天而天弗违，后天而奉天时。天且弗违，而况于人乎？况于鬼神乎？

大人，与天地、日月、四时、鬼神合者，合乎道也。天地者，道也；鬼神者，造化之迹也。圣人先于天而天同之，后于天而能顺天者，合于道而已。合于道，则人与鬼神岂能违也？

"亢"之为言也，知进而不知退，知存而不知亡，知得而不知丧。其唯圣人乎！知进退、存亡而不失其正者，其唯圣人乎！

极之甚，为"亢"。至于亢者，不知进退、存亡、得丧之理也。圣人则知而处之，皆不失其正，故不至于亢也。

坤

☷☷坤下坤上

《坤》：元，亨，利，牝马之贞。

坤，乾之对也。四德同，而贞体则异。乾以刚固为贞，坤则柔顺而贞。牝马柔顺而健行，故取其象，曰"牝马之贞"。

君子有攸往，

君子所行，柔顺而利且贞，合坤德也。

先迷，后得，主利。

阴，从阳者也，待倡而和。阴而先阳，则为迷错，居后乃得其常也。"主利"，利万物则主于坤。生成，皆地之功也。臣道亦然，君令臣行，劳于事者，臣之职也。

西南得朋，东北丧朋，安贞，吉。

西南，阴方；东北，阳方。阴必从阳，离丧其朋类，乃能成化育之功，而有"安贞"之"吉"。得其常则安，安于常则贞，是以吉也。

《彖》曰：至哉坤元！万物资生，乃顺承天。坤厚载物，德合无疆；

"资生"之道，可谓大矣。乾既称"大"，故坤称"至"。至义差缓，不若大之盛也。圣人于尊卑之辨，谨严如此。万物资乾以始，资坤以生，父母之道也。顺承天施，以成其功，坤之厚德，持载万物，合于乾之无疆也。

含、弘、光、大，品物咸亨。牝马地类，行地无疆；柔顺利贞，君子攸行。

以"含、弘、光、大"四者形容坤道，犹乾之"刚、健、中、正、纯、粹"也。"含"，包容也；"弘"，宽裕也；"光"，昭明也；"大"，博厚也。有此四者，故能成承天之功，品物咸得亨遂。取牝马为象者，以其柔顺而健行，地之类也。"行地无疆"，谓健也。乾健坤顺，坤亦健乎？曰："非健何以配乾？未有乾行而坤止也。其动也刚，不害其为柔也。"柔顺而利贞，乃坤德也，君子之所行也。君子之道，合坤德也。

先迷失道，后顺得常。西南得朋，乃与类行；东北丧朋，乃终有庆。安贞之吉，应地无疆。

乾之用，阳之为也；坤之用，阴之为也。形而上曰天地之道，形而下曰阴阳之功。"先迷，后得"以下，言阴道也。先倡则迷失阴道，后和则顺而得其常理。西南，阴方，从其类，"得朋"也；东北，阳方，离其类，"丧朋"也。离其类而从阳，则能成生物之功，终有吉庆也。与类行者，本也；从于阳者，用也。阴体柔躁，故从于阳则能安贞而吉，应地道之无疆也。阴而不安贞，岂能应地之道？《象》有三"无疆"，盖不同也："德合无疆"，天之不已也；"应地无疆"，地之无穷也；"行地无疆"，马之健行也。

《象》曰：地势坤，君子以厚德载物。

坤道之大，犹乾也，非圣人孰能体之？地厚而其势顺倾，故取其顺厚之象，而云"地势坤"也。君子观坤厚之象，以深厚之德，容载庶物。

初六，履霜，坚冰至。

阴爻称六，阴之盛也，八则阳生矣，非纯盛也。阴始生于下，至微也。圣人于阴之始生，以其将长，则为之戒。阴之始凝而为霜，履霜则当知阴渐盛而至坚冰矣。犹小人始虽甚微，不可使长，长则至于盛也。

《象》曰："履霜，坚冰"，阴始凝也；驯致其道，至坚冰也。

阴始凝而为霜，渐盛则至于坚冰。小人虽微，长则渐至于盛，故戒于初。"驯"谓习，习而至于盛，习因循也。

六二，直、方、大，不习无不利。

二，阴位在下，故为坤之主，统言坤道中正在下，地之道也。以"直、方、大"三者形容其德用，尽地之道矣。由"直、方、大"，故不习而无所不利。"不习"，谓其自然。在坤道，则莫之为而为也；在圣人，则从容中道也。"直、方、大"，孟子所谓"至大、至刚、以直"也。在坤体，故以"方"易"刚"，犹贞加牝马也。言气，则先"大"。"大"，气之体也；于坤，则先"直、方"，由"直、方"而"大"也。"直、方、大"，足以尽地道，在人识之耳。《乾》《坤》纯体，以位相应。二，《坤》之主，故不取五应，不以君道处五也。《乾》则二、五相应。

《象》曰：六二之动，直以方也。"不习无不利"，地道光也。

承天而动，"直以方"耳，"直、方"则"大"矣。"直、方"之义，其"大"无穷；地道光显，其功顺成。岂习而后利哉？

六三，含章可贞，或从王事，无成有终。

三居下之上，得位者也。为臣之道，当含晦其章美，有善则归之于君，乃可常而得正。上无忌恶之心，下得柔顺之道也。"可贞"，谓可贞固守之，又可以常久而无悔咎也。或从上之事，不敢当其成功，惟奉事以守其终耳。守职以终其事，臣之道也。

《象》曰："含章可贞"，以时发也；

夫子惧人之守文而不达义也，又从而明之。言为臣处下之道，不当有其功善，必含晦其美，乃正而可常。然义所当为者，则以时而发，不有其功耳。不失其宜，乃"以时"也，非含藏终不为也。含而不为，不尽忠者也。

"或从王事"，知光大也。

《象》只举上句，解义则并及下文，他卦皆然。"或从王事"，而能"无成有终"者，是其知之光大也。唯其知之光大，故能含晦。浅暗之人，有善唯恐人之不知，岂能"含章"也？

六四，括囊，无咎，无誉。

四居近五之位，而无相得之义，乃上下闭隔之时。其自处以正，危疑之地也。若晦藏其知，如括结囊口而不露，则可得"无咎"，不然则有害也。既晦藏，则"无誉"矣。

《象》曰："括囊，无咎"，慎不害也。

能慎如此，则无害也。

六五，黄裳，元吉。

坤虽臣道，五实君位，故为之戒云："黄裳，元
吉。""黄"，中色；"裳"，下服。守中而居下，则"元
吉"，谓守其分也。"元"，大而善也。爻象唯言守中居下则元
吉，不尽发其义也。"黄裳"既"元吉"，则居尊为天下大凶可
知。后之人未达，则此义晦矣，不得不辨也。五，尊位也。在他
卦，六居五，或为柔顺，或为文明，或为暗弱；在《坤》，则为
居尊位。阴者，臣道也，妇道也。臣居尊位，羿、莽是也，犹可
言也；妇居尊位，女娲氏、武氏是也，非常之变，不可言也，故
有"黄裳"之戒而不尽言也。或疑在《革》，汤、武之事犹尽言
之，独于此不言，何也？曰："废兴，理之常也；以阴居尊位，
非常之变也。"

《象》曰："黄裳，元吉"，文在中也。

黄中之文，"在中"不过也。内积至美而居下，故为"元
吉"。

上六，龙战于野，其血玄黄。

阴，从阳者也，然盛极则抗而争。六既极矣，复进不已，则
必战，故云"战于野"。"野"，谓进至于外也。既敌矣，必皆
伤，故"其血玄黄"。

《象》曰："龙战于野"，其道穷也。

阴盛至于穷极，则必争而伤也。

用六，利永贞。

坤之"用六"，犹乾之"用九"，用阴之道也。阴道柔而难常，故"用六"之道，利在常永贞固。

《象》曰："用六，永贞"，以大终也。

阴既贞固不足，则不能永终。故"用六"之道，利在盛大于终，能大于终，乃"永贞"也。

《文言》曰：坤至柔而动也刚，至静而德方。后得主而有常，含万物而化光。坤道，其顺乎！承天而时行。

坤道至柔，而其动则刚；坤体至静，而其德则方。动刚，故应乾不违；德方，故生物有常。阴之道不倡而和，故居后为得，而主利成万物，坤之常也。含容万类，其功化光大也。"主"字下脱"利"字。"坤道，其顺乎！承天而时行"，承天之施，行不违时，赞坤道之顺也。

积善之家，必有余庆；积不善之家，必有余殃。臣弑其君，子弑其父，非一朝一夕之故，其所由来者渐矣，由辩之不早辩也。《易》曰："履霜，坚冰至。"盖言顺也。

天下之事，未有不由积而成。家之所积者善，则福庆及于子孙；所积不善，则灾殃流于后世。其大至于弑逆之祸，皆因积累而至，非朝夕所能成也。明者则知渐不可长，小积成大，辩之于早，不使顺长，故天下之恶无由而成，乃知霜冰之戒也。霜而至于冰，小恶而至于大，皆事势之顺长也。

直，其正也；方，其义也。君子敬以直内，义以方外，敬义立而德不孤。"直、方、大，不习无不利"，则不疑其所行也。

直，言其正也；方，言其义也。君子主敬以直其内，守义以方其外。敬立而内直，义形而外方。义形于外，非在外也。敬义既立，其德盛矣，不期大而大矣，"德不孤"也。无所用而不周，无所施而不利，孰为疑乎？

阴虽有美，含之以从王事，弗敢成也。地道也，妻道也，臣道也。地道无成而代有终也。

为下之道，不居其功，含晦其章美，以从王事，代上以终其事而不敢有其成功也。犹地道代天终物，而成功则主于天也。妻道亦然。

天地变化，草木蕃；天地闭，贤人隐。《易》曰："括囊，无咎，无誉。"盖言谨也。

四居上，近君而无相得之义，故为隔绝之象。天地交感，则变化万物，草木蕃盛，君臣相际而道亨；天地闭隔，则万物不遂，君臣道绝，贤者隐遁。四于闭隔之时，括囊晦藏，则虽无令誉，可得无咎，言当谨自守也。

君子黄中通理，正位居体，美在其中，而畅于四支，发于事业，美之至也。

"黄中"，文居中也。君子文中而达于理，居正位而不失为下之体。五，尊位，在坤则惟取中正之义。美积于中，而通畅于四体，发见于事业，德美之至盛也。

阴疑于阳，必战，为其嫌于无阳也，故称"龙"焉；犹未离其类也，故称"血"焉。夫"玄黄"者，天地之杂也，天玄而地黄。

　　阳大阴小，阴必从阳。阴既盛极，与阳偕矣，是"疑于阳"也。不相从，则必战。卦虽纯阴，恐疑无阳，故称"龙"，见其与阳战也。"于野"，进不已而至于外也。盛极而进不已，则战矣。虽盛极，不离阴类也，而与阳争，其伤可知，故称"血"。阴既盛极，至与阳争，虽阳不能无伤，故"其血玄黄"。"玄黄"，天地之色，谓皆伤也。

屯

☷ 震下坎上

《屯》，《序卦》曰："有天地，然后万物生焉。盈天地之间者，惟万物，故受之以《屯》。屯者，盈也；屯者，物之始生也。"万物始生，郁结未通，故为盈塞于天地之间。至通畅茂盛，则塞意亡矣。天地生万物，《屯》，物之始生，故继《乾》《坤》之后。以二象言之，云雷之兴，阴阳始交也；以二体言之，震始交于下，坎始交于中，阴阳相交，乃成云雷。阴阳始交，云雷相应而未成泽，故为屯；若已成泽，则为解也。又动于险中，亦屯之义。阴阳不交则为否，始交而未畅则为屯。在时，则天下屯难，未亨泰之时也。

《屯》：元亨，利贞。勿用有攸往，利建侯。

屯有大亨之道，而处之利在贞固。非贞固，何以济屯？方屯之时，未可有所往也。天下之屯，岂独力所能济？必广资辅助，故"利建侯"也。

《彖》曰：《屯》，刚柔始交而难生，动乎险中。

以云雷二象言之，则刚柔始交也；以坎震二体言之，动乎险中也。刚柔始交，未能通畅，则艰屯，故云"难生"。又动于险中，为艰屯之义。

大亨贞，雷雨之动满盈。

所谓"大亨而贞"者，"雷雨之动满盈"也。阴阳始交，则艰屯未能通畅；及其和洽，则成雷雨，满盈于天地之间，生物乃遂，屯有大亨之道也。所以能"大亨"，由夫"贞"也。非贞固，安能出屯？人之处屯，有致大亨之道，亦在夫贞固也。

天造草昧，宜建侯而不宁。

上文言天地生物之义，此言时事。"天造"，谓时运也；"草"，草乱无伦序；"昧"，冥昧不明。当此时运，所宜建立辅助，则可以济屯。虽建侯自辅，又当忧勤兢畏，不遑宁处，圣人之深戒也。

《象》曰：云雷屯，君子以经纶。

坎不云雨而云云者，云为雨而未成者也。未能成雨，所以为屯。君子观屯之象，经纶天下之事，以济于屯难。经纬，纶缉，谓营为也。

初九，磐桓，利居贞，利建侯。

初以阳爻在下，乃刚明之才，当屯难之世，居下位者也。未能便往济屯，故"磐桓"也。方屯之初，不磐桓而遽进，则犯难矣，故宜居正而固其志。凡人处屯难，则鲜能守正。苟无贞固之守，则将失义，安能济时之屯乎？居屯之世，方屯于下，所宜有助，乃居屯济屯之道也。故取"建侯"之义，谓求辅助也。

《象》曰：虽"磐桓"，志行正也。

贤人在下，时苟未利，虽磐桓未能遂往济时之屯，然有济屯之志与济屯之用，志在行其正也。

以贵下贱，大得民也。

九当屯难之时，以阳而来居阴下，为"以贵下贱"之象。方屯之时，阴柔不能自存，有一刚阳之才，众所归从也。更能自处卑下，所以"大得民也"。或疑方屯于下，何有贵乎？夫以刚明之才而下于阴柔，以能济屯之才而下于不能，乃"以贵下贱"也。况阳之于阴，自为贵乎？

六二，屯如，邅如，乘马班如，匪寇，婚媾。女子贞不字，十年乃字。

二以阴柔居屯之世，虽正应在上，而逼于初刚，故屯难。"邅"，回；"如"，辞也；"乘马"，欲行也。欲从正应，而复"班如"，不能进也。"班"，分布之义。下马为班，与马异处也。二当屯世，虽不能自济，而居中得正，有应在上，不失义者也，然逼近于初。阴乃阳所求，柔者刚所陵，柔当屯时，固难自济，又为刚阳所逼，故为难也。设匪逼于寇难，则往求于婚媾矣。"婚媾"，正应也；"寇"，非理而至者。二守中正，不苟合于初，所以"不字"。苟贞固不易，至于十年，屯极必通，乃获正应而字育矣。以女子阴柔，苟能守其志节，久必获通，况君子守道不回乎？初为贤明刚正之人，而为寇以侵逼于人，何也？曰："此自据二以柔近刚而为义，更不计初之德如何也。《易》之取义如此。"

《象》曰：六二之难，乘刚也。"十年乃字"，反常也。

六二居屯之时，而又乘刚，为刚阳所逼，是其患难也。至于十年，则难久必通矣，乃得反其常，与正应合也。"十"，数之终也。

六三，即鹿无虞，惟入于林中。君子几，不如舍，往吝。

六三以阴柔居刚，柔既不能安屯，居刚而不中正，则妄动。虽贪于所求，既不足以自济，又无应援，将安之乎？如即鹿而无虞人也。入山林者，必有虞人以导之。无导之者，则惟陷入于林莽中。君子见事之几微，不若舍而勿逐，往则徒取穷吝而已。

《象》曰："即鹿无虞"，以从禽也。君子舍之，往吝穷也。

事不可而妄动，以从欲也；无虞而即鹿，以贪禽也。当屯之时，不可动而动，犹无虞而即鹿，以有从禽之心也。君子则见几而舍之不从，若往则可吝而困穷也。

六四，乘马班如，求婚媾。往吉，无不利。

六四以柔顺居近君之位，得于上者也，而其才不足以济屯，故欲进而复止，"乘马班如"也。己既不足以济时之屯，若能求贤以自辅，则可济矣。初，阳刚之贤，乃是正应，己之婚媾也。若求此阳刚之婚媾，往与共辅阳刚中正之君，济时之屯，则吉而无所不利也。居公卿之位，己之才虽不足以济时之屯，若能求在下之贤亲而用之，何所不济哉？

《象》曰：求而往，明也。

知己不足，求贤自辅而后往，可谓明矣。居得致之地，己不能而遂已，至暗者也。

九五，屯其膏，小贞吉，大贞凶。

五居尊得正，而当屯时，若有刚明之贤为之辅，则能济屯矣。以其无臣也，故"屯其膏"。人君之尊，虽屯难之世，于其名位，非有损也。唯其施为有所不行，德泽有所不下，是"屯其膏"，人君之屯也。既膏泽有所不下，是威权不在己也。威权去己，而欲骤正之，求凶之道，鲁昭公、高贵乡公之事是也，故小贞则吉也。"小贞"，谓渐正之也。若盘庚、周宣修德用贤，复先王之政，诸侯复朝，盖以道驯致，为之不暴也。又非恬然不为，若唐之僖、昭也，不为则常屯，以至于亡矣。

《象》曰："屯其膏"，施未光也。

膏泽不下及，是以德施未能光大也。人君之屯也。

上六，乘马班如，泣血涟如。

六以阴柔居屯之终，在险之极，而无应援，居则不安，动无所之，乘马欲往，复班如不进，穷厄之甚，至于"泣血涟如"，屯之极也。若阳刚而有助，则屯既极可济矣。

《象》曰："泣血涟如"，何可长也！

屯难穷极，莫知所为，故至"泣血"。颠沛如此，其能长久乎？夫卦者，事也；爻者，事之时也。分三而又两之，足以包括众理，引而伸之，触类而长之，天下之能事毕矣。

蒙

坎下艮上

《蒙》，《序卦》："屯者，盈也；屯者，物之始生也。物生必蒙，故受之以《蒙》。蒙者，蒙也，物之稚也。"屯者，物之始生，物始生稚小，蒙昧未发，《蒙》所以次《屯》也。为卦，艮上坎下。艮为山，为止；坎为水，为险。山下有险，遇险而止，莫知所之，蒙之象也。水必行之物，始出未有所之，故为蒙。及其进，则为亨义。

《蒙》：亨，匪我求童蒙，童蒙求我。初筮告，再三渎，渎则不告。利贞。

蒙有开发之理，亨之义也。卦才时中，乃致亨之道。六五为蒙之主，而九二发蒙者也。"我"，谓二也。二非蒙主，五既顺巽于二，二乃发蒙者也，故主二而言。"匪我求童蒙，童蒙求我"，五居尊位，有柔顺之德，而方在童蒙，与二为正应，而中德又同，能用二之道以发其蒙也。二以刚中之德在下，为君所信向，当以道自守，待君至诚求己，而后应之，则能用其道，匪我求于童蒙，乃童蒙来求于我也。"筮"，占决也。"初筮告"，谓至诚一意以求己则告之；"再三"，则渎慢矣，故不告也。发蒙之道，利以贞正。又二虽刚中，然居阴，故宜有戒。

《彖》曰：《蒙》，山下有险，险而止，蒙。"蒙，亨"，以亨行时中也。"匪我求童蒙，童蒙求我"，志应也。

"山下有险"，内险不可处，外止莫能进，未知所为，故为昏蒙之义。"'蒙，亨'，以亨行时中也"，蒙之能亨，以亨道行也。所谓亨道，"时中"也。"时"谓得君之应，"中"谓处得其中，得中则得时也。"'匪我求童蒙，童蒙求我'，志应也"，二以刚明之贤处于下，五以童蒙居上。非是二求于五，盖五之志应于二也。贤者在下，岂可自进以求于君？苟自求之，必无能信用之理。古之人所以必待人君致敬尽礼而后往者，非欲自为尊大，盖其尊德乐道，不如是不足与有为也。

"初筮告"，以刚中也；"再三渎，渎则不告"，渎蒙也。

"初筮"，谓诚一而来求决其蒙，则当以刚中之道，告而开发之。"再三"，烦数也。来筮之意烦数，不能诚一，则渎慢矣，不当告也。告之必不能信受，徒为烦渎，故曰"渎蒙"也。求者、告者皆烦渎矣。

蒙以养正，圣功也。

卦辞曰"利贞"，《彖》复伸其义，以明不止为戒于二，实养蒙之道也。未发之谓蒙，以纯一未发之蒙而养其正，乃作圣之功也。发而后禁，则扞格而难胜。养正于蒙，学之至善也。《蒙》之六爻，二阳为治蒙者，四阴皆处蒙者也。

《象》曰：山下出泉，蒙，君子以果行育德。

山下出泉，出而遇险，未有所之，蒙之象也。若人蒙稚，未知所适也。君子观蒙之象，"以果行育德"：观其出而未能通行，则以果决其所行；观其始出而未有所向，则以养育其明德也。

初六，发蒙，利用刑人，用说桎梏，以往吝。

初以阴暗居下，下民之蒙也。爻言发之之道。发下民之蒙，当明刑禁以示之，使之知畏，然后从而教导之。自古圣王为治，设刑罚以齐其众，明教化以善其俗，刑罚立而后教化行，虽圣人尚德而不尚刑，未尝偏废也。故为政之始，立法居先。治蒙之初，威之以刑者，所以说去其昏蒙之桎梏。"桎梏"，谓拘束也。不去其昏蒙之桎梏，则善教无由而入。既以刑禁率之，虽使心未能喻，亦当畏威以从，不敢肆其昏蒙之欲，然后渐能知善道而革其非心，则可以移风易俗矣。苟专用刑以为治，则蒙虽畏而终不能发，苟免而无耻，治化不可得而成矣，故以往则可吝。

《象》曰："利用刑人"，以正法也。

治蒙之始，立其防限，明其罪罚，正其法也，使之由之，渐至于化也。或疑发蒙之初，遽用刑人，无乃不教而诛乎？不知立法制刑，乃所以教也。盖后之论刑者，不复知教化在其中矣。

九二，包蒙吉，纳妇吉，子克家。

"包"，含容也。二居蒙之世，有刚明之才，而与六五之君相应，中德又同，当时之任者也。必广其含容，哀矜昏愚，则能发天下之蒙，成治蒙之功。其道广，其施博，如是则吉也。卦唯二阳爻，上九刚而过，唯九二有刚中之德，而应于五，用于时而独明者也。苟恃其明，专于自任，则其德不弘。故虽妇人之柔暗，尚当纳其所善，则其明广矣。又以诸爻皆阴，故云"妇"。尧、舜之圣，天下所莫及也，尚曰"清问下民"，取人为善也。二能包纳，则克济其君之事，犹子能治其家也。五既阴柔，故发蒙之功，皆在于二。以家言之，五，父也；二，子也。二能主蒙之功，乃人子克治其家也。

《象》曰："子克家"，刚柔接也。

子而克治其家者，父之信任专也；二能主蒙之功者，五之信任专也。二与五，刚柔之情相接，故得行其刚中之道，成发蒙之功。苟非上下之情相接，则二虽刚中，安能尸其事乎？

六三，勿用取女，见金夫，不有躬，无攸利。

三以阴柔处蒙暗，不中不正，女之妄动者也。正应在上，不能远从，近见九二为群蒙所归，得时之盛，故舍其正应而从之，是女之"见金夫"也。女之从人，当由正礼，乃见人之多金，说而从之，不能保有其身者也，无所往而利矣。

《象》曰："勿用取女"，行不顺也。

女之如此，其行邪僻不顺，不可取也。

六四，困蒙，吝。

四以阴柔而蒙暗，无刚明之亲援，无由自发其蒙，困于昏蒙者也，其可吝甚矣。"吝"，不足也，谓可少也。

《象》曰："困蒙"之"吝"，独远实也。

蒙之时，阳刚为发蒙者。四，阴柔而最远于刚，乃愚蒙之人，而不比近贤者，无由得明矣，故困于蒙。可羞吝者，以其独远于贤明之人也。不能亲贤以致困，可吝之甚也。"实"，谓阳刚也。

六五，童蒙，吉。

五以柔顺居君位，下应于二，以柔中之德，任刚明之才，足以治天下之蒙，故"吉"也。"童"，取未发而资于人也。为人君者，苟能至诚任贤以成其功，何异乎出于己也？

《象》曰："童蒙"之"吉"，顺以巽也。

舍己从人，顺从也；降志下求，卑巽也。能如是，优于天下矣。

上九，击蒙，不利为寇，利御寇。

九居蒙之终，是当蒙极之时。人之愚蒙既极，如苗民之不率，为寇为乱者，当击伐之。然九居上，刚极而不中，故戒"不利为寇"。治人之蒙，乃"御寇"也。肆为刚暴，乃"为寇"也。若舜之征有苗，周公之诛三监，"御寇"也；秦皇、汉武穷兵诛伐，"为寇"也。

《象》曰：利用御寇，上下顺也。

"利用御寇"，上下皆得其顺也。上不为过暴，下得击去其蒙，"御寇"之义也。

需

☰ 乾下坎上

《需》，《序卦》："蒙者，蒙也，物之稚也。物稚不可不养也，故受之以《需》，需者，饮食之道也。"夫物之幼稚，必待养而成。养物之所需者，饮食也，故曰"需者，饮食之道也"。云上于天，有蒸润之象。饮食所以润益于物，故《需》为饮食之道，所以次《蒙》也。卦之大意，须待之义，《序卦》取所须之大者耳。乾健之性，必进者也，乃处坎险之下，险为之阻，故须待而后进也。

《需》：有孚，光亨，贞吉，利涉大川。

需者，须待也。以二体言之，乾之刚健上进，而遇险未能进也，故为需待之义；以卦才言之，五居君位，为需之主，有刚健中正之德，而诚信充实于中，中实有孚也。"有孚"，则光明而能亨通，得贞正而吉也。以此而需，何所不济？虽险无难矣，故"利涉大川"也。凡贞吉，有既正且吉者，有得正则吉者，当辨也。

《彖》曰：需，须也，险在前也。刚健而不陷，其义不困穷矣。

需之义，须也。以险在于前，未可遽进，故需待而行也。以乾之刚健，而能需待，不轻动，故不陷于险，其义不至于困穷也。刚健之人，其动必躁，乃能需待而动，处之至善者也。故夫子赞之云"其义不困穷矣"。

"需，有孚，光亨，贞吉"，位乎天位以正中也。

五以刚实居中，为孚之象，而得其所需，亦为"有孚"之义。以乾刚而至诚，故其德光明而能亨通，得贞正而吉也。所以能然者，以居天位而得正中也。"居天位"，指五；"以正中"，兼二言，故云"正中"。

"利涉大川"，往有功也。

既有孚而贞正，虽涉险阻，往则有功也，需道之至善也。以乾刚而能需，何所不利？

《象》曰：云上于天，需，君子以饮食宴乐。

云气蒸而上升于天，必待阴阳和洽，然后成雨。云方上于天，未成雨也，故为须待之义。阴阳之气交感而未成雨泽，犹君子畜其才德而未施于用也。君子观云上于天，需而为雨之象，怀其道德，安以待时，饮食以养其气体，宴乐以和其心志，所谓"居易以俟命"也。

初九，需于郊，利用恒，无咎。

需者，以遇险，故需而后进。初最远于险，故为"需于郊"。"郊"，旷远之地也。处于旷远，利在安守其常，则"无咎"也。不能安常，则躁动犯难，岂能需于远而无过也？

《象》曰："需于郊"，不犯难行也；"利用恒，无咎"，未失常也。

处旷远者，不犯冒险难而行也。阳之为物，刚健上进者也。初能需待于旷远之地，不犯险难而进，复宜安处不失其常，则可以无咎矣。虽不进，而志动者不能安其常也。君子之需时也，安静自守，志虽有须，而恬然若将终身焉，乃能用常也。

九二，需于沙，小有言，终吉。

坎为水，水近则有沙。二去险渐近，故为"需于沙"。渐近于险难，虽未至于患害，已"小有言"矣。凡患难之辞，大小有殊。小者至于有言，言语之伤，至小者也。二以刚阳之才，而居柔守中，宽裕自处，需之善也。虽去险渐近，而未至于险，故小有言语之伤，而无大害，终得其吉也。

《象》曰："需于沙"，衍在中也；虽"小有言"，以吉终也。

"衍"，宽绰也。二虽近险，而以宽裕居中，故虽小有言语及之，终得其吉，善处者也。

九三，需于泥，致寇至。

"泥"，逼于水也。既进逼于险，当致寇难之至也。三，刚而不中，又居健体之上，有进动之象，故"致寇"也。苟非敬慎，则致丧败矣。

《象》曰："需于泥"，灾在外也；自我"致寇"，敬慎不败也。

三，切逼上体之险难，故云"灾在外也"。"灾"，患难之通称，对眚而言，则分也。三之"致寇"，由己进而迫之，故云"自我"。寇自己致，若能"敬慎"，量宜而进，则无丧败也。

需之时，须而后进也，其义在相时而动，非戒其不得进也，直使敬慎毋失其宜耳。

六四，需于血，出自穴。

四以阴柔之质处于险，而下当三阳之进，伤于险难者也，故云“需于血”。既伤于险难，则不能安处，必失其居，故云“出自穴”。“穴”，物之所安也。顺以从时，不竞于险难，所以不至于凶也。以柔居阴，非能竞者也。若阳居之，则必凶矣。盖无中正之德，徒以刚竞于险，适足以致凶耳。

《象》曰：“需于血”，顺以听也。

四以阴柔居于险难之中，不能固处，故退出自穴。盖阴柔不能与时竞，不能处则退，是顺从以听于时，所以不至于凶也。

九五，需于酒食，贞吉。

五以阳刚居中得正，位乎天位，克尽其道矣。以此而需，何需不获？故宴安酒食以俟之，所须必得也。既得贞正，而所需必遂，可谓吉矣。

《象》曰：“酒食，贞吉”，以中正也。

需于酒食而贞且吉者，以五得中正而尽其道也。

上六，入于穴，有不速之客三人来，敬之终吉。

需，以险在前，需时而后进。上六居险之终，终则变矣；在需之极，久而得矣。阴止于六，乃安其处，故为“入于穴”。“穴”，所安也。安而既止，后者必至。“不速之客三人”，谓下之三阳。乾之三阳，非在下之物，需时而进者也。需既极矣，故皆上进。"不速"，不促之而自来也。上六，既需得其安处，群刚之来，苟不起忌疾忿竞之心，至诚尽敬以待之，虽甚刚暴，岂有侵陵之理？故"终吉"也。或疑以阴居三阳之上，得为安乎？曰："三阳乾体，志在上进；六，阴位，非所止之正，故无争夺之意，敬之则吉也。"

《象》曰："不速之客来，敬之终吉"，虽不当位，未大失也。

"不当位"，谓以阴而在上也。爻，以六居阴为所安。《象》复尽其义，明阴宜在下，而居上，为"不当位"也。然能敬慎以自处，则阳不能陵，终得其吉，"虽不当位"，而未至于大失也。

讼

坎下乾上

《讼》，《序卦》："饮食必有讼，故受之以《讼》。"人之所需者，饮食，既有所须，争讼所由起也，《讼》所以次《需》也。为卦，乾上坎下。以二象言之，天阳上行，水性就下，其行相违，所以成讼也；以二体言之，上刚下险，刚险相接，能无讼乎？又人内险阻而外刚强，所以讼也。

《讼》：有孚，窒惕，中吉，终凶。

讼之道，必有其孚实。中无其实，乃是诬妄，凶之道也。卦之中实，为"有孚"之象。讼者与人争辩，而待决于人，虽"有孚"，亦须窒塞未通。不窒，则已明无讼矣。事既未辩，吉凶未可必也，故有畏惕。"中吉"，得中则吉也；"终凶"，终极其事则凶也。

利见大人，不利涉大川。

讼者，求辩其曲直也，故"利见于大人"。大人则能以其刚明中正决所讼也。讼非和平之事，当择安地而处，不可陷于危险，故"不利涉大川"也。

《彖》曰：《讼》，上刚下险，险而健，讼。

《讼》之为卦，上刚下险，险而又健也；又为险健相接，内险外健，皆所以为讼也。若健而不险，不生讼也；险而不健，不能讼也。险而又健，是以讼也。

"讼，有孚，窒惕，中吉"，刚来而得中也；

讼之道固如是。又据卦才而言，九二以刚自外来而成讼，则二乃讼之主也。以刚处中，中实之象，故为"有孚"。处讼之时，虽有孚信，亦必艰阻窒塞而有惕惧。不窒，则不成讼矣。又居险陷之中，亦为窒塞惕惧之义。二以阳刚，自外来而得中，为以刚来讼而不过之义，是以吉也。卦有更取成卦之由为义者，此是也。卦义不取成卦之由，则更不言所变之爻也。据卦辞，二乃善也，而爻中不见其善。盖卦辞取其有孚得中而言，乃善也；爻则以自下讼上为义，所取不同也。

"终凶"，讼不可成也。

讼非善事，不得已也，安可终极其事？极意于其事，则凶矣，故曰"不可成也"。"成"，谓穷尽其事也。

"利见大人"，尚中正也。

讼者，求辩其是非也。辩之当，乃中正也，故"利见大人"，以所尚者，"中正"也。听者非其人，则或不得其中正也。中正大人，九五是也。

"不利涉大川"，入于渊也。

与人讼者，必处其身于安平之地，若蹈危险，则陷其身矣，乃入于深渊也。卦中有中正险陷之象。

《象》曰：天与水违行，讼，君子以作事谋始。

天上水下，相违而行，二体违戾，讼之由也。若上下相顺，讼何由兴？君子观象，知人情有争讼之道，故凡所作事，必谋其始，绝讼端于事之始，则讼无由生矣。谋始之义，广矣！若慎交结、明契券之类是也。

初六，不永所事，小有言，终吉。

六以柔弱居下，不能终极其讼者也。故于讼之初，因六之才，为之戒曰："若不长永其事，则虽小有言，终得吉也。"盖讼非可长之事，以阴柔之才而讼于下，难以吉矣。以上有应援，而能不永其事，故虽"小有言"，终得吉也。"有言"，灾之小者也。不永其事而不至于凶，乃讼之吉也。

《象》曰："不永所事"，讼不可长也。

六以柔弱而讼于下，其义固不可长永也。永其讼，则不胜而祸难及矣。又于讼之初，即戒讼非可长之事也。

虽"小有言"，其辩明也。

柔弱居下，才不能讼，虽"不永所事"，既讼矣，必有小灾，故"小有言"也。既不永其事，又上有刚阳之正应，辩理之明，故终得其吉也。不然，其能免乎？在讼之义：同位而相应，相与者也，故初于四为获其辩明；同位而不相得，相讼者也，故二与五为对敌也。

九二，不克讼，归而逋，其邑人三百户，无眚。

二、五，相应之地，而两刚不相与，相讼者也。九二自外来，以刚处险，为讼之主，乃与五为敌。五以中正处君位，其可敌乎？是为讼而义不克也。若能知其义之不可，退归而逋避，以寡约自处，则得无过眚也。必逋者，避为敌之地也。"三百户"，邑之至小者。若处强大，是犹竞也，能"无眚"乎？

"眚"，过也，处不当也，与知恶而为有分也。

《象》曰："不克讼，归逋"，窜也。
义既不敌，故不能讼，归而逋窜，避去其所也。

自下讼上，患至掇也。
自下而讼其上，义乖势屈，祸患之至，犹拾掇而取之，言易得也。

六三，食旧德，贞，厉终吉。
三虽居刚而应上，然质本阴柔，处险而介二刚之间，危惧，非为讼者也。禄者，称德而受。"食旧德"，谓处其素分。"贞"，谓坚固自守。"厉终吉"，谓虽处危地，能知危惧，则终必获吉也。守素分而无求，则不讼矣。处危，谓在险而承、乘皆刚与居讼之时也。

或从王事，无成。
柔，从刚者也；下，从上者也。三不为讼，而从上九所为，故曰"或从王事，无成"，谓从上而成不在己也。讼者，刚健之事，故初则不永，三则从上，皆非能讼者也。二爻皆以阴柔不终而得吉，四亦以不克而渝得吉，讼以能止为善也。

《象》曰："食旧德"，从上吉也。
守其素分，虽从上之所为，非由己也，故无成而终得其吉也。

九四，不克讼，复即命，渝安贞，吉。
四以阳刚而居健体，不得中正，本为讼者也。承五、履三而应初。五，君也，义不克讼；三居下而柔，不与之讼；初，正应而顺从，非与讼者也。四虽刚健欲讼，无与对敌，其讼无由而兴，故"不克讼"也。又居柔以应柔，亦为能止之义。既义不克讼，若能克其刚忿欲讼之心，复即就于命，革其心，平其气，变而为安贞，则吉矣。"命"，谓正理。失正理，为方命，故以"即命"为"复"也。方，不顺也。《书》云："方命圮族。"《孟子》云："方命虐民。"夫刚健而不中正，则躁动，故不安；处非中正，故不贞。不安贞，所以好讼也。若义不克讼而不讼，反就正理，变其不安贞为安贞，则吉矣。

《象》曰："复即命，渝安贞"，不失也。
能如是，则为无失矣，所以吉也。

九五，讼，元吉。
以中正居尊位，治讼者也。治讼得其中正，所以"元吉"也。"元吉"，大吉而尽善也。吉大而不尽善者有矣。

《象》曰："讼，元吉"，以中正也。
中正之道，何施而不元吉？

上九，或锡之鞶带，终朝三褫之。
九以阳居上，刚健之极，又处讼之终，极其讼者也。人之肆其刚强，穷极于讼，取祸丧身，固其理也。设或使之善讼能胜，穷极不已，至于受服命之赏，是亦与人仇争所获，其能安保之乎？故终一朝而三见褫夺也。

《象》曰：以讼受服，亦不足敬也。
穷极讼事，设使受服命之宠，亦且不足敬，而可贱恶，况又祸患随至乎？

师

䷆坎下坤上

《师》，《序卦》："讼必有众起，故受之以《师》。"师之兴，由有争也，所以次《讼》也。为卦，坤上坎下。以二体言之，地中有水，为众聚之象；以二卦之义言之，内险外顺，险道而以顺行，师之义也；以爻言之，一阳而为众阴之主，统众之象也。《比》以一阳为众阴之主而在上，君之象也；《师》以一阳为众阴之主而在下，将帅之象也。

《师》：贞，丈人吉，无咎。

师之道，以正为本。兴师动众以毒天下，而不以正，民弗从也，强驱之耳。故师以贞为主。其动虽正也，帅之者必丈人，则吉而无咎也。盖有吉而有咎者，有无咎而不吉者。吉且无咎，乃尽善也。"丈人"者，尊严之称。帅师总众，非众所尊信畏服，则安能得人心之从？故司马穰苴擢自微贱，授之以众，乃以众心未服，请庄贾为将也。所谓"丈人"，不必素居崇贵，但其才谋德业，众所畏服，则是也。如穰苴既诛庄贾，则众心畏服，乃丈人矣。又如淮阴侯起于微贱，遂为大将，盖其谋为有以使人尊畏也。

《彖》曰：师，众也。贞，正也。能以众正，可以王矣。

能使众人皆正，可以王天下矣。得众心服从而归正，王道止于是也。

刚中而应，行险而顺，

言二也，以刚处中，刚而得中道也。六五之君为正应，信任之专也。虽行险道，而以顺动，所谓义兵，王者之师也。上顺下险，"行险而顺"也。

以此毒天下而民从之，吉，又何咎矣？

师旅之兴，不无伤财害人，毒害天下，然而民心从之者，以其义动也。古者，东征西怨，民心从也。如是故吉而无咎。"吉"，谓必克；"无咎"，谓合义。"又何咎矣"，其义固无咎也。

《象》曰：地中有水，师，君子以容民畜众。

地中有水，水聚于地中，为众聚之象，故为师也。君子观地中有水之象，以容保其民，畜聚其众也。

初六，师出以律，否臧凶。

初，师之始也，故言出师之义，及行师之道。在邦国兴师而言，合义理，则是以律法也，谓以禁乱诛暴而动。苟动不以义，则虽善亦凶道也。善谓克胜，凶谓殃民害义也。在行师而言，律谓号令节制。行师之道，以号令节制为本，所以统制于众。不"以律"，则虽善亦凶，虽使胜捷，犹凶道也。制师无法，幸而不败且胜者，时有之矣，圣人之所戒也。

《象》曰："师出以律"，失律凶也。

师出当"以律"，"失律"则凶矣。虽幸而胜，亦凶道也。

九二，在师，中吉，无咎，王三锡命。

《师》卦惟九二一阳，为众阴所归，五居君位，是其正应，二乃师之主，专制其事者也。居下而专制其事，唯在师则可。自古命将，阃外之事得专制之。在师专制而得中道，故吉而无咎。盖恃专则失为下之道，不专则无成功之理，故得中为吉。凡师之道，威和并至则吉也。既处之尽其善，则能成功而安天下，故王锡宠命至于三也。凡事至于三者，极也。六五在上，既专倚任，复厚其宠数。盖礼不称，则威不重而下不信也。他卦，九二为六五所任者有矣，唯《师》专主其事，而为众阴所归，故其义最大。人臣之道，于事无所敢专，唯阃外之事则专制之，虽制之在己，然因师之力而能致者，皆君所与而职当为也。世儒有论鲁祀周公以天子礼乐，以为周公能为人臣不能为之功，则可用人臣不得用之礼乐，是不知人臣之道也。夫居周公之位，则为周公之事，由其位而能为者，皆所当为也，周公乃尽其职耳。子道亦然。唯孟子为知此义，故曰"事亲，若曾子者可也"，未尝以曾子之孝为有余也，盖子之身所能为者，皆所当为也。

《象》曰："在师，中吉"，承天宠也；"王三锡命"，怀万邦也。

"在师，中吉"者，以其承天之宠任也。"天"，谓王也。人臣非君宠任之，则安得专征之权，而有成功之吉？《象》以二专主其事，故发此义，与前所云世儒之见异矣。王三锡以恩命，褒其成功，所以"怀万邦也"。

六三，师或舆尸，凶。

三居下卦之上，居位当任者也。不唯其才阴柔，不中正。师旅之事，任当专一。二既以刚中之才为上信倚，必专其事，乃有成功。若或更使众人主之，凶之道也。"舆尸"，众主也。盖指三也。以三居下之上，故发此义。军旅之事，任不专一，覆败必矣。

《象》曰："师或舆尸"，大无功也。
倚付二、三，安能成功？岂唯无功？所以致凶也。

六四，师左次，无咎。
师之进，以强勇也。四以柔居阴，非能进而克捷者也。知不能进而退，故"左次"。"左次"，退舍也，量宜进退，乃所当也，故"无咎"。见可而进，知难而退，师之常也。唯取其退之得宜，不论其才之能否也。度不能胜而完师以退，愈于覆败远矣。可进而退，乃为咎也。《易》之发此义以示后世，其仁深矣。

《象》曰："左次，无咎"，未失常也。
行师之道，因时施宜，乃其常也，故"左次"未必为失也。如四退次，乃得其宜，是以"无咎"。

六五，田有禽，利执言，无咎。长子帅师，弟子舆尸，贞凶。
五，君位，兴师之主也，故言兴师任将之道。师之兴，必以蛮夷猾夏、寇贼奸宄为生民之害，不可怀来，然后奉辞以诛之。若禽兽入于田中，侵害稼穑，于义宜猎取，则猎取之，如此而动，乃得"无咎"。若轻动以毒天下，其咎大矣。"执言"，奉辞也，明其罪而讨之也。若秦皇、汉武，皆穷山林以索禽兽者也，非"田有禽"也。任将授师之道，当以"长子帅师"。二在下而为师之主，"长子"也。若以弟子众主之，则所为虽正，亦凶也。"弟子"，凡非长者也。自古任将不专而致覆败者，如晋荀林父邲之战，唐郭子仪相州之败是也。

《象》曰："长子帅师"，以中行也；"弟子舆尸"，使不当也。

"长子"，谓二以中正之德合于上，而受任以行。若复使其余者众尸其事，是任使之不当也，其凶宜矣。

上六，大君有命，开国承家，小人勿用。

上，师之终也，功之成也，大君以爵命赏有功也。"开国"，封之为诸侯也；"承家"，以为卿大夫也。"承"，受也。小人者，虽有功不可用也，故戒使"勿用"。师旅之兴，成功非一道，不必皆君子也，故戒以小人有功不可用也，赏之以金帛禄位可也，不可使有国家而为政也。小人平时易致骄盈，况挟其功乎？汉之英、彭所以亡也。圣人之深虑远戒也。此专言师终之义，不取爻义，盖以其大者。若以爻言，则六以柔居顺之极，师既终而在无位之地，善处而无咎者也。

《象》曰："大君有命"，以正功也；"小人勿用"，必乱邦也。

大君持恩赏之柄，以正军旅之功。师之终也，虽赏其功，小人则不可以有功而任用之，用之必乱邦。小人恃功而乱邦者，古有之矣。

比

䷇坤下坎上

《比》，《序卦》："众必有所比，故受之以《比》。"
比，亲辅也。人之类，必相亲辅，然后能安。故既有众，则必
有所比，《比》所以次《师》也。为卦，上坎下坤。以二体言
之，水在地上，物之相切比无间，莫如水之在地上，故为比
也。又众爻皆阴，独五以阳刚居君位，众所亲附，而上亦亲
下，故为比也。

《比》：吉。原筮，元、永、贞，无咎。

比，吉道也。人相亲比，自为吉道。故《杂卦》云："《比》
乐《师》忧。"人相亲比，必有其道，苟非其道，则有悔咎，故
必推原占决，其可比者而比之。"筮"，谓占决卜度，非谓以蓍
龟也。所比，得"元、永、贞"则"无咎"。"元"，谓有君长
之道；"永"，谓可以常久；"贞"，谓得正道。上之比下，必
有此三者；下之从上，必求此三者，则"无咎"也。

不宁方来，后夫凶。

人之不能自保其安宁，方且来求亲比，得所比则能保其安。
当其不宁之时，固宜汲汲以求比。若独立自恃，求比之志不速而
后，则虽夫亦凶矣。夫犹凶，况柔弱者乎？"夫"，刚立之称。
《传》曰："子南，夫也。"又曰："是谓我非夫。"凡生天地
之间者，未有不相亲比而能自存者也。虽刚强之至，未有能独立

者也。比之道，由两志相求。两志不相求，则睽矣。君怀抚其下，下亲辅于上，亲戚、朋友、乡党皆然，故当上下合志以相从。苟无相求之意，则离而凶矣。大抵人情相求则合，相持则睽。相持，相待莫先也。人之相亲固有道，然而欲比之志，不可缓也。

《象》曰：比，吉也。比，辅也，下顺从也。

"比，吉也"，比者，吉之道也。物相亲比，乃吉道也。"比，辅也"，释比之义，比者，相亲辅也。"下顺从也"，解卦所以为《比》也。五以阳居尊位，群下顺从以亲辅之，所以为比也。

"原筮，元、永、贞，无咎"，以刚中也。

推原筮，决相比之道，得"元、永、贞"，而后可以"无咎"。所谓"元、永、贞"，如五是也，以阳刚居中正，尽比道之善者也。以阳刚当尊位，为君德，"元"也；居中得正，能"永"而"贞"也。卦辞本泛言比道，《象》言"元、永、贞"者，九五以刚处中正是也。

"不宁方来"，上下应也。

人之生，不能保其安宁，方且来求附比。民不能自保，故戴君以求宁；君不能独立，故保民以为安。不宁而来比者，上下相应也。以圣人之公言之，固至诚求天下之比，以安民也；以后王之私言之，不求下民之附，则危亡至矣。故上下之志必相应也。在卦言之，上下群阴比于五，五比其众，乃上下应也。

"后夫凶"，其道穷也。

众必相比，而后能遂其生。天地之间，未有不相亲比而能遂者也。若相从之志不疾而后，则不能成比，虽夫亦凶矣。无所亲比，困屈以致凶，穷之道也。

《象》曰：地上有水，比，先王以建万国，亲诸侯。

夫物相亲比而无间者，莫如水在地上，所以为比也。先王观《比》之象，"以建万国，亲诸侯"。建立万国，所以比民也；亲抚诸侯，所以比天下也。

初六，有孚，比之无咎。

初六，比之始也。相比之道，以诚信为本。中心不信而亲人，人谁与之？故比之始，必有孚诚，乃"无咎"也。"孚"，信之在中也。

有孚盈缶，终来有他，吉。

诚信充实于内，若物之盈满于缶中也。"缶"，质素之器。言若缶之盈实其中，外不加文饰，则终能来有他，吉也。"他"，非此也，外也。若诚实充于内，物无不信，岂用饰外以求比乎？诚信中实，虽他外皆当感而来从。孚信，比之本也。

《象》曰：《比》之初六，"有他，吉"也。

言"《比》之初六"者，比之道在乎始也。始能有孚，则终致有他之吉。其始不诚，终焉得吉？上六之凶，由无首也。

六二，比之自内，贞吉。

二与五为正应，皆得中正，以中正之道相比者也。二处于内，"自内"，谓由己也。择才而用，虽在乎上，而以身许国，必由于己。己以得君，道合而进，乃得正而吉也。以中正之道应上之求，乃自内也，不自失也。汲汲以求比者，非君子自重之道，乃自失也。

《象》曰："比之自内"，不自失也。

守己中正之道，以待上之求，乃不自失也。《易》之为戒严密。二虽中正，质柔体顺，故有"贞吉""自失"之戒。戒之自守，以待上之求，无乃涉后凶乎？曰："士之修己，乃求上之道；降志辱身，非自重之道也。故伊尹、武侯救天下之心非不切，必待礼至，然后出也。"

六三，比之匪人。

三不中正，而所比皆不中正。四，阴柔而不中；二，存应而比初，皆不中正，"匪人"也。比于匪人，其失可知，悔吝不假言也，故可伤。二之中正，而谓之匪人，随时取义，各不同也。

《象》曰："比之匪人"，不亦伤乎！

人之相比，求安吉也，乃比于匪人，必将反得悔吝，其亦可伤矣。深戒失所比也。

六四，外比之，贞吉。

四与初不相应，而五比之，外比于五，乃得贞正而吉也。君臣相比，正也；相比相与，宜也。五，刚阳中正，贤也，居尊位在上也。亲贤从上，比之正也，故为"贞吉"。以六居四，亦为得正之义。又阴柔不中之人，能比于刚明中正之贤，乃得正而吉也。又比贤从上，必以正道，则吉也。数说相须，其义始备。

《象》曰：外比于贤，以从上也。

"外比"，谓从五也。五，刚明中正之贤，又居君位，四比之，是比贤且从上，所以吉也。

九五，显比，王用三驱，失前禽，邑人不诫，吉。

五居君位，处中得正，尽比道之善者也。人君比天下之道，当显明其比道而已。如诚意以待物，恕己以及人，发政施仁，使天下蒙其惠泽，是人君亲比天下之道也。如是，天下孰不亲比于上？若乃暴其小仁，违道干誉，欲以求下之比，其道亦狭矣，其能得天下之比乎？故圣人以九五尽比道之正，取"三驱"为喻，曰："王用三驱，失前禽，邑人不诫，吉。"先王以四时之畋，不可废也，故推其仁心，为"三驱"之礼，乃《礼》所谓"天子不合围"也。成汤祝网，是其义也。天子之畋，围合其三面，前开一路，使之可去，不忍尽物，好生之仁也。只取其不用命者，不出而反入者也。禽兽前去者，皆免矣，故曰"失前禽"也。王者显明其比道，天下自然来比。来者抚之，固不煦煦然求比于物，若田之三驱，禽之去者，从而不追，来者则取之也。此王道之大，所以其民皞皞，而莫知为之者也。"邑人不诫，吉"，言其至公不私，无远迩、亲疏之别也。"邑"者，居邑。《易》中所言"邑"，皆同，王者所都，诸侯国中也。"诫"，期约也。待物之一，不期诫于居邑，如是则吉也。圣人以大公无私治天下，于"显比"见之矣。非惟人君比天下之道如此，大率人之相比莫不然。以臣于君言之，竭其忠诚，致其才力，乃显其比君之道也，用之与否，在君而已，不可阿谀逢迎，求其比己也；在

093

朋友亦然，修身诚意以待之，亲己与否，在人而已，不可巧言令色，曲从苟合，以求人之比己也。于乡党、亲戚，于众人，莫不皆然，"三驱，失前禽"之义也。

《象》曰："显比"之"吉"，位正中也。

"显比"所以"吉"者，以其所居之位得正中也。处正中之地，乃由正中之道也。比以不偏为善，故云"正中"。凡言"正中"者，其处正得中也，《比》与《随》是也；言"中正"者，得中与正也，《讼》与《需》是也。

舍逆取顺，"失前禽"也。

礼取不用命者，乃是舍顺取逆也，顺命而去者，皆免矣。比以向背而言，谓去者为逆，来者为顺也。故所失者，前去之禽也，言来者抚之，去者不追也。

"邑人不诫"，上使中也。

不期诫于亲近，上之使下，中平不偏，远近如一也。

上六，比之无首，凶。

六居上，比之终也。"首"，谓始也。凡比之道，其始善，则其终善矣。有其始而无其终者，或有矣，未有无其始而有终者也。故"比之无首"，至终则"凶"也。此据比终而言。然上六阴柔不中，处险之极，固非克终者也。始比不以道，隙于终者，天下多矣。

《象》曰："比之无首"，无所终也。

比既无首，何所终乎？相比有首，犹或终违。始不以道，终复何保？故曰"无所终也"。

小畜

☰☰乾下巽上

《小畜》，《序卦》："比必有所畜，故受之以《小畜》。"物相比附则为聚，聚，畜也。又相亲比，则志相畜，《小畜》所以次《比》也。畜，止也，止则聚矣。为卦，巽上乾下。乾，在上之物，乃居巽下。夫畜止刚健，莫如巽顺，为巽所畜，故为畜也。然巽，阴也，其体柔顺，唯能以巽顺柔其刚健，非能力止之也，畜道之小者也。又四以一阴得位，为五阳所说，得位得柔，巽之道也；能畜群阳之志，是以为畜也。小畜，谓以小畜大，所畜聚者小。所畜之事小，以阴故也。《彖》专以六四畜诸阳为成卦之义，不言二体，盖举其重者。

《小畜》：亨。密云不雨，自我西郊。

云，阴阳之气。二气交而和，则相畜固而成雨，阳倡而阴和，顺也，故和。若阴先阳倡，不顺也，故不和，不和则不能成雨。云之畜聚虽密，而不成雨者，自"西郊"故也。东北，阳方；西南，阴方。自阴倡，故不和而不能成雨。以人观之，云气之兴，皆自四远，故云"郊"。据四而言，故云"自我"。畜阳者，四，畜之主也。

《彖》曰：《小畜》，柔得位而上下应之，曰小畜。

言成卦之义也。以阴居四，又处上位，"柔得位"也；上下五阳皆应之，为所畜也。以一阴而畜五阳，能系而不能固，是以为"小畜"也。《彖》解成卦之义，而加"曰"字者，皆重卦名，文势当然。单名卦，惟《革》有"曰"字，亦文势然也。

健而巽，刚中而志行，乃亨。

以卦才言也。内健而外巽，健而能巽也。二、五居中，刚中也。阳性上进，下复乾体，志在于行也。刚居中，为刚而得中，又为中刚。言畜阳则以柔巽，言能亨则由刚中。以成卦之义言，则为阴畜阳；以卦才言，则阳为刚中。才如是，故畜虽小而能亨也。

"密云不雨"，尚往也；"自我西郊"，施未行也。

畜道不能成大，如密云而不成雨。阴阳交而和，则相固而成雨。二气不和，阳尚往而上，故不成雨。盖自我阴方之气先倡，故不和而不能成雨，其功施未行也。小畜之不能成大，犹西郊之云不能成雨也。

《象》曰：风行天上，小畜，君子以懿文德。

乾之刚健，而为巽所畜。夫刚健之性，惟柔顺为能畜止之。虽可以畜止之，然非能固制其刚健也，但柔顺以扰系之耳，故为"小畜"也。君子观"小畜"之义，以懿美其文德。畜聚，为蕴畜之义。君子所蕴畜者，大则道德经纶之业，小则文章才艺。君子观《小畜》之象，以懿美其文德，文德方之道义，为小也。

初九，复自道，何其咎？吉。

初九，阳爻而乾体。阳，在上之物，又刚健之才，足以上进，而复与在上同志，其进复于上，乃其道也，故云"复自道"。复既自道，何过咎之有？无咎而又有吉也。诸爻言无咎者，如是则无咎矣，故云："无咎者，善补过也。"虽使爻义本善，亦不害于不如是则有咎之义。初九乃由其道而行，无有过咎，故云"何其咎"，无咎之甚明也。

《象》曰："复自道"，其义吉也。

阳刚之才，由其道而复，其义吉也。初与四为正应，在畜时，乃相畜者也。

九二，牵复，吉。

二以阳居下体之中，五以阳居上体之中，皆以阳刚居中，为阴所畜，俱欲上复。五虽在四上，而为其所畜则同，是同志者也。夫同患相忧，二、五同志，故相牵连而复。二阳并进，则阴不能胜，得遂其复矣，故吉也。曰："遂其复，则离畜矣乎？"曰："凡爻之辞，皆谓如是则可以如是，若已然，则时已变矣，尚何教诫乎？""五为巽体，巽畜于乾，而反与二相牵，何也？"曰："举二体而言，则巽畜乎乾；全卦而言，则一阴畜五阳也。在《易》，随时取义，皆如此也。"

《象》曰："牵复"在中，亦不自失也。

二，居中得正者也，刚柔进退，不失乎中道也。阳之复，其势必强。二以处中，故虽强于进，亦不至于过刚，过刚乃"自失"也。爻止言"牵复"而"吉"之义，《象》复发明其"在中"之美。

九三，舆说辐，夫妻反目。

三以阳爻，居不得中，而密比于四，阴阳之情，相求也。又昵比而不中，为阴畜制者也，故不能前进，犹车舆说去轮辐，言不能行也。"夫妻反目"，阴，制于阳者也，今反制阳，如夫妻之反目也。"反目"，谓怒目相视，不顺其夫，而反制之也。妇人为夫宠惑，既而遂反制其夫，未有夫不失道而妻能制之者也。故"说辐""反目"，三自为也。

《象》曰："夫妻反目"，不能正室也。

"夫妻反目"，盖由不能正其室家也。三自处不以道，故四得制之不使进，犹夫不能正其室家，故致反目也。

六四，有孚，血去惕出，无咎。

四于畜时，处近君之位，畜君者也。若内有孚诚，则五志信之，从其畜也。卦独一阴，畜众阳者也，诸阳之志系乎四。四苟欲以力畜之，则一柔敌众刚，必见伤害。唯尽其孚诚以应之，则可以感之矣。故其伤害远，其危惧免也。如此，则可以"无咎"。不然，则不免乎害矣。此以柔畜刚之道也。以人君之威严，而微细之臣有能畜止其欲者，盖有孚信以感之也。

《象》曰："有孚，惕出"，上合志也。

四既有孚，则五信任之，与之合志，所以得"惕出"而"无咎"也。"惕出"，则"血去"可知，举其轻者也。五既合志，众阳皆从之矣。

九五，有孚，挛如，富以其邻。

小畜，众阳为阴所畜之时也。五以中正居尊位，而有孚信，则其类皆应之矣，故曰"挛如"，谓牵连相从也。五必援挽，与之相济，是"富以其邻"也。五以居尊位之势，如富者推其财力与邻比共之也。君子为小人所困，正人为群邪所厄，则在下者必攀挽于上，期于同进，在上者必援引于下，与之戮力，非独推己力以及人也，固资在下之助以成其力耳。

《象》曰："有孚，挛如"，不独富也。

"有孚，挛如"，盖其邻类皆牵挛而从之，与众同欲，不独有其富也。君子之处艰厄，唯其至诚，故得众力之助，而能济其众也。

上九，既雨既处，尚德载，妇贞厉。

九以巽顺之极，居卦之上，处畜之终，从畜而止者也，为四所止也。"既雨"，和也；"既处"，止也。阴之畜阳，不和则不能止，既和而止，畜之道成矣。大畜，畜之大，故极而散；小畜，畜之小，故极而成。"尚德载"，四用柔巽之德，积满而至于成也。阴柔之畜刚，非一朝一夕能成，由积累而至，可不戒乎？"载"，积满也。《诗》云："厥声载路。""妇贞厉"，"妇"谓阴。以阴而畜阳，以柔而制刚，妇若贞固守此，危厉之道也。安有妇制其夫，臣制其君，而能安者乎？

月几望，君子征凶。

月望，则与日敌矣。"几望"，言其盛将敌也。阴已能畜阳，而云"几望"，何也？此以柔巽畜其志也，非力能制也。然不已，则将盛于阳而凶矣。于"几望"而为之戒曰："妇将敌矣，君子动则凶也。""君子"谓阳。"征"，动也。"几望"，将盈之时，若已望，则阳已消矣，尚何戒乎？

《象》曰："既雨既处"，德积载也；"君子征凶"，
有所疑也。

"既雨既处"，言畜道积满而成也。阴将盛极，君子动则有
凶也。阴敌阳则必消阳，小人抗君子则必害君子，安得不疑虑
乎？若前知疑虑而警惧，求所以制之，则不至于凶矣。

履

☰☱ 兑下乾上

《履》，《序卦》："物畜然后有礼，故受之以《履》。"
夫物之聚，则有大小之别，高下之等，美恶之分，是物畜然后
有礼，《履》所以继《畜》也。履，礼也。礼，人之所履也。
为卦，天上泽下。天而在上，泽而处下，上下之分，尊卑之
义，理之当也，礼之本也，常履之道也，故为《履》。履，践
也，藉也。履物为践，履于物为藉。以柔藉刚，故为履也。不
曰"刚履柔"，而曰"柔履刚"者，刚乘柔，常理不足道。故
《易》中唯言"柔乘刚"，不言"刚乘柔"也。言履藉于刚，
乃见卑顺说应之义。

履虎尾，不咥人，亨。

履，人所履之道也。天在上而泽处下，以柔履藉于刚，上下
各得其义，事之至顺，理之至当也。人之履行如此，虽履至危之
地，亦无所害。故"履虎尾"而不见咥啮，所以能亨也。

《彖》曰：《履》，柔履刚也。说而应乎乾，是以"履
虎尾，不咥人，亨"。

兑以阴柔履藉乾之阳刚，"柔履刚也"。兑以说顺应乎乾
刚而履藉之，下顺乎上，阴承乎阳，天下之正理也。所履如
此，至顺至当，虽"履虎尾"，亦不见伤害。以此履行，其亨
可知。

刚中正，履帝位而不疚，光明也。

九五以阳刚中正，尊履帝位，苟无疚病，得履道之至善，光明者也。"疚"，谓疵病，"夬履"是也。"光明"，德盛而辉光也。

《象》曰：上天下泽，履，君子以辨上下，定民志。

天在上，泽居下，上下之正理也。人之所履当如是，故取其象而为《履》。君子观《履》之象，以辨别上下之分，以定其民志。夫上下之分明，然后民志有定。民志定，然后可以言治。民志不定，天下不可得而治也。古之时，公卿大夫而下，位各称其德，终身居之，得其分也。位未称德，则君举而进之。士修其学，学至而君求之，皆非有预于己也。农、工、商、贾勤其事，而所享有限，故皆有定志而天下之心可一。后世自庶士至于公卿，日志于尊荣，农、工、商、贾日志于富侈，亿兆之心，交骛于利，天下纷然，如之何其可一也？欲其不乱，难矣。此由上下无定志也。君子观《履》之象，而分辨上下，使各当其分，以定民之心志也。

初九，素履，往无咎。

履不处者，行之义。初处至下，素在下者也，而阳刚之才，可以上进，若安其卑下之素而往，则"无咎"矣。夫人不能自安于贫贱之素，则其进也，乃贪躁而动，求去乎贫贱耳，非欲有为也。既得其进，骄溢必矣，故往则有咎。贤者则安履其素，其处也乐，其进也将有为也，故得其进则有为而无不善，乃守其"素履"者也。

《象》曰："素履"之"往"，独行愿也。

安履其素而往者，非苟利也，独行其志愿耳。"独"，专也。若欲贵之心与行道之心交战于中，岂能安履其素也？

九二，履道坦坦，幽人贞吉。

九二居柔，宽裕得中，其所履坦坦然，平易之道也。虽所履得坦易之道，亦必幽静安恬之人处之，则能贞固而吉也。九二阳志上进，故有"幽人"之戒。

《象》曰："幽人贞吉"，中不自乱也。

履道在于安静。其中恬正，则所履安裕。中若躁动，岂能安其所履？故必幽人，则能坚固而吉。盖其中心安静，不以利欲自乱也。

六三，眇能视，跛能履，履虎尾，咥人，凶。武人为于大君。

三以阴居阳，志欲刚而体本阴柔，安能坚其所履？故如盲眇之视，其见不明；跛蹙之履，其行不远。才既不足，而又处不得中，履非其正，以柔而务刚，其履如此，是履于危地，故曰"履虎尾"。以不善履履危地，必及祸患，故曰"咥人，凶"。"武人为于大君"，如武暴之人而居人上，肆其躁率而已，非能顺履而远到也。不中正而志刚，乃为群阳所与，是以刚躁蹈危而得凶也。

《象》曰："眇能视"，不足以有明也；"跛能履"，不足以与行也。

阴柔之人，其才不足，视不能明，行不能远，而乃务刚，所

103

履如此，其能免于害乎？

"眇人"之"凶"，位不当也。"武人为于大君"，志刚也。

以柔居三，履非其正，所以致祸害，被咥而凶也。以武人为喻者，以其处阳，才弱而志刚也。志刚则妄动，所履不由其道，如武人而为大君也。

九四，履虎尾，愬愬，终吉。

九四阳刚而乾体，虽居四，刚胜者也，在近君多惧之地，无相得之义。五复刚决之过，故为"履虎尾"。"愬愬"，畏惧之貌。若能畏惧，则当"终吉"。盖九虽刚而志柔，四虽近而不处，故能兢慎畏惧，则终免于危而获吉也。

《象》曰："愬愬，终吉"，志行也。

能愬愬畏惧，则终得其吉者，志在于行而不处也。去危则获吉矣。阳刚，能行者也；居柔，以顺自处者也。

九五，夬履，贞厉。

"夬"，刚决也。五以阳刚乾体，居至尊之位，任其刚决而行者也。如此，则虽得正，犹危厉也。古之圣人，居天下之尊，明足以照，刚足以决，势足以专，然而未尝不尽天下之议，虽刍荛之微必取，乃其所以为圣也，履帝位而光明者也。若自任刚明，决行不顾，虽使得正，亦危道也，可固守乎？有刚明之才，苟专自任，犹为危道，况刚明不足者乎？《易》中云"贞厉"，义各不同，随卦可见。

《象》曰："夬履，贞厉"，位正当也。

戒"夬履"者，以其正当尊位也。居至尊之位，据能专之势，而自任刚决，不复畏惧，虽使得正，亦危道也。

上九，视履考祥，其旋元吉。

上处履之终，于其终视其所履行，以考其善恶祸福，若其旋，则善且吉也。"旋"，谓周旋完备，无不至也。人之所履，考视其终，若终始周完无疚，善之至也，是以"元吉"。人之吉凶，系其所履善恶之多寡，吉凶之小大也。

《象》曰："元吉"在上，大有庆也。

上，履之终也。人之所履，善而吉至；其终周旋无亏，乃大有福庆之人也。人之行，贵乎有终。

泰

䷊乾下坤上

《泰》，《序卦》："履而泰，然后安，故受之以《泰》。"
履得其所则舒泰，泰则安矣，《泰》所以次《履》也。为卦，坤
阴在上，乾阳居下。天地阴阳之气相交而和，则万物生成，故为
通泰。

《泰》：小往大来，吉，亨。

"小"谓阴，"大"谓阳。"往"，往之于外也；"来"，
来居于内也。阳气下降，阴气上交也。阴阳和畅，则万物生遂，
天地之泰也。以人事言之，"大"则君上，"小"则臣下，君推
诚以任下，臣尽诚以事君，上下之志通，朝廷之泰也；阳为君
子，阴为小人，君子来处于内，小人往处于外，是君子得位，小
人在下，天下之泰也。泰之道，吉而且亨也。不云"元吉""元
亨"者，时有污隆，治有小大，虽泰，岂一概哉？言"吉，
亨"，则可包矣。

《彖》曰："《泰》，小往大来，吉，亨"，则是天地
交而万物通也，上下交而其志同也。

"小往大来"，阴往而阳来也，则是天地阴阳之气相交，而
万物得遂其通泰也。在人，则上下之情交通，而其志意同也。

内阳而外阴，内健而外顺，内君子而外小人，君子道
长，小人道消也。

阳来居内，阴往居外，阳进而阴退也。乾健在内，坤顺在外，为"内健而外顺"，君子之道也。君子在内，小人在外，是"君子道长，小人道消"，所以为泰也。既取阴阳交和，又取君子道长。阴阳交和，乃君子之道长也。

《象》曰：天地交，泰，后以财成天地之道，辅相天地之宜，以左右民。

天地交而阴阳和，则万物茂遂，所以泰也。人君当体天地通泰之象，而"以财成天地之道，辅相天地之宜，以左右生民"也。"财成"，谓体天地交泰之道，而财制成其施为之方也。"辅相天地之宜"，天地通泰，则万物茂遂，人君体之而为法制，使民用天时，因地利，辅助化育之功，成其丰美之利也。如春气发生万物，则为播植之法；秋气成实万物，则为收敛之法。乃"辅相天地之宜"，以左右辅助于民也。民之生，必赖君上为之法制以教率辅翼之，乃得遂其生养，是左右之也。

初九，拔茅茹，以其汇征，吉。

初以阳爻居下，是有刚明之才而在下者也。时之否，则君子退而穷处；时既泰，则志在上进也。君子之进，必与其朋类相牵援，如茅之根然，拔其一则牵连而起矣。"茹"，根之相牵连者，故以为象。"汇"，类也。贤者以其类进，同志以行其道，是以吉也，君子之进，必以其类，不唯志在相先，乐于与善，实乃相赖以济。故君子、小人，未有能独立不赖朋类之助者也。自古君子得位，则天下之贤萃于朝廷，同志协力，以成天下之泰；小人在位，则不肖者并进，然后其党胜而天下否矣，盖各从其类也。

《象》曰："拔茅，征吉"，志在外也。

时将泰，则群贤皆欲上进。三阳之志欲进，同也，故取"茅茹""汇征"之象。"志在外"，上进也。

九二，包荒，用冯河，不遐遗，朋亡，得尚于中行。

二以阳刚得中，上应于五；五以柔顺得中，下应于二。君臣同德，是以刚中之才，为上所专任，故二虽居臣位，主治泰者也，所谓"上下交而其志同也"。故治泰之道，主二而言。"包荒，用冯河，不遐遗，朋亡"四者，处泰之道也。人情安肆，则政舒缓而法度废弛，庶事无节。治之之道，必有包含荒秽之量，则其施为宽裕详密，弊革事理而人安之。若无含弘之度，有忿疾之心，则无深远之虑，有暴扰之患，深弊未去，而近患已生矣，故在"包荒"也。"用冯河"，泰宁之世，人情习于久安，安于守常，惰于因循，惮于更变，非有"冯河"之勇，不能有为于斯时也。"冯河"，谓其刚果足以济深越险也。自古泰治之世，必渐至于衰替，盖由狃习安逸，因循而然。自非刚断之君，英烈之辅，不能挺特奋发以革其弊也，故曰"用冯河"。或疑"上云'包荒'，则是包含宽容；此云'用冯河'，则是奋发改革，似相反也"，不知以含容之量，施刚果之用，乃圣贤之为也。"不遐遗"，泰宁之时，人心狃于泰，则苟安逸而已，恶能复深思远虑，及于遐远之事哉？治夫泰者，当周及庶事，虽遐远不可遗。若事之微隐，贤才之在僻陋，皆遐远者也，时泰则固遗之矣。"朋亡"，夫时之既泰，则人习于安，其情肆而失节。将约而正之，非绝去其朋与之私，则不能也，故云"朋亡"。自古立法制事，牵于人情，卒不能行者，多矣。若夫禁奢侈则害于近戚，限田产则妨于贵家，如此之类，既不能断以大公而必行，则是牵于朋比也。治泰不能"朋亡"，则为之难矣。治泰之道，有此四者，则能合于九二之德，故曰"得尚于中行"，言能配合中行之义也。"尚"，配也。

《象》曰："包荒"，"得尚于中行"，以光大也。

《象》举"包荒"一句，而通解四者之义。言如此，则能配合中行之德，而其道光明显大也。

九三，无平不陂，无往不复，艰贞，无咎。勿恤其孚，于食有福。

三居泰之中，在诸阳之上，泰之盛也。物理如循环，在下者必升，居上者必降。泰久而必否，故于泰之盛与阳之将进，而为之戒曰："无常安平而不险陂者，谓无常泰也；无常往而不返者，谓阴当复也。"平者陂，往者复，则为否矣。当知天理之必然，方泰之时，不敢安逸，常艰危其思虑，正固其施为，如是则可以"无咎"。处泰之道，既能艰贞，则可常保其泰，不劳忧恤；得其所求也，不失所期。为孚如是，则于其禄食有福益也。禄食，谓福祉。善处泰者，其福可长也。盖德善日积，则福禄日臻，德逾于禄，则虽盛而非满。自古隆盛，未有不失道而丧败者也。

《象》曰："无往不复"，天地际也。

"无往不复"，言天地之交际也。阳降于下，必复于上；阴升于上，必复于下，屈伸往来之常理也。因天地交际之道，明否泰不常之理，以为戒也。

六四，翩翩，不富以其邻，不戒以孚。

六四处泰之过中，以阴在上，志在下复，上二阴亦志在趋下。"翩翩"，疾飞之貌。四翩翩就下，与其邻同也。"邻"，其类也，谓五与上。夫人富，而其类从者，为利也；不富而从者，其志同也。三阴皆在下之物，居上乃失其实，其志皆欲下行，故不富而相从，不待戒告而诚意相合也。夫阴阳之升降，乃时运之否泰，或交或散，理之常也。泰既过中，则将变矣。圣人于三，尚云"艰贞"则有福，盖三为将中，知戒则可保。四已过中矣，理必变也，故专言始终反复之道。五，泰之主，则复言处泰之义。

《象》曰："翩翩，不富"，皆失实也；"不戒以孚"，中心愿也。

"翩翩"，下往之疾。不待富而邻从者，以三阴在上，皆失其实故也。阴本在下之物，今乃居上，是失实也。不待告戒而诚意相与者，盖其中心所愿故也。理当然者，天也；众所同者，时也。

六五，帝乙归妹，以祉，元吉。

《史》谓汤为天乙，厥后有帝祖乙，亦贤王也；后又有帝乙。《多士》曰："自成汤至于帝乙，罔不明德恤祀。"称"帝乙"者，未知谁是。以爻义观之，帝乙，制王姬下嫁之礼法者也。自古帝女，虽皆下嫁，至帝乙然后制为礼法，使降其尊贵，以顺从其夫也。六五以阴柔居君位，下应于九二刚明之贤。五能倚任其贤臣而顺从之，如帝乙之归妹然，降其尊而顺从于阳，则以之受祉，且元吉也。"元吉"，大吉而尽善者也，谓成治泰之功也。

《象》曰："以祉，元吉"，中以行愿也。

所以能获祉福且元吉者，由其以中道合而行其志愿也。有中德，所以能任刚中之贤，所听从者，皆其志愿也。非其所欲，能从之乎？

上六，城复于隍，勿用师。自邑告命，贞吝。

掘隍土积累以成城，如治道积累以成泰。及泰之终，将反于否，如城土颓圮，复反于隍也。上，泰之终，六以小人处之，行将否矣。"勿用师"，君之所以能用其众者，上下之情通而心从也。今泰之将终，失泰之道，上下之情不通矣，民心离散，不从其上，岂可用也？用之则乱。众既不可用，方自其亲近而告命之，虽使所告命者得其正，亦可羞吝。"邑"，所居，谓亲近。大率告命必自近始。凡"贞凶""贞吝"，有二义：有贞固守此则凶、吝者，有虽得正亦凶、吝者。此不云"贞凶"，而云"贞吝"者，将否而方告命，为可羞吝，否不由于告命也。

《象》曰："城复于隍"，其命乱也。
"城复于隍"矣，虽其命之，乱不可止也。

否

坤下乾上

《否》，《序卦》："泰者，通也。物不可以终通，故受之以《否》。"夫物理往来，通泰之极则必否，《否》所以次《泰》也。为卦，天上地下。天地相交，阴阳和畅，则为泰。天处上，地处下，是天地隔绝，不相交通，所以为否也。

否之匪人，

天地交而万物生于中，然后三才备，人为最灵，故为万物之首。凡生天地之中者，皆人道也。天地不交，则不生万物，是无人道，故曰"匪人"，谓非人道也。消长阖辟，相因而不息。泰极则复，否极则倾。无常而不变之理，人道岂能无也？既否则泰矣。

不利君子贞，大往小来。

夫上下交通，刚柔和会，君子之道也，否则反是，故"不利君子贞"，君子正道否塞不行也。"大往小来"，阳往而阴来也。小人道长，君子道消之象，故为否也。

《彖》曰："否之匪人，不利君子贞，大往小来"，则是天地不交而万物不通也，上下不交而天下无邦也。内阴而外阳，内柔而外刚，内小人而外君子，小人道长，君子道消也。

夫天地之气不交，则万物无生成之理；上下之义不交，则天下无邦国之道。建邦国，所以为治也。上施政以治民，民戴君而从命，上下相交，所以治安也。今上下不交，是天下无邦国之道也。阴柔在内，阳刚在外，君子往居于外，小人来处于内，小人道长，君子道消之时也。

《象》曰：天地不交，否，君子以俭德辟难，不可荣以禄。

天地不相交通，故为否。否塞之时，君子道消，当观否塞之象，而以俭损其德，避免祸难，不可荣居禄位也。否者，小人得志之时，君子居显荣之地，祸患必及其身，故宜晦处穷约也。

初六，拔茅茹，以其汇贞，吉，亨。

《泰》与《否》皆取茅为象者，以群阳、群阴同在下，有牵连之象也。泰之时，则以同征为吉；否之时，则以同贞为亨。始以内小人外君子为否之义，复以初六否而在下为君子之道，《易》随时取义，变动无常。否之时，在下者，君子也。否之三阴，上皆有应，在否隔之时，隔绝不相通，故无应义。初六能与其类贞固其节，则处否之吉，而其道之亨也。当否而能进者，小人也，君子则伸道免祸而已。君子进退，未尝不与其类同也。

《象》曰："拔茅，贞，吉"，志在君也。

爻以六自守于下，明君子处下之道，《象》复推明以尽君子之心。君子固守其节以处下者，非乐于不进独善也，以其道方否，不可进，故安之耳，心固未尝不在天下也。其志常在得君而进以康济天下，故曰"志在君也"。

六二，包承，小人吉，大人否，亨。

六二，其质则阴柔，其居则中正。以阴柔小人而言，则方否于下，志所包畜者，在承顺乎上以求济其否，为身之利，小人之吉也。大人当否，则以道自处，岂肯枉己屈道，承顺于上，唯自守其否而已，身之否，乃其道之亨也。或曰："上下不交，何所承乎？"曰："正则否矣，小人顺上之心，未尝无也。"

《象》曰："大人否，亨"，不乱群也。

大人于否之时，守其正节，不杂乱于小人之群类，身虽否而道之亨也，故曰"否，亨"。不以道而身亨，乃道之否也。不云"君子"，而云"大人"，能如是则其道大矣。

六三，包羞。

三以阴柔，不中不正而居否，又切近于上，非能守道安命，穷斯滥矣，极小人之情状者也。其所包畜谋虑，邪滥无所不至，可羞耻也。

《象》曰："包羞"，位不当也。

阴柔居否，而不中不正，所为可羞者，处不当故也。处不当位，所为不以道也。

九四，有命无咎，畴离祉。

四以阳刚健体，居近君之位，是有济否之才，而得高位者也，足以辅上济否，然当君道方否之时，处逼近之地，所恶在居功取忌而已。若能使动必出于君命，威柄一归于上，则无咎，而其志行矣。能使事皆出于君命，则可以济时之否，其畴类皆附离其福祉。"离"，丽也。君子道行，则与其类同进，以济天下之否，"畴离祉"也。小人之进，亦以其类同也。

《象》曰："有命无咎"，志行也。

有君命，则得无咎，乃可以济否，其志得行也。

九五，休否，大人吉。其亡其亡，系于苞桑。

五以阳刚中正之德，居尊位，故能休息天下之否，大人之吉也。大人当位，能以其道休息天下之否，以驯致于泰。犹未离于否也，故有"其亡"之戒。否既休息，渐将反泰，不可便为安肆，当深虑远戒，常虞否之复来，曰："其亡矣！其亡矣！"其"系于苞桑"，谓为安固之道，如维系于苞桑也。"桑"之为物，其根深固。"苞"谓丛生者，其固尤甚，圣人之戒深矣。汉王允、唐李德裕，不知此戒，所以致祸败也。《系辞》曰："危者，安其位者也；亡者，保其存者也；乱者，有其治者也。是故君子安而不忘危，存而不忘亡，治而不忘乱，是以身安而国家可保也。"

《象》曰："大人"之"吉"，位正当也。

有大人之德，而得至尊之正位，故能休天下之否，是以吉也。无其位，则虽有其道，将何为乎？故圣人之位，谓之大宝。

上九，倾否，先否后喜。

上九，否之终也。物理极而必反，故泰极则否，否极则泰。上九，否既极矣，故否道倾覆而变也。先极，否也；后倾，喜也。否倾则泰矣，"后喜"也。

《象》曰：否终则倾，何可长也！

否终则必倾，岂有长否之理？极而必反，理之常也。然反危为安，易乱为治，必有刚阳之才而后能也。故《否》之上九则能"倾否"，《屯》之上六则不能变屯也。

同人

离下乾上

《同人》，《序卦》："物不可以终否，故受之以《同人》。"夫天地不交则为否，上下相同则为同人，与否义相反，故相次。又世之方否，必与人同力乃能济，《同人》所以次《否》也。为卦，乾上离下。以二象言之，天，在上者也；火之性，炎上，与天同也，故为同人；以二体言之，五居正位，为乾之主，二为离之主，二爻以中正相应，上下相同，同人之义也。又卦唯一阴，众阳所欲同，亦同人之义也。他卦固有一阴者，在同人之时，而二、五相应，天火相同，故其义大。

同人于野，亨，利涉大川，利君子贞。

"野"谓旷野，取远与外之义。夫同人者，以天下大同之道，则圣贤大公之心也。常人之同者，以其私意所合，乃昵比之情耳。故必于野，谓不以昵近情之所私，而于郊野旷远之地，既不系所私，乃至公大同之道，无远不同也，其亨可知。能与天下大同，是天下皆同之也。天下皆同，何险阻之不可济？何艰危之不可亨？故"利涉大川，利君子贞"。上言"于野"，止谓不在昵比，此复言宜以君子正道。君子之贞，谓天下至公大同之道。故虽居千里之远，生千岁之后，若合符节，推而行之，四海之广，兆民之众，莫不同。小人则唯用其私意，所比者虽非亦同，所恶者虽是亦异，故其所同者则为阿党，盖其心不正也。故同人之道，利在君子之贞正。

《彖》曰：《同人》，柔得位、得中而应乎乾，曰同人。

言成卦之义。"柔得位"，谓二以阴居阴，得其正位也。五，中正，而二以中正应之，"得中而应乎乾"也。五，刚健中正，而二以柔顺中正应之，各得其正，其德同也，故为"同人"。五，乾之主，故云"应乎乾"。《彖》取天火之象，而《象》专以二言。

同人曰：
此三字羡文。

"同人于野，亨，利涉大川"，乾行也。
至诚无私，可以蹈险难者，乾之行也。无私，天德也。

文明以健，中正而应，君子正也。
又以二体言其义。有文明之德，而刚健以中正之道相应，乃君子之正道也。

唯君子为能通天下之志。
天下之志万殊，理则一也。君子明理，故"能通天下之志"。圣人视亿兆之心犹一心者，通于理而已。文明则能烛理，故能明大同之义；刚健则能克己，故能尽大同之道，然后能中正合乎乾行也。

《象》曰：天与火，同人，君子以类族辨物。
不云"火在天下"、"天下有火"，而云"天与火"者，天在上，火性炎上，火与天同，故为同人之义。君子观《同人》之象，而以类族辨物，各以其类族辨物之同异也。若君子、小人之党，善恶、是非之理，物情之离合，事理之异同，凡异同者，君子能辨明之，故处物不失其方也。

初九，同人于门，无咎。

九居同人之初，而无系应，是无偏私，同人之公者也，故为出门。同人出门，谓在外，在外则无私昵之偏，其同博而公，如此则无过咎也。

《象》曰：出门同人，又谁咎也？

出门同人于外，是其所同者广，无所偏私。人之同也，有厚薄、亲疏之异，过咎所由生也。既无所偏党，谁其咎之？

六二，同人于宗，吝。

二与五为正应，故曰"同人于宗"，"宗"谓宗党也。同于所系应，是有所偏与，在同人之道为私狭矣，故可吝。二若阳爻，则为刚中之德，乃以中道相同，不为私也。

《象》曰："同人于宗"，吝道也。

诸卦以中正相应为善，而在《同人》则为可吝，故五不取君义。盖私比，非人君之道，相同以私为可吝也。

九三，伏戎于莽，升其高陵，三岁不兴。

三以阳居刚而不得中，是刚暴之人也。在同人之时，志在于同。卦惟一阴，诸阳之志皆欲同之，三又与之比。然二以中正之道与五相应，三以刚强居二、五之间，欲夺而同之。然理不直，义不胜，故不敢显发，伏藏兵戎于林莽之中，怀恶而内负不直，故又畏惧，时升高陵以顾望，如此至于三岁之久，终不敢兴。此爻深见小人之情状，然不曰凶者，既不敢发，故未至凶也。

《象》曰："伏戎于莽"，敌刚也；"三岁不兴"，安行也？

所敌者，五，既刚且正，其可夺乎？故畏惮伏藏也。至于"三岁不兴"矣，终安能行乎？

九四，乘其墉，弗克攻，吉。

四刚而不中正，其志欲同二，亦与五为仇者也。"墉"，垣所以限隔也。四切近于五，如隔墉耳。"乘其墉"，欲攻之，知义不直而不克。苟能自知义之不直而不攻，则为吉也；若肆其邪欲，不能反思义理，妄行攻夺，则其凶大矣。三以刚居刚，故终其强而不能反；四以刚居柔，故有困而能反之义，能反则吉矣。畏义而能改，其吉宜矣。

《象》曰："乘其墉"，义弗克也；其"吉"，则困而反则也。

所以"乘其墉"而"弗克攻"之者，以其义之弗克也。以邪攻正，义不胜也。其所以得吉者，由其义不胜，困穷而反于法则也。二者，众阳所同欲。独三、四有争夺之义者，二爻居二、五之间也，初、终远，故取义别。

九五，同人，先号咷而后笑，大师克相遇。

九五同于二，而为三、四二阳所隔。五自以义直理胜，故不胜愤抑，至于"号咷"。然邪不胜正，虽为所隔，终必得合，故"后笑"也。"大师克相遇"，五与二正应，而二阳非理隔夺，必用大师克胜之，乃得相遇也。云"大师"、云"克"者，见二阳之强也。九五，君位，而爻不取人君同人之义者，盖五专以私昵应于二，而失其中正之德。人君当与天下大同，而独私一人，非君道也。又先隔则号咷，后遇则笑，是私昵之情，非大同之体也。二之在下，尚以同于宗为吝，况人君乎？五既于君道无取，故更不言君道，而明二人同心，不可间隔之义。《系辞》云："君子之道，或出或处，或默或语，二人同心，其利断金。"中诚所同，出处语默无不同，天下莫能间也。同者，一也，一不可分，分乃二也。一可以通金石，冒水火，无所不能入，故云"其利断金"。其理至微，故圣人赞之曰："同心之言，其臭如兰。"谓其言意味深长也。

《象》曰：同人之先，以中直也；大师相遇，言相克也。

先所以号咷者，以中诚理直，故不胜其忿切而然也。虽其敌刚强，至用大师，然义直理胜，终能克之，故言能相克也。"相克"，谓能胜，见二阳之强也。

上九，同人于郊，无悔。

"郊"，在外而远之地。求同者，必相亲相与，上九居外而无应，终无与同者也。始有同则至，终或有睽悔。处远而无与，故虽无同，亦无悔。虽欲同之志不遂，而其终无所悔也。

《象》曰："同人于郊"，志未得也。

居远莫同，故终无所悔。然而，在同人之道，求同之志不得遂，虽无悔，非善处也。

大有

☰ 乾下离上

《大有》，《序卦》："与人同者，物必归焉，故受之以《大有》。"夫与人同者，物之所归也，《大有》所以次《同人》也。为卦，火在天上。火之处高，其明及远，万物之众，无不照见，为大有之象。又一柔居尊，众阳并应，居尊执柔，物之所归也。上下应之，为大有之义。大有，盛大丰有也。

《大有》：元亨。

卦之才可以"元亨"也。凡卦德，有卦名自有其义者，如《比》"吉"、《谦》"亨"是也；有因其卦义便为训戒者，如《师》"贞，丈人吉"、《同人》"于野，亨"是也；有以其卦才而言者，《大有》"元亨"是也。由刚健文明，应天时行，故能"元亨"也。

《彖》曰：《大有》，柔得尊位，大中而上下应之，曰大有。

言卦之所以为大有也。五以阴居君位，柔得尊位也，处中得大中之道也，为诸阳所宗，上下应之也。夫居尊执柔，固众之所归也，而又有虚中文明大中之德，故上下同志应之，所以为"大有"也。

其德刚健而文明，应乎天而时行，是以"元亨"。

卦之德，内刚健而外文明。六五之君，应于乾之九二。五之性，柔顺而明，能顺应乎二。二，乾之主也，是应乎乾也。顺应乾行，顺乎天时也，故曰"应乎天而时行"。其德如此，是以"元亨"也。王弼云："不大通，何由得大有乎？大有则必元亨矣。"此不识卦义。离、乾成大有之义，非大有之义便有"元亨"，由其才故得"元亨"。大有而不善者，与不能亨者，有矣。诸卦具"元亨利贞"，则《彖》皆释为"大亨"，恐疑与《乾》《坤》同也；不兼"利贞"，则释为"元亨"，尽元义也，元有大善之义。有"元亨"者，四卦：《大有》《蛊》《升》《鼎》也。唯《升》之《彖》，误随他卦，作"大亨"。曰："诸卦之'元'，与《乾》不同，何也？"曰："'元'之在《乾》，为元始之义，为首出庶物之义，他卦则不能有此义，为善为大而已。"曰："元之为大，可矣。为善，何也？"曰："元者，物之先也，物之先，岂有不善者乎？事成而后有败，败非先成者也；兴而后有衰，衰固后于兴也；得而后有失，非得则何以有失也？至于善恶、治乱、是非，天下之事莫不皆然，必善为先。故《文言》曰：'元者，善之长也。'"

《象》曰：火在天上，大有，君子以遏恶扬善，顺天休命。

火高在天上，照见万物之众多，故为"大有"。"大有"，繁庶之义。君子观《大有》之象，以遏绝众恶，扬明善类，以奉顺天休美之命。万物众多，则有善恶之殊。君子享大有之盛，当代天工，治养庶类。治众之道，在"遏恶扬善"而已。恶惩善劝，所以顺天命而安群生也。

初九，无交害，匪咎，艰则无咎。

九居大有之初，未至于盛，处卑无应与，未有骄盈之失，故"无交害"，未涉于害也。大凡富有，鲜不有害。以子贡之贤，未能尽免，况其下者乎？"匪咎，艰则无咎"，言富有本匪有咎也，人因富有自为咎耳。若能享富有而知难处，则自"无咎"也。处富有而不能思艰兢畏，则骄侈之心生矣，所以有咎也。

《象》曰：《大有》初九，"无交害"也。

在大有之初，克念艰难，则骄溢之心无由生矣，所以不交涉于害也。

九二，大车以载，有攸往，无咎。

九以阳刚居二，为六五之君所倚任，刚健则才胜，居柔则谦顺，得中则无过，其才如此，所以能胜大有之任，如大车之材强壮，能胜载重物也。可以任重行远，故"有攸往"而"无咎"也。大有丰盛之时，有而未极，故以二之才可往而"无咎"。至于盛极，则不可以往矣。

《象》曰："大车以载"，积中不败也。

壮大之车，重积载于其中而不损败，犹九二材力之强，能胜大有之任也。

九三，公用亨于天子，小人弗克。

三居下体之上，在下而居人上，诸侯人君之象也。公侯上承天子，天子居天下之尊，率土之滨，莫非王臣，在下者何敢专其有？凡土地之富，人民之众，皆王者之有也，此理之正也。故三当大有之时，居诸侯之位，有其富盛，必用亨通乎天子，谓以其有为天子之有也，乃人臣之常义也。若小人处之，则专其富有以为私，不知公以奉上之道，故曰"小人弗克"也。

《象》曰："公用亨于天子"，小人害也。

公当用亨于天子，若小人处之，则为害也。自古诸侯能守臣节，忠顺奉上者，则蓄养其众，以为王之屏翰，丰殖其财，以待上之征赋。若小人处之，则不知为臣奉上之道，以其为己之私，民众财丰，则反擅其富强，益为不顺，是小人大有则为害，又大有为小人之害也。

九四，匪其彭，无咎。

九四居大有之时，已过中矣，是大有之盛者也。过盛，则凶咎所由生也。故处之之道，"匪其彭"则得"无咎"，谓能谦损，不处其太盛，故得"无咎"也。四，近君之高位，苟处太盛，则致凶咎。"彭"，盛多之貌。《诗·载驱》云："汶水汤汤，行人彭彭。"行人盛多之状。《雅·大明》云："驷骐彭彭。"言武王戎马之盛也。

《象》曰："匪其彭，无咎"，明辩晢也。

能不处其盛而得无咎者，盖有明辩之智也。"晢"，明智也。贤智之人，明辩物理，当其方盛，则知咎之将至，故能损抑，不敢至于满极也。

六五，厥孚交如，威如，吉。

六五当大有之时，居君位，虚中，为孚信之象。人君执柔守中，而以孚信接于下，则下亦尽其信诚以事于上，上下孚信相交也。以柔居尊位，当大有之时，人心安易，若专尚柔顺，则陵慢生矣，故必"威如"则"吉"。"威如"，有威严之谓也。既以柔和孚信接于下，众志说从，又有威严使之有畏，善处有者也，吉可知矣。

《象》曰："厥孚交如"，信以发志也；"威如"之"吉"，易而无备也。

下之志，从乎上者也。上以孚信接于下，则下亦以诚信事其上，故"厥孚交如"。由上有孚信以发其下孚信之志，下之从上，犹响之应声也。"威如"之所以"吉"者，谓若无威严，则下易慢而无戒备也，谓无恭畏备上之道。"备"，谓备上之求责也。

上九，自天祐之，吉无不利。

上九在卦之终，居无位之地，是大有之极，而不居其有者也。处离之上，明之极也。唯至明，所以不居其有，不至于过极也。有极而不处，则无盈满之灾，能顺乎理者也。五之孚信，而履其上，为蹈履诚信之义；五有文明之德，上能降志以应之，为尚贤崇善之义。其处如此，合道之至也，自当享其福庆。"自天祐之"，行顺乎天而获天祐，故所往皆吉，无所不利也。

《象》曰：《大有》上吉，自天祐也。

大有之上，有极当变。由其所为顺天合道，故天祐助之，所以吉也。君子满而不溢，乃天祐也。《系辞》复申之云："天之所助者，顺也；人之所助者，信也。履信思乎顺，又以尚贤也，是以'自天祐之，吉无不利'也。""履信"，谓履五；五，虚中，信也。"思顺"，谓谦退不居；"尚贤"，谓志从于五。大有之世，不可以盈丰，而复处盈焉，非所宜也。六爻之中，皆乐据权位，唯初、上不处其位，故初九"无咎"，上九"无不利"。上九在上，履信思顺，故在上而得吉，盖自天祐也。

卷第二　周易上经下

谦

☷☶ 艮下坤上

《谦》，《序卦》："有大者不可以盈，故受之以《谦》。"其有既大，不可至于盈满，必在谦损，故《大有》之后，受之以《谦》也。为卦，坤上艮下，地中有山也。地体卑下，山，高大之物，而居地之下，谦之象也。以崇高之德，而处卑之下，谦之义也。

《谦》：亨，君子有终。

谦，有亨之道也。有其德而不居，谓之谦。人以谦巽自处，何往而不亨乎？"君子有终"，君子志存乎谦巽，达理，故乐天而不竞；内充，故退让而不矜。安履乎谦，终身不易，自卑而人益尊之，自晦而德益光显，此所谓"君子有终"也。在小人，则有欲必竞，有德必伐，虽使勉慕于谦，亦不能安行而固守，不能有终也。

《彖》曰："《谦》，亨"，天道下济而光明，地道卑而上行。

"济"，当为际。此明谦而能亨之义。天之道，以其气下际，故能化育万物，其道光明。"下际"，谓下交也。地之道，以其处卑，所以其气上行，交于天，皆以卑降而亨也。

天道亏盈而益谦，

以天行而言，盈者则亏，谦者则益，日月、阴阳是也。

地道变盈而流谦，

以地势而言，盈满者倾变而反陷，卑下者流注而益增也。

鬼神害盈而福谦，

"鬼神"，谓造化之迹。盈满者祸害之，谦损者福祐之。凡过而损，不足而益者，皆是也。

人道恶盈而好谦。

人情疾恶于盈满，而好与于谦巽也。谦者，人之至德，故圣人详言，所以戒盈而劝谦也。

谦，尊而光，卑而不可逾，君子之终也。

谦，为卑巽也，而其道尊大而光显；自处虽卑屈，而其德实高不可加尚，是不可逾也。君子至诚于谦，恒而不变，有终也，故尊光。

《象》曰：地中有山，谦，君子以裒多益寡，称物平施。

地体卑下，山之高大而在地中，外卑下而内蕴高大之象，故为谦也。不云"山在地中"，而曰"地中有山"，言卑下之中蕴其崇高也。若言崇高蕴于卑下之中，则文理不顺。诸象皆然，观文可见。"君子以裒多益寡，称物平施"，君子观《谦》之象，山而在地下，是高者下之，卑者上之，见抑高举下、损过益不及之义，以施于事，则裒取多者，增益寡者，称物之多寡以均其施与，使得其平也。

初六，谦谦君子，用涉大川，吉。

初六以柔顺处谦，又居一卦之下，为自处卑下之至，谦而又谦也，故曰"谦谦"。能如是者，君子也。自处至谦，众所共与也，虽用涉险难，亦无患害，况居平易乎？何所不吉也？"初，处谦而以柔居下，得无过于谦乎？"曰："柔居下，乃其常也，但见其谦之至，故为'谦谦'，未见其失也。"

《象》曰："谦谦君子"，卑以自牧也。

"谦谦"，谦之至也。谓君子以谦卑之道自牧也。"自牧"，自处也。《诗》云："自牧归荑。"

六二，鸣谦，贞吉。

二以柔顺居中，是为谦德积于中。谦德充积于中，故发于外，见于声音、颜色，故曰"鸣谦"。居中得正，有中正之德也，故云"贞吉"。凡"贞吉"，有为贞且吉者，有为得贞则吉者。六二之"贞吉"，所自有也。

《象》曰："鸣谦，贞吉"，中心得也。

二之谦德，由至诚积于中，所以发于声音，中心所自得也，非勉为之也。

九三，劳谦，君子有终，吉。

三以阳刚之德而居下体，为众阴所宗，履得其位，为下之上，是上为君所任，下为众所从，有功劳而持谦德者也，故曰"劳谦"。古之人有当之者，周公是也。身当天下之大任，上奉幼弱之主，谦恭自牧，夔夔如畏然，可谓有劳而能谦矣。既能"劳谦"，又须君子行之"有终"，则"吉"。夫乐高喜胜，人之常情。平时能谦，固已鲜矣，况有功劳可尊乎？虽使知谦之善，勉而为之，若矜负之心不忘，则不能常久，欲其"有终"，不可得也。唯君子安履谦顺，乃其常行，故久而不变，乃所谓"有终"，"有终"则"吉"也。九三以刚居正，能终者也。此爻之德最盛，故《象》辞特重。

《象》曰："劳谦君子"，万民服也。

能劳谦之君子，万民所尊服也。《系辞》云："劳而不伐，有功而不德，厚之至也。语以其功下人者也。德言盛，礼言恭。谦也者，致恭以存其位者也。"有劳而不自矜伐，有功而不自以为德，是其德弘厚之至也。言以其功劳而自谦以下于人也。"德言盛，礼言恭"，以其德言之，则至盛；以其自处之礼言之，则至恭，此所谓谦也。夫谦也者，谓致恭以存其位者也。"存"，守也。致其恭巽以守其位，故高而不危，满而不溢，是以能终吉也。夫君子履谦，乃其常行，非为保其位而为之也。而言"存其位"者，盖能致恭所以能存其位，言谦之道如此。如言"为善有令名"，君子岂为令名而为善也哉？亦言其令名者，为善之故也。

六四，无不利㧑谦。

四居上体，切近君位，六五之君又以谦柔自处，九三又有大功德，为上所任、众所宗，而己居其上，当恭畏以奉谦德之君，卑巽以让劳谦之臣，动作施为，无所不利于"㧑谦"也。"㧑"，施布之象，如人手之㧑也。动息进退，必施其谦，盖居多惧之地，又在贤臣之上故也。

《象》曰："无不利㧑谦"，不违则也。

凡人之谦，有所宜施，不可过其宜也。如六五或用"侵伐"是也。唯四以处近君之地，据劳臣之上，故凡所动作，靡不利于施谦，如是然后中于法则，故曰"不违则也"，谓得其宜也。

六五，不富以其邻，利用侵伐，无不利。

富者，众之所归，唯财为能聚人。五以君位之尊，而执谦顺以接于下，众所归也，故不富而能有其邻也。"邻"，近也。不富而得人之亲也，为人君而持谦顺，天下所归心也。然君道不可专尚谦柔，必须威武相济，然后能怀服天下，故"利用行""侵伐"也。威德并著，然后尽君道之宜，而无所不利也。盖五之谦柔，当防于过，故发此义。

《象》曰："利用侵伐"，征不服也。

征其文德谦巽所不能服者也。文德所不能服而不用威武，何以平治天下？非人君之中道，谦之过也。

上六，鸣谦，利用行师，征邑国。

六以柔处柔，顺之极，又处谦之极，极乎谦者也。以极谦而反居高，未得遂其谦之志，故至发于声音；又柔处谦之极，亦必见于声色，故曰"鸣谦"。虽居无位之地，非任天下之事，然人之行己，必须刚柔相济。上，谦之极也，至于太甚，则反为过矣。故利在以刚武自治。"邑国"，己之私有。"行师"，谓用刚武。"征邑国"，谓自治其私。

《象》曰："鸣谦"，志未得也；可用行师，征邑国也。

谦极而居上，欲谦之志未得，故不胜其切，至于鸣也。虽不当位，谦既过极，宜以刚武自治其私，故云"利用行师，征邑国也"。

豫

坤下震上

《豫》，《序卦》："有大而能谦必豫，故受之以《豫》。"
承二卦之义而为次也，有既大而能谦，则有豫乐也。豫者，安和
悦乐之义。为卦，震上坤下，顺动之象。动而和顺，是以豫也。
九四为动之主，上下群阴所共应也，坤又承之以顺，是以动而上
下顺应，故为和豫之义。以二象言之，雷出于地上。阳始潜闭于
地中，及其动而出地，奋发其声，通畅和豫，故为豫也。

《豫》：利建侯、行师。

豫，顺而动也。豫之义，所利在于"建侯、行师"。夫建侯
树屏，所以共安天下，诸侯和顺，则万民悦服；兵师之兴，众心
和悦，则顺从而有功，故悦豫之道，利于建侯、行师也。又上动
而下顺，诸侯从王，师众顺令之象。君万邦，聚大众，非和悦不
能使之服从也。

《彖》曰：《豫》，刚应而志行，顺以动，豫。

"刚应"，谓四为群阴所应，刚得众应也；"志行"，谓阳
志上行，动而上下顺从，其志得行也。"顺以动，豫"，震动而
坤顺，为动而顺理，顺理而动，又为动而众顺，所以豫也。

豫顺以动，故天地如之，而况建侯、行师乎？
以豫顺而动，则天地如之而弗违，况建侯、行师，岂有不顺

乎？天地之道，万物之理，唯至顺而已。大人所以先天、后天而不违者，亦顺乎理而已。

天地以顺动，故日月不过而四时不忒；圣人以顺动，则刑罚清而民服。

复详言顺动之道。天地之运，以其顺动，所以日月之度不过差，四时之行不愆忒；圣人以顺动，故经正而民兴于善，刑罚清简而万民服也。

豫之时义大矣哉！

既言豫顺之道矣，然其旨味渊永，言尽而意有余也，故复赞之云："豫之时义大矣哉！"欲人研味其理，优柔涵泳而识之也。"时义"，谓豫之时义。诸卦之时与义、用大者，皆赞其大矣哉，《豫》以下，十一卦是也。《豫》《遁》《姤》《旅》言时义，《坎》《睽》《蹇》言时用，《颐》《大过》《解》《革》言时，各以其大者也。

《象》曰：雷出地奋，豫，先王以作乐崇德，殷荐之上帝，以配祖考。

雷者，阳气奋发，阴阳相薄而成声也。阳始潜闭地中，及其动，则出地奋震也；始闭郁，及奋发则通畅和豫，故为豫也。坤顺震发，和顺积中而发于声，乐之象也。先王观雷出地而奋，和畅发于声之象，作声乐以褒崇功德，其殷盛至于荐之上帝，推配之以祖考。"殷"，盛也。礼有殷奠，谓盛也。"荐上帝，配祖考"，盛之至也。

初六，鸣豫，凶。

初六以阴柔居下，四，豫之主也，而应之，是不中正之小人处豫，而为上所宠，其志意满极，不胜其豫，至发于声音，轻浅如是，必至于凶也。"鸣"，发于声也。

《象》曰："初六，鸣豫"，志穷凶也。

云"初六"，谓其以阴柔处下，而志意穷极，不胜其豫，至于鸣也，必骄肆而致凶矣。

六二，介于石，不终日，贞吉。

逸豫之道，放则失正，故豫之诸爻多不得正，不与时合也。唯六二一爻处中正，又无应，为自守之象。当豫之时，独能以中正自守，可谓特立之操，是其节介，如石之坚也。"介于石"，其介如石也。人之于豫乐，心悦之，故迟迟遂至于耽恋不能已也。二以中正自守，其介如石，其去之速，不俟终日，故贞正而吉也。处豫，不可安且久也，久则溺矣。如二，可谓"见几而作"者也。夫子因二之见几，而极言知几之道，曰："知几，其神乎！君子上交不谄，下交不渎，其知几乎！几者，动之微、吉之先见者也。君子见几而作，不俟终日。《易》曰：'介于石，不终日，贞吉。'介如石焉，宁用终日？断可识矣。君子知微知彰，知柔知刚，万夫之望。"夫见事之几微者，其神妙矣乎！君子上交不至于谄，下交不至于渎者，盖知几也。不知几，则至于过而不已。交于上以恭巽，故过则为谄；交于下以和易，故过则为渎。君子见于几微，故不至于过也。所谓几者，始动之微也，吉凶之端可先见而未著者也。独言吉者，见之于先，岂复至有凶也？君子明哲，见事之几微，故能其介如石，其守既坚，则不惑而明，见几而动，岂俟终日也？"断"，别也。其判别可见矣。

微与彰，柔与刚，相对者也。君子见微则知彰矣，见柔则知刚矣，知几如是，众所仰也，故赞之曰"万夫之望"。

《象》曰："不终日，贞吉"，以中正也。

能不终日而贞且吉者，以有中正之德也。"中正"，故其守坚，而能辨之早，去之速。爻言六二处豫之道，为教之意深矣。

六三，盱豫，悔，迟有悔。

六三阴而居阳，不中不正之人也。以不中正而处豫，动皆有悔。"盱"，上视也。上瞻望于四，则以不中正不为四所取，故有悔也。四，豫之主，与之切近，苟迟迟而不前，则见弃绝，亦有悔也。盖处身不正，进退皆有悔吝。当如之何？在正身而已。君子处己有道，以礼制心，虽处豫时，不失中正，故无悔也。

《象》曰："盱豫，有悔"，位不当也。

自处不当，失中正也，是以进退有悔。

九四，由豫，大有得，勿疑，朋盍簪。

豫之所以为豫者，由九四也，为动之主，动而众阴悦顺，为豫之义。四，大臣之位，六五之君顺从之，以阳刚而任上之事，豫之所由也，故云"由豫"。"大有得"，言得大行其志，以致天下之豫也。"勿疑，朋盍簪"，四居大臣之位，承柔弱之君，而当天下之任，危疑之地也，独当上之倚任，而下无同德之助，所以疑也。唯当尽其至诚，勿有疑虑，则朋类自当盍聚。夫欲上下之信，唯至诚而已。苟尽其至诚，则何患乎其无助也？"簪"，聚也。簪之名簪，取聚发也。或曰："卦唯一阳，安得同德之助？"曰："居上位而至诚求助，理必得之。《姤》之九五曰'有陨自天'是也。四以阳刚，迫近君位，而专主乎豫，圣人宜为之戒，而不然者，豫，和顺之道也。由和顺之道，不失为臣之正也。如此而专主于豫，乃是任天下之事而致时于豫者也，故唯戒以至诚勿疑。"

《象》曰："由豫，大有得"，志大行也。
由己而致天下于乐豫，故为"大有得"，谓其志得大行也。

六五，贞疾，恒不死。
六五以阴柔居君位，当豫之时，沉溺于豫，不能自立者也。权之所主，众之所归，皆在于四。四之阳刚得众，非耽惑柔弱之君所能制也，乃柔弱不能自立之君受制于专权之臣也。居得君位，贞也；受制于下，有疾苦也。六居尊位，权虽失而位未亡也，故云"贞疾，恒不死"，言贞而有疾，常疾而不死，如汉、魏末世之君也。人君致危亡之道非一，而以豫为多。在四不言失正，而于五乃见其强逼者，四本无失，故于四言大臣任天下之事之义，于五则言柔弱居尊，不能自立，威权去己之义。各据爻以取义，故不同也。若五不失君道，而四主于豫，乃是任得其人，安享其功，如太甲、成王也。《蒙》亦以阴居尊位，二以阳为蒙之主，然彼吉而此疾者，时不同也。童蒙而资之于人，宜也；耽豫而失之于人，危亡之道也。故《蒙》相应，则倚任者也；《豫》相逼，则失权者也。又上下之心专归于四也。

《象》曰："六五，贞疾"，乘刚也；"恒不死"，中未亡也。
"贞而疾"，由乘刚为刚所逼也；"恒不死"，中之尊位未亡也。

上六，冥豫成，有渝无咎。

上六阴柔，非有中正之德，以阴居上，不正也。而当豫极之时，以君子居斯时，亦当戒惧，况阴柔乎？乃耽肆于豫，昏迷不知反者也。在豫之终，故为昏冥已成也。若能有渝变，则可以无咎矣。在豫之终，有变之义。人之失，苟能自变，皆可以无咎，故冥豫虽已成，能变则善也。圣人发此义，所以劝迁善也，故更不言冥之凶，专言渝之无咎。

《象》曰："冥豫"在上，何可长也？

昏冥于豫，至于终极，灾咎行及矣。其可长然乎？当速渝也。

随

䷐震下兑上

《随》，《序卦》："豫必有随，故受之以《随》。"夫悦
豫之道，物所随也，《随》所以次《豫》也。为卦，兑上震下，
兑为说，震为动，说而动，动而说，皆随之义。女，随人者也，
以少女从长男，随之义也。又震为雷，兑为泽，雷震于泽中，泽
随而动，随之象也。又以卦变言之，乾之上来居坤之下，坤之初
往居乾之上，阳来下于阴也。以阳下阴，阴必说随，为随之义。
凡成卦，既取二体之义，又有取爻义者，复有更取卦变之义者，
如《随》之取义，尤为详备。

《随》：元亨，利贞，无咎。

随之道，可以致大亨也。君子之道，为众所随，与己随于
人，及临事择所随，皆随也。随得其道，则可以致大亨也。凡人
君之从善，臣下之奉命，学者之徙义，临事而从长，皆随也。随
之道，利在于贞正，随得其正，然后能大亨而无咎。失其正则有
咎矣，岂能亨乎？

《彖》曰：《随》，刚来而下柔，动而说，随。大亨，
贞，无咎，而天下随时。

卦所以为《随》，以"刚来而下柔，动而说"也，谓乾之上
九来居坤之下，坤之初六往居乾之上，以阳刚来下于阴柔，是以
上下下，以贵下贱，能如是，物之所说随也。又下动而上说，动

而可说也，所以随也。如是，则可大亨而得正，能大亨而得正，则为无咎。不能亨，不得正，则非可随之道，岂能使天下随之乎？天下所随者，时也，故云"天下随时"。

随时之义大矣哉！

君子之道，随时而动，从宜适变，不可为典要，非造道之深，知几能权者，不能与于此也。故赞之曰："随时之义大矣哉！"凡赞之者，欲人知其义之大，玩而识之也。此赞"随时之义大"，与《豫》等诸卦不同，诸卦时与义是两事。

《象》曰：泽中有雷，随，君子以向晦入宴息。

雷震于泽中，泽随震而动，为随之象。君子观象，以随时而动。随时之宜，万事皆然，取其最明且近者言之。"君子以向晦入宴息"，君子昼则自强不息，及向昏晦，则入居于内，宴息以安其身，起居随时，适其宜也。《礼》："君子昼不居内，夜不居外。"随时之道也。

初九，官有渝，贞吉，出门交有功。

九居随时而震体且动之主，有所随者也。"官"，主守也。既有所随，是其所主守有变易也，故曰"官有渝"。"贞吉"，所随得正，则吉也。有渝而不得正，乃过动也。"出门交有功"，人心所从，多所亲爱者也。常人之情，爱之则见其是，恶之则见其非，故妻孥之言虽失而多从，所憎之言虽善为恶也。苟以亲爱而随之，则是私情所与，岂合正理？故出门而交则有功也。"出门"，谓非私昵，交不以私，故其随当而有功。

《象》曰："官有渝"，从正吉也。

既有随而变，必所从得正，则吉也；所从不正，则有悔吝。

"出门交有功"，不失也。
出门而交，非牵于私，其交必正矣，正则无失而有功。

六二，系小子，失丈夫。
二应五而比初，随先于近，柔不能固守，故为之戒云："若系小子，则失丈夫也。"初，阳在下，小子也；五，正应在上，丈夫也。二若志系于初，则失九五之正应，是"失丈夫"也。"系小子"而"失丈夫"，舍正应而从不正，其咎大矣。二有中正之德，非必至如是也，在随之时，当为之戒也。

《象》曰："系小子"，弗兼与也。
人之所随，得正则远邪，从非则失是，无两从之理。二苟系初，则失五矣，弗能兼与也。所以戒人从正当专一也。

六三，系丈夫，失小子，随有求得，利居贞。
丈夫，九四也；小子，初也。阳之在上者，丈夫也；居下者，小子也。三虽与初同体，而切近于四，故系于四也。大抵阴柔不能自立，常亲系于所近者。上系于四，故下失于初，舍初从上，得随之宜也，上随则善也。如昏之随明，事之从善，上随也；背是从非，舍明逐暗，下随也。四亦无应，无随之者也，近得三之随，必与之亲善。故三之随四，有求必得也。人之随于上，而上与之，是得所求也。又凡所求者，可得也。虽然，固不可非理枉道以随于上，苟取爱说以遂所求。如此，乃小人邪谄趋利之为也，故云"利居贞"。自处于正，则所谓有求而必得者，乃正事君子之随也。

《象》曰："系丈夫"，志舍下也。

既随于上，则是其志舍下而不从也。舍下而从上，舍卑而从高也，于随为善矣。

九四，随有获，贞凶。有孚，在道，以明，何咎？

九四以阳刚之才，处臣位之极，若于随有获，则虽正亦凶。"有获"，谓得天下之心随于己。为臣之道，当使恩威一出于上，众心皆随于君。若人心从己，危疑之道也，故"凶"。居此地者，奈何？唯孚诚积于中，动为合于道，以明哲处之，则又何咎？古之人有行之者，伊尹、周公、孔明是也，皆德及于民，而民随之。其得民之随，所以成其君之功，致其国之安，其至诚存乎中，是"有孚"也；其所施为，无不中道，"在道"也；唯其明哲，故能如是，"以明"也，复何过咎之有？是以下信而上不疑，位极而无逼上之嫌，势重而无专强之过。非圣人、大贤，则不能也。其次，如唐之郭子仪，威震主而主不疑，亦由中有诚孚而处无甚失也，非明哲，能如是乎？

《象》曰："随有获"，其义凶也。"有孚，在道"，明功也。

居近君之位而有获，其义固凶。能"有孚"而"在道"，则无咎，盖明哲之功也。

九五，孚于嘉，吉。

九五居尊得正而中实，是其中诚在于随善，其吉可知。"嘉"，善也。自人君至于庶人，随道之吉，唯在随善而已。下应二之正中，为随善之义。

《象》曰："孚于嘉，吉"，位正中也。

处正中之位，由正中之道，孚诚所随者，正中也，所谓"嘉"也，其吉可知。所孚之"嘉"，谓六二也。随以得中为善，随之所防者，过也，盖心所说随，则不知其过矣。

上六，拘系之，乃从维之，王用亨于西山。

上六以柔顺而居随之极，极乎随者也。"拘系之"，谓随之极，如拘持縻系之。"乃从维之"，又从而维系之也，谓随之固结如此。"王用亨于西山"，随之极如是。昔者，太王用此道，亨王业于西山。太王避狄之难，去豳来岐，豳人老稚扶携以随之，如归市，盖其人心之随，固结如此，用此，故能亨盛其王业于西山。"西山"，岐山也。周之王业，盖兴于此。上居随极，固为太过，然在得民之随，与随善之固，如此乃为善也，施于他，则过矣。

《象》曰："拘系之"，上穷也。

随之固，如拘系维持，随道之穷极也。

蛊

☶ 巽下艮上

《蛊》，《序卦》："以喜随人者必有事，故受之以《蛊》。"承二卦之义以为次也。夫喜悦以随于人者，必有事也。无事，则何喜？何随？《蛊》所以次《随》也。蛊，事也。蛊非训事，蛊乃有事也。为卦，山下有风，风在山下，遇山而回则物乱，是为《蛊》象。蛊之义，坏乱也。在文为虫皿，皿之有虫，蛊坏之义。《左氏传》云："风落山，女惑男。"以长女下于少男，乱其情也。风遇山而回，物皆挠乱，是为有事之象，故云"蛊者，事也"。既蛊而治之，亦事也。以卦之象言之，所以成蛊也；以卦之才言之，所以治蛊也。

《蛊》：元亨，利涉大川。

既蛊，则有复治之理。自古治必因乱，乱则开治，理自然也。如卦之才以治蛊，则能致"元亨"也。蛊之大者，济时之艰难险阻也，故曰"利涉大川"。

先甲三日，后甲三日。

"甲"，数之首，事之始也，如辰之甲乙。甲第，甲令，皆谓首也，事之端也。治蛊之道，当思虑其先后三日，盖推原先后，为救弊可久之道。"先甲"，谓先于此，究其所以然也；"后甲"，谓后于此，虑其将然也。一日、二日，至于三日，言虑之深，推之远也。究其所以然，则知救之之道；虑其将然，则知备之之方。善救则前弊可革，善备则后利可久，此古之圣王所以新天下而垂后世也。后之治蛊者，不明圣人"先甲""后甲"之诚，虑浅而事近，故劳于救世而乱不革，功未及成而弊已生矣。甲者，事之首；庚者，变更之首。制作政教之类，则云"甲"，举其首也；发号施令之事，则云"庚"，庚犹更也，有所更变也。

《彖》曰：《蛊》，刚上而柔下，巽而止，蛊。

以卦变及二体之义而言。"刚上而柔下"，谓乾之初九上而为上九，坤之上六下而为初六也。阳刚，尊而在上者也，今往居于上；阴柔，卑而在下者也，今来居于下。男虽少而居上，女虽长而在下，尊卑得正，上下顺理，治蛊之道也。由刚之上、柔之下，变而为艮、巽。艮，止也；巽，顺也。下巽而上止，止于巽顺也。以巽顺之道治蛊，是以"元亨"也。

"《蛊》，元亨"，而天下治也。

治蛊之道，如卦之才，则"元亨"而"天下治"矣。夫治乱者，苟能使尊卑、上下之义正，在下者巽顺，在上者能止，齐安定之，事皆止于顺，则何蛊之不治也？其道大善而亨也，如此则天下治矣。

"利涉大川"，往有事也。

方天下坏乱之际，宜涉艰险以往而济之，是往有所事也。

"先甲三日，后甲三日"，终则有始，天行也。

夫有始则必有终，既终则必有始，天之道也。圣人知终始之道，故能原始而究其所以然，要终而备其将然，"先甲""后甲"而为之虑，所以能治蛊而致"元亨"也。

《象》曰：山下有风，蛊，君子以振民育德。

山下有风，风遇山而回，则物皆散乱，故为有事之象。君子观有事之象，以振济于民，养育其德也。在己则养德，于天下则济民，君子之所事，无大于此二者。

初六，干父之蛊，有子，考无咎，厉终吉。

初六虽居最下，成卦由之，有主之义。居内在下而为主，子干父蛊也。子干父蛊之道，能堪其事则为"有子"，而其考得无咎。不然，则为父之累，故必惕厉，则得终吉也。处卑而尸尊事，自当兢畏。以六之才，虽能巽顺，体乃阴柔，在下无应而主干，非有能济之义。若以不克干而言，则其义甚小，故专言为子干蛊之道，必克济则不累其父，能厉则可以终吉，乃备见为子干蛊之大法也。

《象》曰："干父之蛊"，意承考也。

子干父蛊之道，意在承当于父之事也，故祗敬其事，以置父于无咎之地，常怀惧厉，则终得其吉也。尽诚于父事，吉之道也。

九二，干母之蛊，不可贞。

九二阳刚，为六五所应，是以阳刚之才在下，而干夫在上阴柔之事也，故取子干母蛊为义。以刚阳之臣，辅柔弱之君，义亦相近。二，巽体而处柔，顺义为多，干母之蛊之道也。夫子之于母，当以柔巽辅导之，使得于义。不顺而致败蛊，则子之罪也。从容将顺，岂无道乎？以妇人言之，则阴柔可知。若伸己刚阳之道，遽然矫拂则伤恩，所害大矣，亦安能入乎？在乎屈己下意，巽顺将承，使之身正事治而已，故曰"不可贞"。谓不可贞固尽其刚直之道，如是乃中道也，又安能使之为甚高之事乎？若于柔弱之君，尽诚竭忠，致之于中道则可矣，又安能使之大有为乎？且以周公之圣辅成王，成王非甚柔弱也，然能使之为成王而已，守成不失道则可矣，固不能使之为羲、黄、尧、舜之事也。二，巽体而得中，是能巽顺而得中道，合"不可贞"之义，得干母蛊之道也。

《象》曰："干母之蛊"，得中道也。

二得中道而不过刚，干母蛊之善者也。

九三，干父之蛊，小有悔，无大咎。

三以刚阳之才，居下之上，主干者也，子干父之蛊也。以阳处刚而不中，刚之过也。然而在巽体，虽刚过而不为无顺。顺，事亲之本也。又居得正，故无大过。以刚阳之才，克干其事，虽以刚过，而有小小之悔，终无大过咎也。然有小悔，已非善事亲也。

《象》曰："干父之蛊"，终无咎也。

以三之才，干父之蛊，虽小有悔，终无大咎也。盖刚断能干，不失正而有顺，所以"终无咎也"。

六四，裕父之蛊，往见吝。

四，以阴居阴，柔顺之才也，所处得正，故为宽裕以处其父事者也。夫柔顺之才而处正，仅能循常自守而已。若往干过常之事，则不胜而见吝也。以阴柔而无应助，往安能济？

《象》曰："裕父之蛊"，往未得也。

以四之才，守常居宽裕之时，则可矣，欲有所往，则未得也。加其所任，则不胜矣。

六五，干父之蛊，用誉。

五居尊位，以阴柔之质，当人君之干，而下应于九二，是能任刚阳之臣也。虽能下应刚阳之贤而倚任之，然己实阴柔，故不能为创始开基之事，承其旧业，则可矣，故为"干父之蛊"。夫创业垂统之事，非刚明之才，则不能。继世之君，虽柔弱之资，苟能任刚贤，则可以为善继而成令誉也。太甲、成王，皆以臣而用誉者也。

《象》曰："干父，用誉"，承以德也。

干父之蛊，而用有令誉者，以其在下之贤承辅之以刚中之德也。

上九，不事王侯，高尚其事。

上九，居蛊之终，无系应于下，处事之外，无所事之地也。以刚明之才，无应援而处无事之地，是贤人君子不偶于时，而高洁自守，不累于世务者也，故云"不事王侯，高尚其事"。古之人有行之者，伊尹、太公望之始，曾子、子思之徒是也。不屈道以徇时，既不得施设于天下，则自善其身，尊高敦尚其事，守其志节而已。士之自高尚，亦非一道。有怀抱道德，不偶于时，而高洁自守者；有知止足之道，退而自保者；有量能度分，安于不求知者；有清介自守，不屑天下之事，独洁其身者。所处虽有得失、小大之殊，皆自"高尚其事"者也。《象》所谓"志可则"

者，进退合道者也。

《象》曰："不事王侯"，志可则也。

如上九之处事外，不累于世务，不臣事于王侯，盖进退以道，用舍随时，非贤者，能之乎？其所存之志，可为法则也。

临

≡≡ 兑下坤上

《临》，《序卦》："有事而后可大，故受之以《临》。"临者，大也；蛊者，事也。有事则可大矣，故受之以《临》也。韩康伯云："可大之业，由事而生。"二阳方长而盛大，故为临也。为卦，泽上有地。泽上之地，岸也，与水相际，临近乎水，故为《临》。天下之物，密近相临者，莫若地与水，故地上有水则为《比》，泽上有地则为《临》也。临者，临民、临事，凡所临皆是。在卦，取自上临下，临民之义。

《临》：元亨，利贞。
以卦才言也。临之道，如卦之才，则大亨而正也。

至于八月，有凶。
二阳方长于下，阳道向盛之时，圣人豫为之戒，曰："阳虽方长，至于八月，则其道消矣，是有凶也。"大率圣人为戒，必于方盛之时。方盛而虑衰，则可以防其满极，而图其永久。若既衰而后戒，亦无及矣。自古天下安治，未有久而不乱者，盖不能戒于盛也。方其盛而不知戒，故狃安富则骄侈生，乐舒肆则纲纪坏，忘祸乱则衅孽萌，是以浸淫不知乱之至也。

《彖》曰：《临》，刚浸而长，说而顺，刚中而应，大亨以正，天之道也。

"浸"，渐也。二阳长于下而渐进也。下兑上坤，和说而顺也。刚得中道而有应助，是以能大亨而得正，合天之道。刚正而和顺，天之道也。化育之功所以不息者，刚正和顺而已。以此临人、临事、临天下，莫不大亨而得正也。兑为说，说乃和也。《夬·彖》云："决而和。"

"至于八月，有凶"，消不久也。

《临》，二阳生，阳方渐盛之时，故圣人为之戒，云："阳虽方长，然至于八月，则消而凶矣。""八月"，谓阳生之八月。阳始生于《复》，自《复》至《遁》，凡八月，自建子至建未也，二阴长而阳消矣，故云"消不久也"。在阴阳之气言之，则消长如循环，不可易也；以人事言之，则阳为君子，阴为小人，方君子道长之时，圣人为之诫，使知极则有凶之理而虞备之，常不至于满极，则无凶也。

《象》曰：泽上有地，临，君子以教思无穷，容保民无疆。

泽之上有地，泽岸也，水之际也。物之相临与含容，无若水之在地，故"泽上有地"为临也。君子观亲临之象，则"教思无穷"。亲临于民，则有教导之意思也。"无穷"，至诚无斁也。观含容之象，则有"容保民"之心。"无疆"，广大无疆限也。含容有广大之意，故为"无穷""无疆"之义。

初九，咸临，贞吉。

"咸"，感也。阳长之时，感动于阴。四应于初，感之者也，比他卦相应尤重。四，近君之位。初得正位，与四感应，是以正道为当位所信任，得行其志，获乎上而得行其正道，是以吉也。他卦初、上爻不言得位、失位，盖初、终之义为重也。《临》则以初得位居正为重。凡言"贞吉"，有既正且吉者，有得正则吉者，有贞固守之则吉者，各随其事也。

《象》曰："咸临，贞吉"，志行正也。

所谓"贞吉"，九之志在于行正也。以九居阳，又应四之正，其志正也。

九二，咸临，吉，无不利。

二方阳长而渐盛，感动于六五中顺之君，其交之亲，故见信任，得行其志，所临"吉"而"无不利"也。"吉"者已然，如是故吉也；"无不利"者将然，于所施为，无所不利也。

《象》曰："咸临，吉，无不利"，未顺命也。

"未"者，非遽之辞。《孟子》："或问：'劝齐伐燕，有诸？'曰：'未也。'"又云："仲子所食之粟，伯夷之所树与？抑亦盗跖之所树与？是未可知也。"《史记》侯嬴曰："人固未易知。"古人用字之意皆如此，今人大率用对"已"字，故意似异，然实不殊也。九二与五感应以临下，盖以刚德之长，而又得中，至诚相感，非由顺上之命也，是以"吉"而"无不利"。五顺体而二说体，又阴阳相应，故《象》特明其非由说顺也。

六三，甘临，无攸利，既忧之，无咎。

三居下之上，临人者也。阴柔而说体，又处不中正，以甘说临人者也。在上而以甘说临下，失德之甚，无所利也。兑性既说，又乘二阳之上，阳方长而上进，故不安而益甘，既知危惧而忧之，若能持谦守正，至诚以自处，则无咎也。邪说由己，能忧而改之，复何咎乎？

《象》曰："甘临"，位不当也；"既忧之"，咎不长也。

阴柔之人，处不中正，而居下之上，复乘二阳，是处不当位也。既能知惧而忧之，则必强勉自改，故其过咎不长也。

六四，至临，无咎。

四居上之下，与下体相比，是切临于下，临之至也。临道尚近，故以比为至。四居正位，而下应于刚阳之初，处近君之位，守正而任贤，以亲临于下，是以"无咎"，所处当也。

《象》曰："至临，无咎"，位当也。

居近君之位，为得其任；以阴处四，为得其正；与初相应，为下贤，所以"无咎"，盖由位之当也。

六五，知临，大君之宜，吉。

五以柔中顺体，居尊位，而下应于二刚中之臣，是能倚任于二，不劳而治，以知临下者也。夫以一人之身，临乎天下之广，若区区自任，岂能周于万事？故自任其知者，适足为不知。惟能取天下之善，任天下之聪明，则无所不周。是不自任其知，则其知大矣。五顺应于九二刚中之贤，任之以临下，乃己以明知临天下，大君之所宜也，其吉可知。

《象》曰："大君之宜"，行中之谓也。

君臣道合，盖以气类相求。五有中德，故能倚任刚中之贤，得"大君之宜"，成"知临"之功，盖由行其中德也。人君之于贤才，非道同德合，岂能用也？

上六，敦临，吉，无咎。

上六，坤之极，顺之至也，而居临之终，敦厚于临也。与初二虽非正应，然大率阴求于阳，又其至顺，故志在从乎二阳，尊而应卑，高而从下，尊贤取善，敦厚之至也，故曰"敦临"，所以"吉"而"无咎"。阴柔在上，非能临者，宜有咎也。以其敦厚于顺刚，是以"吉"而"无咎"。六居临之终，而不取极义，临无过极，故止为厚义。上，无位之地，止以在上言。

《象》曰："敦临"之"吉"，志在内也。

"志在内"，应乎初与二也。志顺刚阳而敦笃，其吉可知也。

观

坤下巽上

《观》，《序卦》："临者，大也，物大然后可观，故受之以《观》。"《观》所以次《临》也。凡观视于物则为观，为观于下则为观。如楼观，谓之观者，为观于下也。人君上观天道，下观民俗，则为观；修德行政，为民瞻仰，则为观。风行地上，遍触万类，周观之象也。二阳在上，四阴在下，阳刚居尊，为群下所观，仰观之义也。在诸爻，则惟取观见，随时为义也。

《观》：盥而不荐，有孚颙若。

予闻之胡翼之先生曰："君子居上，为天下之表仪，必极其庄敬，则下观仰而化也。故为天下之观，当如宗庙之祭，始盥之时，不可如既荐之后，则下民尽其至诚，颙然瞻仰之矣。""盥"，谓祭祀之始，盥手酌郁鬯于地，求神之时也。"荐"，谓献腥献熟之时也。盥者，事之始，人心方尽其精诚，严肃之至也。至既荐之后，礼数繁缛，则人心散，而精一不若始盥之时矣。居上者，正其表仪，以为下民之观，当庄严如始盥之初，勿使诚意少散，如既荐之后，则天下之人莫不尽其孚诚，颙然瞻仰之矣。"颙"，仰望也。

《彖》曰：大观在上，顺而巽，中正以观天下。

五居尊位，以刚阳中正之德为下所观，其德甚大，故曰"大观在上"。下坤而上巽，是能"顺而巽"也。五居中正，以巽顺中正之德为观于天下也。

"《观》，盥而不荐，有孚颙若"，下观而化也。

为观之道，严敬如始盥之时，则下民至诚瞻仰而从化也。"不荐"，谓不使诚意少散也。

观天之神道而四时不忒，圣人以神道设教而天下服矣。

天道至神，故曰"神道"。观天之运行，四时无有差忒，则见其神妙。圣人见天道之神，体神道以设教，故天下莫不服也。夫天道至神，故运行四时，化育万物，无有差忒。至神之道，莫可名言，惟圣人默契，体其妙用，设为政教，故天下之人涵泳其德而不知其功，鼓舞其化而莫测其用，自然仰观而戴服，故曰"以神道设教而天下服矣"。

《象》曰：风行地上，观，先王以省方观民设教。

风行地上，周及庶物，为由历周览之象，故先王体之为省方之礼，以观民俗而设政教也。天子巡省四方，观视民俗，设为政教，如奢则约之以俭，俭则示之以礼是也。"省方"，观民也；"设教"，为民观也。

初六，童观，小人无咎，君子吝。

六以阴柔之质，居远于阳，是以观见者浅近，如童稚然，故曰"童观"。阳刚中正在上，圣贤之君也，近之则见其道德之盛，所观深远。初乃远之，所见不明，如童蒙之观也。小人，下民也，所见昏浅，不能识君子之道，乃常分也，不足谓之过咎，若君子而如是，则可鄙吝也。

《象》曰："初六，童观"，小人道也。

所观不明，如童稚，乃小人之分，故曰"小人道也"。

六二，窥观，利女贞。

二应于五，观于五也。五，刚阳中正之道，非二阴暗柔弱所能观见也，故但如窥觇之观耳。窥觇之观，虽少见而不能甚明也。二既不能明见刚阳中正之道，则利如女子之贞。虽见之不能甚明，而能顺从者，女子之道也，在女子为贞也。二既不能明见九五之道，能如女子之顺从，则不失中正，乃为利也。

《象》曰："窥观，女贞"，亦可丑也。

君子不能观见刚阳中正之大道，而仅窥觇其仿佛，虽能顺从，乃同女子之贞，亦可羞丑也。

六三，观我生，进退。

三居非其位，处顺之极，能顺时以进退者也。若居当其位，则无进退之义也。"观我生"，我之所生，谓动作施为出于己者，观其所生而随宜进退，所以处虽非正，而未至失道也。随时进退，求不失道，故无悔咎，以能顺也。

《象》曰："观我生，进退"，未失道也。

观己之生，而进退以顺乎宜，故未至于失道也。

六四，观国之光，利用宾于王。

观莫明于近。五以刚阳中正居尊位，圣贤之君也；四切近之，观见其道，故云"观国之光"，观见国之盛德光辉也。不指君之身而云"国"者，在人君而言，岂止观其行一身乎？当观天下之政化，则人君之道德可见矣。四虽阴柔，而巽体居正，切近于五，观见而能顺从者也。"利用宾于王"，夫圣明在上，则怀抱才德之人皆愿进于朝廷，辅戴之以康济天下。四既观见人君之德，国家之治，光华盛美，所宜宾于王朝，效其智力，上辅于君，以施泽天下，故云"利用宾于王"也。古者，有贤德之人，则人君宾礼之，故士之仕进于王朝，则谓之"宾"。

《象》曰："观国之光"，尚宾也。

君子怀负才业，志在乎兼善天下，然有卷怀自守者，盖时无明君，莫能用其道，不得已也，岂君子之志哉？故孟子曰："中天下而立，定四海之民，君子乐之。"既观见国之盛德光华，古人所谓非常之遇也，所以志愿登进王朝，以行其道，故云"'观国之光'，尚宾也"。"尚"谓志尚，其志意愿慕宾于王朝也。

九五，观我生，君子无咎。

九五居人君之位，时之治乱，俗之美恶，系乎己而已。观己之生，若天下之俗皆君子矣，则是己之所为政化善也，乃无咎矣；若天下之俗未合君子之道，则是己之所为政治未善，不能免于咎也。

《象》曰："观我生"，观民也。

"我生"，出于己者。人君欲观己之施为善否，当观于民，民俗善则政化善也。王弼云："观民以察己之道。"是也。

上九，观其生，君子无咎。

上九以阳刚之德处于上，为下之所观而不当位，是贤人君子不在于位，而道德为天下所观仰者也。"观其生"，观其所生也，谓出于己者，德业行义也，既为天下所观仰，故自观其所生，若皆君子矣，则无过咎也；苟未君子，则何以使人观仰矜式，是其咎也。

《象》曰："观其生"，志未平也。

虽不在位，然以人观其德，用为仪法，故当自慎省。观其所生，常不失于君子，则人不失所望而化之矣。不可以不在于位故，安然放意无所事也。是其志意未得安也，故云"志未平"也。"平"，谓安宁也。

噬嗑

䷔震下离上

《噬嗑》，《序卦》："可观而后有所合，故受之以《噬嗑》。嗑者，合也。"既有可观，然后有来合之者也，《噬嗑》所以次《观》也。噬，啮也；嗑，合也。口中有物间之，啮而后合之也。卦，上下二刚爻而中柔，外刚中虚，人颐口之象也；中虚之中，又一刚爻，为颐中有物之象。口中有物，则隔其上下，不得嗑，必啮之，则得嗑，故为《噬嗑》。圣人以卦之象，推之于天下之事，在口则为有物隔而不得合，在天下则为有强梗或谗邪间隔于其间，故天下之事不得合也，当用刑罚，小则惩戒，大则诛戮以除去之，然后天下之治得成矣。凡天下，至于一国一家，至于万事，所以不和合者，皆由有间也，无间则合矣。以至天地之生，万物之成，皆合而后能遂，凡未合者，皆有间也。若君臣、父子、亲戚、朋友之间，有离贰怨隙者，盖谗邪间于其间也，除去之则和合矣。故间隔者，天下之大害也。圣人观《噬嗑》之象，推之于天下万事，皆使去其间隔而合之，则无不和且治矣。《噬嗑》者，治天下之大用也。去天下之间，在任刑罚，故卦取用刑为义。在二体，明照而威震，乃用刑之象也。

《噬嗑》：亨，利用狱。

"《噬嗑》，亨"，卦自有亨义也。天下之事所以不得亨者，以有间也，噬而嗑之，则亨通矣。"利用狱"，噬而嗑之之道，宜用刑狱也。天下之间，非刑狱何以去之？不云"利用刑"，而云"利用狱"者，卦有明照之象，利于察狱也。"狱"者，所以究察情伪，得其情则知为间之道，然后可以设防与致刑也。

《彖》曰：颐中有物，曰噬嗑。噬嗑而亨。
"颐中有物"，故为噬嗑。有物间于颐中则为害，噬而嗑之，则其害亡，乃亨通也，故云"噬嗑而亨"。

刚柔分，动而明，雷电合而章。
以卦才言也。刚爻与柔爻相间，"刚柔分"而不相杂，为明辨之象。明辨，察狱之本也。"动而明"，下震上离，其动而明也。"雷电合而章"，雷震而电耀，相须并见，合而章也。照与威并行，用狱之道也。能照则无所隐情，有威则莫敢不畏。上既以二象言其动而明，故复言威照并用之意。

柔得中而上行，虽不当位，"利用狱"也。
六五以柔居中，为用"柔得中"之义。"上行"，谓居尊位。"虽不当位"，谓以柔居五为不当。而"利于用狱"者，治狱之道，全刚则伤于严暴，过柔则失于宽纵，五为用狱之主，以柔处刚而得中，得用狱之宜也。以柔居刚为"利用狱"，以刚居柔为利否？曰："刚柔，质也；居，用也。用柔，非治狱之宜也。"

《象》曰：雷电，噬嗑，先王以明罚敕法。
《象》无倒置者，疑此文互也。雷电，相须并见之物，亦有嗑象，电明而雷威。先王观雷电之象，法其明与威，以明其刑罚，饬其法令。"法"者，明事理而为之防者也。

初九，屦校灭趾，无咎。

九居初，最下无位者也，下民之象，为受刑之人，当用刑之始，罪小而刑轻。"校"，木械也，其过小，故屦之于足，以灭伤其趾。人有小过，校而灭其趾，则当惩惧，不敢进于恶矣，故得"无咎"。《系辞》云："小惩而大诫，此小人之福也。"言惩之于小与初，故得无咎也。初与上无位，为受刑之人，余四爻皆为用刑之人。初居最下，无位者也；上处尊位之上，过于尊位，亦无位者也。王弼以为"无阴阳之位"，阴阳系于奇偶，岂容无也？然诸卦初、上不言当位不当位者，盖初、终之义为大。《临》之初九，则以位为正。若《需》上六云"不当位"，《乾》上九云"无位"，爵位之位，非阴阳之位也。

《象》曰："屦校灭趾"，不行也。

屦校而灭伤其趾，则知惩诫而不敢长其恶，故云"不行"也。古人制刑，有小罪，则校其趾，盖取禁止其行，使不进于恶也。

六二，噬肤灭鼻，无咎。

二，应五之位，用刑者也。四爻皆取噬为义，二居中得正，是用刑得其中正也。用刑得其中正，则罪恶者易服，故取"噬肤"为象。噬啮人之肌肤，为易入也。"灭"，没也，深入至没其鼻也。二以中正之道，其刑易服，然乘初刚，是用刑于刚强之人。刑刚强之人，必须深痛，故至"灭鼻"而"无咎"也。中正之道，易以服人，与严刑以待刚强，义不相妨。

《象》曰："噬肤灭鼻"，乘刚也。

深至"灭鼻"者，"乘刚"故也。"乘刚"，乃用刑于刚强之人，不得不深严也。深严则得宜，乃所谓中也。

六三，噬腊肉，遇毒，小吝，无咎。

三居下之上，用刑者也。六居三，处不当位，自处不得其当，而刑于人，则人不服而怨怼悖犯之，如噬啮干腊坚韧之物，而遇毒恶之味，反伤于口也。用刑而人不服，反致怨伤，是可鄙吝也。然当噬嗑之时，大要噬间而嗑之，虽其身处位不当，而强梗难服，至于遇毒，然用刑非为不当也，故虽可吝，而亦小噬而嗑之，非有咎也。

《象》曰："遇毒"，位不当也。

六三以阴居阳，处位不当，自处不当，故所刑者难服而反毒之也。

九四，噬干胏，得金矢，利艰贞，吉。

九四，居近君之位，当噬嗑之任者也。四已过中，是其间愈大而用刑愈深也，故云"噬干胏"。"胏"，肉之有联骨者。干肉而兼骨，至坚难噬者也。噬至坚而"得金矢"，"金"取刚，"矢"取直。九四，阳德刚直，为得刚直之道，虽用刚直之道，利在克艰其事而贞固其守，则"吉"也。九四刚而明体，阳而居柔。刚明则伤于果，故戒以知难；居柔则守不固，故戒以坚贞。刚而不贞者，有矣，凡失刚者皆不贞也。在《噬嗑》，四最为善。

《象》曰："利艰贞，吉"，未光也。

凡言"未光"，其道未光大也。戒以"利艰贞"，盖其所不足也，不得中正故也。

六五，噬干肉，得黄金，贞厉，无咎。

五在卦，愈上，而为"噬干肉"，反易于四之"干胏"者，五居尊位，乘在上之势，以刑于下，其势易也。在卦，将极矣，其为间甚大，非易嗑也，故为"噬干肉"也。"得黄金"，"黄"，中色；"金"，刚物。五居中为得中道，处刚而四辅以刚，"得黄金"也。五无应，而四居大臣之位，得其助也。"贞厉，无咎"，六五虽处中刚，然实柔体，故戒以必正固而怀危厉，则得无咎也。以柔居尊而当噬嗑之时，岂可不贞固而怀危惧哉？

《象》曰："贞厉，无咎"，得当也。

所以能"无咎"者，以所为得其当也。所谓"当"，居中用刚，而能守正虑危也。

上九，何校灭耳，凶。

上，过乎尊位，无位者也，故为受刑者。居卦之终，是其间大，噬之极也。《系辞》所谓"恶积而不可掩，罪大而不可解"者也，故何校而灭其耳，凶可知矣。"何"，负也，谓在颈也。

《象》曰："何校灭耳"，聪不明也。

人之聋暗不悟，积其罪恶，以至于极。古人制法，罪之大者，何之以校，为其无所闻知，积成其恶，故以校而灭伤其耳，诚聪之不明也。

贲

䷕离下艮上

《贲》，《序卦》："嗑者，合也，物不可以苟合而已，故受之以《贲》。贲者，饰也。"物之合，则必有文，文乃饰也。如人之合聚，则有威仪上下；物之合聚，则有次序行列，合则必有文也，《贲》所以次《噬嗑》也。为卦，山下有火。山者，草木百物之所聚也，下有火，则照见其上，草木品汇皆被其光采，有贲饰之象，故为《贲》也。

《贲》：亨，小利有攸往。

物有饰而后能亨，故曰："无本不立，无文不行。"有实而加饰，则可以亨矣。文饰之道，可增其光采，故能小利于进也。

《彖》曰："《贲》，亨"，柔来而文刚，故"亨"。分刚上而文柔，故"小利有攸往"。天文也，文明以止，人文也。

卦为贲饰之象，以上下二体刚柔交相为文饰也。下体本乾，柔来文其中而为离；上体本坤，刚往文其上而为艮，乃为山下有火，止于文明而成贲也。天下之事，无饰不行，故贲则能亨也。"柔来而文刚，故'亨'"，柔来文于刚，而成文明之象，文明所以为贲也。贲之道能致亨，实由饰而能亨也。"分刚上而文柔，故'小利有攸往'"，分乾之中爻，往文于艮之上也。事由饰而加盛，由饰而能行，故"小利有攸往"。夫往而能利者，以有本也。贲饰之道，非能增其实也，但加之文采耳。事由文而显盛，故为"小利有攸往"。"亨"者，亨通也。"往"者，加进也。二卦之变，共成贲义，而《象》分言上下，各主一事者，盖离明足以致亨，文柔又能小进也。"天文也，文明以止，人文也"，此承上文言。阴阳刚柔相文者，天之文也；止于文明者，人之文也。"止"，谓处于文明也。质必有文，自然之理。理必有对待，生生之本也。有上则有下，有此则有彼，有质则有文，一不独立，二则为文。非知道者，孰能识之？天文，天之理也；人文，人之道也。

观乎天文，以察时变；

"天文"，谓日月星辰之错列，寒暑阴阳之代变。观其运行，以察四时之迁改也。

观乎人文，以化成天下。

"人文"，人理之伦序。观人文以教化天下，天下成其礼俗，乃圣人用贲之道也。《贲》之象，取山下有火，又取卦变，柔来文刚，刚上文柔。凡卦，有以二体之义及二象而成者，如《屯》取"动乎险中"与"云雷"，《讼》取"上刚下险"与"天水违行"是也。有取一爻者，成卦之由也，"柔得位而上下应之"，曰《小畜》；"柔得尊位，大中而上下应之"，曰《大有》是也。有取二体，又取消长之义者，"雷在地中，《复》"，"山附于地，《剥》"是也。有取二象，兼取二爻交变为义者，"风雷，《益》"兼取"损上益下"，"山下有泽，《损》"兼取"损下益上"是也。有既以二象成卦，复取爻之义者，《夬》之"刚决柔"，《姤》之"柔遇刚"是也。有以用成卦者，"巽乎水而上水，《井》"，"木上有火，《鼎》"是也。《鼎》又以卦形为象。有以形为象者，"山下有雷，《颐》"，"颐中有物，曰《噬嗑》"是也。此成卦之义也。如"刚上柔下"，"损上益下"，谓"刚居上，柔在下"，"损于上，益于下"。据成卦而言，非谓就卦中升降也。如《讼》《无妄》云"刚来"，岂自上体而来也？凡以柔居五者，皆云"柔进而上行"，柔，居下者也，乃居尊位，是进而上也，非谓自下体而上也。卦之变，皆自乾、坤，先儒不达，故谓《贲》本是《泰》卦，岂有乾、坤重而为《泰》，又由《泰》而变之理？下离，本乾中爻变而成离；上艮，本坤上爻变而成艮。离在内，故云"柔来"；艮在上，故云"刚上"，非自下体而上也。乾、坤变而为六子，八卦重而为六十四，皆由乾、坤之变也。

《象》曰：山下有火，贲，君子以明庶政，无敢折狱。

山者，草木百物之所聚生也，火在其下而上照，庶类皆被其光明，为贲饰之象也。君子观山下有火明照之象，以修明其庶政，成文明之治，而无果敢于折狱也。"折狱"者，人君之所致慎也，岂可恃其明而轻自用乎？乃圣人之用心也，为戒深矣。《象》之所取，唯以山下有火，明照庶物，以用明为戒，而贲亦自有"无敢折狱"之义。"折狱"者，专用情实，有文饰则没其情矣，故无敢用文以折狱也。

初九，贲其趾，舍车而徒。

初九以刚阳居明体而处下，君子有刚明之德而在下者也。君子在无位之地，无所施于天下，惟自贲饰其所行而已。"趾"，取在下而所以行也。君子修饰之道，正其所行，守节处义，其行不苟，义或不当，则舍车舆而宁徒行，众人之所羞，而君子以为贲也。"舍车而徒"之义，兼于比、应取之。初比二而应四，应四，正也；与二，非正也。九之刚明守义，不近与于二而远应于四，舍易而从难，如舍车而徒行也。守节义，君子之贲也。是故君子所贲，世俗所羞；世俗所贵，君子所贱。以车徒为言者，因趾与行为义也。

《象》曰："舍车而徒"，义弗乘也。

舍车而徒行者，于义不可以乘也。初应四，正也；从二，非正也。近舍二之易，而从四之难，舍车而徒行也。君子之贲，守其义而已。

六二，贲其须。

卦之为《贲》，虽由两爻之变，而文明之义为重。二实贲之主也，故主言贲之道。饰于物者，不能大变其质也，因其质而加饰耳，故取"须"义。"须"，随颐而动者也，动止唯系于所附，犹善恶不由于贲也。二之文明，惟为贲饰，善恶则系其质也。

《象》曰："贲其须"，与上兴也。

以"须"为象者，谓其与上同兴也。随上而动，动止惟系所附也。犹加饰于物，因其质而贲之，善恶在其质也。

九三，贲如，濡如，永贞，吉。

三处文明之极，与二、四二阴间处相贲，贲之盛者也，故云"贲如"。"如"，辞助也。贲饰之盛，光采润泽，故云"濡如"。光采之盛，则有润泽。《诗》云："麀鹿濯濯。""永贞，吉"，三与二、四非正应，相比而成相贲，故戒以常永贞正。贲者，饰也，贲饰之事，难乎常也，故"永贞"则"吉"。三与四相贲，又下比于二，二柔文一刚，上下交贲，为贲之盛也。

《象》曰："永贞"之"吉"，终莫之陵也。

饰而不常，且非正，人所陵侮也，故戒能永正则吉也。其贲既常而正，谁能陵之乎？

六四，贲如，皤如，白马翰如，匪寇，婚媾。

四与初为正应，相贲者也。本当"贲如"，而为三所隔，故不获相贲而"皤如"。"皤"，白也，未获贲也。马，在下而动者也，未获相贲，故云"白马"。其从正应之志如飞，故云"翰如"。匪为九三之寇雠所隔，则婚媾遂其相亲矣。己之所乘与动于下者，马之象也。初、四正应，终必获亲，第始为其间隔耳。

《象》曰：六四当位，疑也。"匪寇，婚媾"，终无尤也。

四与初其远，而三介于其间，是所当之位为可疑也。虽为三寇雠所隔，未得亲于婚媾，然其正应，理直义胜，终必得合，故云"终无尤也"。"尤"，怨也，终得相贲，故无怨尤也。

六五，贲于丘园，束帛戋戋，吝，终吉。

六五以阴柔之质，密比于上九刚阳之贤，阴比于阳，复无所系应，从之者也，受贲于上九也。自古设险守国，故城垒多依丘坂。"丘"，谓在外而近且高者；"园"，圃之地，最近城邑，亦在外而近者。"丘园"，谓在外而近者，指上九也。六五虽居君位，而阴柔之才，不足自守，与上之刚阳相比而志从焉，获贲于外比之贤，"贲于丘园"也。若能受贲于上九，受其裁制，如束帛而戋戋，则虽其柔弱，不能自为，为可吝少，然能从于人，成贲之功，终获其吉也。"戋戋"，剪裁分裂之状。帛未用则束之，故谓之"束帛"；及其制为衣服，必剪裁分裂戋戋然。"束帛"，喻六五本质；"戋戋"，谓受人剪制而成用也。其资于人，与《蒙》同，而《蒙》不言吝者，盖童蒙而赖于人，乃其宜也，非童幼而资贲于人，为可吝耳，然享其功，终为吉也。

《象》曰：六五之吉，有喜也。

能从人以成贲之功，享其吉美，是有喜也。

上九，白贲，无咎。

上九，贲之极也。贲饰之极，则失于华伪。惟能质白其贲，则无过失之咎。"白"，素也。尚质素，则不失其本真。所谓尚质素者，非无饰也，不使华没实耳。

《象》曰："白贲，无咎"，上得志也。

"白贲，无咎"，以其在上而得志也。上九为得志者，在上而文柔成贲之功，六五之君又受其贲，故虽居无位之地，而实尸贲之功，为得志也。与他卦居极者异矣。既在上而得志，处贲之极，将有华伪失实之咎，故戒以质素则无咎，饰不可过也。

剥

☰☰ 坤下艮上

《剥》，《序卦》："贲者，饰也，致饰然后亨则尽矣，故受之以《剥》。"夫物至于文饰，亨之极也，极则必反，故《贲》终则《剥》也。卦，五阴而一阳，阴始自下生，渐长至于盛极，群阴消剥于阳，故为《剥》也。以二体言之，山附于地，山高起地上，而反附着于地，颓剥之象也。

《剥》：不利有攸往。

剥者，群阴长盛，消剥于阳之时。众小人剥丧于君子，故君子不利有所往，惟当巽言晦迹，随时消息，以免小人之害也。

《彖》曰：剥，剥也，柔变刚也。"不利有攸往"，小人长也。

"剥，剥也"，谓剥落也。"柔变刚也"，柔长而刚变也。夏至，一阴生而渐长，一阴长则一阳消，至于建戌，则极而成剥，是阴柔变刚阳也。阴，小人之道，方长盛，而剥消于阳，故君子不利有所往也。

顺而止之，观象也。君子尚消息盈虚，天行也。

君子当剥之时，知不可有所往，顺时而止，乃能观《剥》之象也。卦有顺止之象，乃处剥之道，君子当观而体之。"君子尚消息盈虚，天行也"，君子存心消息盈虚之理，而能顺之，乃合乎天行也。理有消衰，有息长，有盈满，有虚损，顺之则吉，逆之则凶，君子随时敦尚，所以事天也。

《象》曰：山附于地，剥，上以厚下安宅。

艮重于坤，"山附于地"也。山高起于地，而反附着于地，圮剥之象也。"上"，谓人君与居人上者，观《剥》之象而厚固其下，以安其居也。"下"者，上之本，未有基本固而能剥者也。故上之剥必自下，下剥则上危矣。为人上者，知理之如是，则安养人民以厚其本，乃所以安其居也。《书》曰："民惟邦本，本固邦宁。"

初六，剥床以足，蔑贞，凶。

阴之剥阳，自下而上。以床为象者，取身之所处也。自下而剥，渐至于身也。"剥床以足"，剥床之足也。剥始自下，故为剥足。阴自下进渐，消蔑于贞正，凶之道也。"蔑"，无也，谓消亡于正道也。阴剥阳，柔变刚，是邪侵正，小人消君子，其凶可知。

《象》曰："剥床以足"，以灭下也。

取床足为象者，以阴侵没阳于下也。"灭"，没也。侵灭正道，自下而上也。

六二，剥床以辨，蔑贞，凶。

"辨"，分隔上下者，床之干也。阴渐进而上剥至于辨，愈蔑于正也，凶益甚矣。

《象》曰："剥床以辨"，未有与也。

阴之侵剥于阳，得以益盛，至于剥辨者，以阳未有应与故也。小人侵剥君子，若君子有与，则可以胜小人，不能为害矣。唯其无与，所以被蔑而凶。当消剥之时而无徒与，岂能自存也？言"未有与"，剥之未盛，"有与"犹可胜也，示人之意深矣。

六三，剥之无咎。

众阴剥阳之时，而三独居刚应刚，与上下之阴异矣。志从于正，在剥之时，为无咎者也。三之为，可谓善矣，不言吉，何也？曰："方群阴剥阳，众小人害君子，三虽从正，其势孤弱，所应在无位之地，于斯时也，难乎免矣，安得吉也？其义为无咎耳。言其无咎，所以劝也。"

《象》曰："剥之无咎"，失上下也。

三居剥而无咎者，其所处与上下诸阴不同，是与其同类相失，于处剥之道为无咎，如东汉之吕强是也。

六四，剥床以肤，凶。

始剥于床足，渐至于肤。"肤"，身之外也，将灭其身矣，其凶可知。阴长已盛，阳剥已甚，贞道已消，故更不言"蔑贞"，直言凶也。

《象》曰："剥床以肤"，切近灾也。

五为君位，剥已及四，在人，则剥其肤矣。剥及其肤，身垂于亡矣，切近于灾祸也。

六五，贯鱼以宫人宠，无不利。

剥及君位，剥之极也，其凶可知，故更不言剥，而别设义，以开小人迁善之门。五，群阴之主也。"鱼"，阴物，故以为象。五能使群阴顺序，如"贯鱼"然，反获宠爱于在上之阳，如宫人，则无所不利也。"宫人"，宫中之人，妻妾、侍使也。以阴言，且取获宠爱之义。以一阳在上，众阴有顺从之道，故发此义。

《象》曰："以宫人宠"，终无尤也。

群阴消剥于阳，以至于极，六五若能长率群阴，骈首顺序，反获宠爱于阳，则终无过尤也。于剥之将终，复发此义，圣人劝迁善之意，深切之至也。

上九，硕果不食，君子得舆，小人剥庐。

诸阳消剥已尽，独有上九一爻尚存，如硕大之果不见食，将见复生之理。上九亦变，则纯阴矣。然阳无可尽之理，变于上则生于下，无间可容息也。圣人发明此理，以见阳与君子之道不可亡也。或曰："剥尽则为纯坤，岂复有阳乎？"曰："以卦配月，则《坤》当十月；以气消息言，则阳剥为《坤》，阳来为《复》，阳未尝尽也，剥尽于上，则复生于下矣。故十月谓之阳月，恐疑其无阳也。阴亦然，圣人不言耳。"阴道盛极之时，其乱可知。乱极则自当思治，故众心愿载于君子，"君子得舆"也。《诗》《匪风》《下泉》所以居变风之终也。理既如是，在卦亦众阴宗阳，为共载之象。"小人剥庐"，若小人，则当剥之极，剥其庐矣，无所容其身也。更不论爻之阴阳，但言小人处剥极，则及其庐矣。"庐"，取在上之象。或曰："阴阳之消，必待尽而后复生于下，此在上便有复生之义，何也？《夬》之上六，何以言'终有凶'？"曰："上九，居剥之极，上有一阳，阳无可尽之理，故明其有复生之义，见君子之道不可亡也。《夬》者，阳消阴，阴，小人之道也，故但言其消亡耳，何用更言却有复生之理乎？"

《象》曰："君子得舆"，民所载也；"小人剥庐"，终不可用也。

正道消剥既极，则人复思治，故阳刚君子为民所承载也。若小人处剥之极，则小人之穷耳，"终不可用也"。非谓九为小人，但言剥极之时，小人如是也。

复

《复》，《序卦》："物不可以终尽剥，穷上反下，故受之
以《复》。"物无剥尽之理，故剥极则复来，阴极则阳生，阳剥
极于上而复生于下，穷上而反下也，《复》所以次《剥》也。为
卦，一阳生于五阴之下，阴极而阳复也。岁十月，阴盛既极，冬
至则一阳复生于地中，故为《复》也。阳，君子之道。阳消极而
复反，君子之道消极而复长也，故为反善之义。

《复》：亨，出入无疾，朋来无咎。

"复，亨"，既复，则亨也。阳气复生于下，渐亨盛而生育
万物，君子之道既复，则渐以亨通，泽于天下，故复则有亨盛之
理也。"出入无疾"，"出入"，谓生长。复生于内，入也；长
进于外，出也。先云"出"，语顺耳。阳生，非自外也，来于
内，故谓之入。物之始生，其气至微，故多屯艰；阳之始生，其
气至微，故多摧折。春阳之发，为阴寒所折，观草木于朝暮，则
可见矣。"出入无疾"，谓微阳生长，无害之者也。既无害之，
而其类渐进而来，则将亨盛，故"无咎"也。所谓"咎"，在
气则为差忒，在君子则为抑塞不得尽其理。阳之当复，虽使有
疾之，固不能止其复也，但为阻碍耳。而卦之才有无疾之义，
乃复道之善也。一阳始生，至微，固未能胜群阴而发生万物，
必待诸阳之来，然后能成生物之功而无差忒，以朋来而无咎

也。三阳，子、丑、寅之气，生成万物，众阳之功也。若君子之道，既消而复，岂能便胜于小人？必待其朋类渐盛，则能协力以胜之也。

反复其道，七日来复，利有攸往。

谓消长之道，反复迭至。阳之消，至七日而来复。《姤》，阳之始消也，七变而成《复》，故云"七日"，谓七更也。《临》云"八月有凶"，谓阳长至于阴长，历八月也。阳进则阴退，君子道长则小人道消，故"利有攸往"也。

《彖》曰："复，亨"，刚反。动而以顺行，是以"出入无疾，朋来无咎"。

"复，亨"，谓刚反而亨也。阳刚消极而来反，既来反，则渐长盛而亨通矣。"动而以顺行，是以'出入无疾，朋来无咎'"，以卦才言其所以然也。下动而上顺，是"动而以顺行"也；阳刚反而顺动，是以得出入无疾，朋来而无咎也。朋之来，亦顺动也。

反复其道，七日来复，天行也。利有攸往，刚长也。复，其见天地之心乎！

其道反复往来，迭消迭息。七日而来复者，天地之运行如是也。消长相因，天之理也。阳刚君子之道长，故"利有攸往"。一阳复于下，乃天地生物之心也。先儒皆以静为见天地之心，盖不知动之端乃天地之心也。非知道者，孰能识之？

《象》曰：雷在地中，复。先王以至日闭关，商旅不行，后不省方。

雷者，阴阳相薄而成声，当阳之微，未能发也。"雷在地中"，阳始复之时也。阳始生于下而甚微，安静而后能长。先王顺天道，当至日阳之始生，安静以养之，故"闭关"，使商旅不得行，人君不省视四方，观《复》之象而顺天道也。在一人之身亦然，当安静以养其阳也。

初九，不远复，无祗悔，元吉。

复者，阳反来复也。阳，君子之道，故复为反善之义。初，刚阳来复，处卦之初，复之最先者也，是不远而复也。失而后有复，不失则何复之有？惟失之不远而复，则不至于悔，大善而吉也。"祗"，宜音柢，抵也。《玉篇》云："适也。"义亦同。"无祗悔"，不至于悔也。《坎》卦曰："祗既平，无咎。"谓至既平也。颜子无形显之过，夫子谓其"庶几"，乃"无祗悔"也。过既未形而改，何悔之有？既未能"不勉而中"，"所欲不逾矩"，是有过也，然其明而刚，故一有不善，未尝不知，既知，未尝不遽改，故不至于悔，乃"不远复"也。"祗"，陆德明音支，《玉篇》《五经文字》《群经音辨》并见衣部。

《象》曰："不远"之"复"，以修身也。

不远而复者，君子所以修其身之道也。学问之道，无他也，唯其知不善则速改以从善而已。

六二，休复，吉。

二虽阴爻，处中正而切比于初，志从于阳，能下仁也，复之休美者也。复者，复于礼也，复礼则为仁。初阳复，复于仁也。二比而下之，所以美而吉也。

《象》曰："休复"之"吉"，以下仁也。

为复之休美而吉者，以其能下仁也。仁者，天下之公，善之本也。初复于仁，二能亲而下之，是以吉也。

六三，频复，厉，无咎。

三以阴躁处动之极，复之频数而不能固者也。复贵安固，频复频失，不安于复也。复善而屡失，危之道也。圣人开迁善之道，与其复而危其屡失，故云"厉无咎"。不可以频失而戒其复也，频失则为危，屡复何咎？过在失而不在复也。

《象》曰："频复"之"厉"，义无咎也。

频复频失，虽为危厉，然复善之义，则无咎也。

六四，中行独复。

此爻之义，最宜详玩。四行群阴之中，而独能复，自处于正，下应于阳刚，其志可谓善矣。不言吉凶者，盖四以柔居群阴之间，初方甚微，不足以相援，无可济之理，故圣人但称其能"独复"，而不欲言其独从道而必凶也。曰："然则不言无咎，何也？"曰："以阴居阴，柔弱之甚，虽有从阳之志，终不克济，非无咎也。"

《象》曰："中行独复"，以从道也。

称其"独复"者，以其从阳刚君子之善道也。

六五，敦复，无悔。

六五以中顺之德处君位，能敦笃于复善者也，故"无悔"。虽本善，戒亦在其中矣。阳复方微之时，以柔居尊，下复无助，未能致亨吉也，能无悔而已。

《象》曰："敦复，无悔"，中以自考也。

以中道自成也。五以阴居尊，处中而体顺，能敦笃其志，以中道自成，则可以无悔也。自成，谓成其中顺之德。

上六，迷复，凶，有灾眚，用行师，终有大败，以其国君凶，至于十年，不克征。

以阴柔居复之终，终迷不复者也。迷而不复，其凶可知。"有灾眚"，"灾"，天灾，自外来；"眚"，己过，由自作。既迷不复善，在己则动皆过失，灾祸亦自外而至，盖所招也。迷道不复，无施而可，用以行师，则"终有大败"；以之为国，则君之凶也。"十年"者，数之终。"至于十年，不克征"，谓终不能行。既迷于道，何时而可行也？

《象》曰："迷复"之"凶"，反君道也。

复则合道，既迷于复，与道相反也，其凶可知。"以其国君凶"，谓其"反君道也"。人君居上而治众，当从天下之善，乃迷于复，反君之道也。非止人君，凡人迷于复者，皆反道而凶也。

无妄

☲ 震下乾上

《无妄》，《序卦》："复则不妄矣，故受之以《无妄》。"复者，反于道也。既复于道，则合正理而无妄，故《复》之后，受之以《无妄》也。为卦，乾上震下。震，动也，动以天为无妄，动以人欲则妄矣。无妄之义大矣哉！

《无妄》：元亨，利贞。其匪正有眚，不利有攸往。

无妄者，至诚也。至诚者，天之道也。天之化育万物，生生不穷，各正其性命，乃无妄也。人能合无妄之道，则所谓"与天地合其德"也。无妄有大亨之理，君子行无妄之道，则可以致大亨矣。无妄，天之道也，卦言人由无妄之道也。"利贞"，法无妄之道，利在贞正，失贞正则妄也。虽无邪心，苟不合正理，则妄也，乃邪心也，故有匪正则为过眚。既已无妄，不宜有往，往则妄也。

《彖》曰：《无妄》，刚自外来而为主于内。

谓初九也。坤初爻变而为震，刚自外而来也。震以初爻为主，成卦由之，故初为无妄之主。动以天为无妄，动而以天，动为主也。以刚变柔，为以正去妄之象。又刚正为主于内，无妄之义也。九居初，正也。

动而健，刚中而应，大亨以正，天之命也。

下动而上健，是其动刚健也。刚健，无妄之体也。"刚中而应"，五以刚居中正，二复以中正相应，是顺理而不妄也。故其道大亨通而贞正，乃"天之命也"。天命，谓天道也，所谓无妄也。

"其匪正有眚，不利有攸往"，无妄之往，何之矣？天命不祐，行矣哉？

所谓无妄，正而已。小失于正，则为有过，乃妄也，所谓"匪正"，盖由有往。若无妄而不往，何由有"匪正"乎？无妄者，理之正也。更有往，将何之矣？乃入于妄也。往则悖于天理，天道所不祐，可行乎哉？

《象》曰：天下雷行，物与无妄，先王以茂对时，育万物。

雷行于天下，阴阳交和，相薄而成声，于是惊蛰藏，振萌芽，发生万物，其所赋与，洪纤高下，各正其性命，无有差妄，"物与无妄"也。先王观天下雷行发生赋与之象，而以茂对天时，养育万物，使各得其宜，如天与之无妄也。"茂"，盛也。"茂对"之为言，犹盛行永言之比。"对时"，谓顺合天时。天道生万物，各正其性命而不妄；王者体天之道，养育人民，以至昆虫草木，使各得其宜，乃对时育物之道也。

初九，无妄，往吉。

九以阳刚为主于内，无妄之象，以刚实变柔而居内，中诚不妄者也。以无妄而往，何所不吉？卦辞言"不利有攸往"，谓既无妄，不可复有往也，过则妄矣；爻言"往吉"，谓以无妄之道而行，则吉也。

《象》曰："无妄"之"往"，得志也。

以无妄而往，无不得其志也。盖诚之于物，无不能动，以之修身则身正，以之治事则事得其理，以之临人则人感而化，无所往而不得其志也。

六二，不耕获，不菑畬，则利有攸往。

凡理之所然者，非妄也；人所欲为者，乃妄也，故以"耕获""菑畬"譬之。六二居中得正，又应五之中正，居动体而柔顺，为动能顺乎中正，乃无妄者也，故极言无妄之义。"耕"，农之始；"获"，其成终也。田，一岁曰"菑"，三岁曰"畬"。不耕而获，不菑而畬，谓不首造其事，因其事理所当然也。首造其事，则是人心所作为，乃妄也；因事之当然，则是顺理应物，非妄也，获与畬是也。盖耕则必有获，菑则必有畬，是事理之固然，非心意之所造作也。如是则为无妄，不妄则所往利而无害也。或曰："圣人制作以利天下者，皆造端也，岂非妄乎？"曰："圣人随时制作，合乎风气之宜，未尝先时而开之也。若不待时，则一圣人足以尽为矣，岂待累圣继作也？时乃事之端，圣人随时而为也。"

《象》曰："不耕获"，未富也。

"未"者，非必之辞，《临》卦曰"未顺命"是也。不耕而获，不菑而畬，因其事之当然，既耕则必有获，既菑则必成畬，非必以获、畬之富而为也。其始耕、菑，乃设心在于求获、畬，是以其富也，心有欲而为者，则妄也。

六三，无妄之灾，或系之牛，行人之得，邑人之灾。

三以阴柔而不中正，是为妄者也；又志应于上，欲也，亦妄也。在无妄之道，为灾害也。人之妄动，由有欲也。妄动而得，亦必有失，虽使得其所利，其动而妄，失已大矣，况复凶悔随之乎？知者见妄之得，则知其失必与称也。故圣人因六三有妄之象，而发明其理云：“无妄之灾，或系之牛，行人之得，邑人之灾。”言如三之为妄，乃无妄之灾害也，设如有得，其失随至。如“或系之牛”，“或”，谓设或也，或系得牛，行人得之，以为有得；邑人失牛，乃是灾也。借使邑人系得马，则行人失马，乃是灾也。言有得则有失，不足以为得也。行人、邑人，但言有得则有失，非以为彼己也。妄得之福，灾亦随之；妄得之得，失亦称之，固不足以为得也。人能知此，则不为妄动矣。

《象》曰：行人得牛，邑人灾也。

“行人得牛”，乃邑人之灾也。有得则有失，何足以为得乎？

九四，可贞，无咎。

四刚阳而居乾体，复无应与，无妄者也。刚而无私，岂有妄乎？可贞固守此，自无咎也。九居阴，得为正乎？曰：“以阳居乾体，若复处刚，则为过矣，过则妄也。居四，无尚刚之志也。‘可贞’与‘利贞’不同，‘可贞’谓其所处可贞固守之，‘利贞’谓利于贞也。”

《象》曰：“可贞，无咎”，固有之也。

贞固守之，则无咎也。

九五，无妄之疾，勿药有喜。

九以中正当尊位，下复以中正顺应之，可谓无妄之至者也，其道无以加矣。"疾"，为之病者也。以九五之无妄，如其有疾，勿以药治，则有喜也。人之有疾，则以药石攻去其邪，以养其正。若气体平和，本无疾病而攻治之，则反害其正矣，故"勿药"则"有喜"也。"有喜"，谓疾自亡也。无妄之所谓疾者，谓若治之而不治，率之而不从，化之而不革，以妄而为无妄之疾，舜之有苗，周公之管、蔡，孔子之叔孙武叔是也。既已无妄，而有疾之者，则当自如无妄之疾，不足患也。若遂自攻治，乃是渝其无妄而迁于妄也。五既处无妄之极，故惟戒在动，动则妄矣。

《象》曰：无妄之药，不可试也。

人之有妄，理必修改。既无妄矣，复药以治之，是反为妄也，其可用乎？故云"不可试也"。"试"，暂用也，犹曰少尝之也。

上九，无妄，行有眚，无攸利。

上九，居卦之终，无妄之极者也。极而复行，过于理也，过于理则妄也。故上九而行，则有过眚，而无所利矣。

《象》曰：无妄之行，穷之灾也。

无妄既极，而复加进，乃为妄矣，是穷极而为灾害也。

大畜

☶ 乾下艮上

《大畜》，《序卦》："有无妄，然后可畜，故受之以《大畜》。"无妄则为有实，故可畜聚，《大畜》所以次《无妄》也。为卦，艮上乾下，天而在于山中，所畜至大之象。畜为畜止，又为畜聚，止则聚矣。取天在山中之象，则为蕴畜；取艮之止乾，则为畜止。止而后有积，故止为畜义。

《大畜》：利贞，不家食，吉，利涉大川。

莫大于天，而在山中；艮在上，而止乾于下，皆蕴畜至大之象也。在人，为学术道德充积于内，乃所畜之大也。凡所畜聚，皆是专言其大者。人之蕴畜，宜得正道，故云"利贞"。若夫异端偏学，所畜至多，而不正者固有矣。既道德充积于内，宜在上位，以享天禄，施为于天下，则不独于一身之吉，天下之吉也。若穷处而自食于家，道之否也，故"不家食"则"吉"。所畜既大，宜施之于时，济天下之艰险，乃大畜之用也，故"利涉大川"。此只据大畜之义而言，《彖》更以卦之才德而言，诸爻则惟有止畜之义。盖《易》体道随宜，取明且近者。

《彖》曰：《大畜》，刚健、笃实、辉光，日新其德。

以卦之才德而言也。乾体刚健，艮体笃实。人之才刚健、笃实，则所畜能大，充实而有辉光；畜之不已，则其德日新也。

刚上而尚贤，能止健，大正也。

"刚上"，阳居上也。阳刚居尊位之上，为"尚贤"之义。止居健上，为能止健之义。止乎健者，非大正则安能以刚阳在上与尊尚贤德？能止至健，皆大正之道也。

"不家食，吉"，养贤也；"利涉大川"，应乎天也。

大畜之人，所宜施其所畜以济天下，故不食于家则吉，谓居天位、享天禄也。国家"养贤"，贤者得行其道也。"利涉大川"，谓大有蕴畜之人，宜济天下之艰险也。《彖》更发明卦才云："所以能涉大川者，以应乎天也。"六五，君也，下应乾之中爻，乃大畜之君，应乾而行也。所行能"应乎天"，无艰险之不可济，况其他乎？

《象》曰：天在山中，大畜，君子以多识前言往行，以畜其德。

天为至大，而在山之中，所畜至大之象。君子观象以大其蕴畜。人之蕴畜，由学而大，在多闻前古圣贤之言与行，考迹以观其用，察言以求其心，识而得之，以畜成其德，乃《大畜》之义也。

初九，有厉，利已。

《大畜》，艮止畜乾也，故乾三爻皆取被止为义，艮三爻皆取止之为义。初以阳刚，又健体而居下，必上进者也；六四在上，畜止于己，安能敌在上得位之势？若犯之而进，则有危厉，故利在已而不进也。在他卦，则四与初为正应，相援者也；在《大畜》，则相应乃为相止畜。上与三皆阳，则为合志，盖阳皆上进之物，故有同志之象，而无相止之义。

《象》曰："有厉，利已"，不犯灾也。

有危则宜已，不可犯灾危而行也，不度其势而进，有灾必矣。

九二，舆说辐。

二为六五所畜止，势不可进也。五据在上之势，岂可犯也？二虽刚健之体，然其处得中道，故进止无失，虽志于进，度其势之不可，则止而不行，如车舆脱去轮辐，谓不行也。

《象》曰："舆说辐"，中无尤也。

"舆说辐"而不行者，盖其处得中道，动不失宜，故无过尤也。善莫善于刚中，柔中者不至于过柔耳。刚中，中而才也。初九处不得中，故戒以"有危，宜已"。二得中，进止自无过差，故但言"舆说辐"，谓其能不行也，不行则无尤矣。初与二，乾体刚健而不足以进，四与五阴柔而能止。时之盛衰，势之强弱，学《易》者所宜深识也。

九三，良马逐，利艰贞，曰闲舆卫，利有攸往。

三，刚健之极，而上九之阳亦上进之物，又处畜之极而思变也，与三乃不相畜，而志同相应以进者也。三以刚健之才，而在上者与合志而进，其进如良马之驰逐，言其速也。虽其进之势速，不可恃其才之健与上之应而忘备与慎也，故宜艰难其事而由贞正之道。"舆"者，用行之物；"卫"者，所以自防。当自曰常闲习其车舆与其防卫，则"利有攸往"矣。三，乾体而居正能贞者也，当有锐进，故戒以知难与不失其贞也。志既锐于进，虽刚明，有时而失，不得不诫也。

《象》曰："利有攸往"，上合志也。

所以"利有攸往"者，以与在上者合志也。上九阳性上进，且畜已极，故不下畜三，而与合志上进也。

六四，童牛之牿，元吉。

以位而言，则四下应于初，畜初者也。初居最下，阳之微者，微而畜之则易制，犹童牛而加牿，大善而吉也。概论畜道，则四艮体居上位而得正，是以正德居大臣之位，当畜之任者也。大臣之任，上畜止人君之邪心，下畜止天下之恶人。人之恶，止于初则易，既盛而后禁，则扞格而难胜。故上之恶既甚，则虽圣人救之，不能免违拂；下之恶既甚，则虽圣人治之，不能免刑戮。莫若止之于初，如童牛而加牿，则"元吉"也。牛之性，觚触以角，故牿以制之。若童犊始角，而加之以牿，使觚触之性不发，则易而无伤，以况六四能畜止上下之恶于未发之前，则大善之吉也。

《象》曰："六四，元吉"，有喜也。

天下之恶，已盛而止之，则上劳于禁制，而下伤于刑诛，故畜止于微小之前，则大善而吉，不劳而无伤，故可喜也。四之畜初是也，上畜亦然。

六五，豮豕之牙，吉。

六五居君位，止畜天下之邪恶。夫以亿兆之众发其邪欲之心，人君欲力以制之，虽密法严刑，不能胜也。夫物有总摄，事有机会，圣人操得其要，则视亿兆之心犹一心，道之斯行，止之则戢，故不劳而治，其用若"豮豕之牙"也。"豕"，刚躁之物，而牙为猛利，若强制其牙，则用力劳而不能止其躁猛，虽絷之维之，不能使之变也。若豮去其势，则牙虽存，而刚躁自止，其用如此，所以吉也。君子发豮豕之义，知天下之恶不可以力制也，则察其机，持其要，塞绝其本原，故不假刑罚严峻而恶自止也。且如止盗，民有欲心，见利则动，苟不知教而迫于饥寒，虽刑杀日施，其能胜亿兆利欲之心乎？圣人则知所以止之之道，不尚威刑，而修政教，使之有农桑之业，知廉耻之道，虽赏之不窃矣。故止恶之道，在知其本、得其要而已。不严刑于彼，而修政于此，是犹患豕牙之利，不制其牙而豮其势也。

《象》曰：六五之吉，有庆也。

在上者不知止恶之方，严刑以敌民欲，则其伤甚而无功。若知其本，制之有道，则不劳无伤而俗革，天下之福庆也。

上九，何天之衢，亨。

予闻之胡先生曰："天之衢，亨，误加'何'字。"事极则反，理之常也，故畜极而亨。《小畜》畜之小，故极而成；《大畜》畜之大，故极而散。极既当变，又阳性上行，故遂散也。天衢，天路也，谓虚空之中，云气、飞鸟往来，故谓之天衢。天衢之亨，谓其亨通旷阔，无有蔽阻也。在畜道，则变矣，变而亨，非畜道之亨也。

《象》曰：何天之衢？道大行也。

何以谓之天衢？以其无止碍，道路大通行也。以天衢非常语，故《象》特设问，曰："何谓天之衢？"以道路大通行，取空豁之状也。以《象》有"何"字，故爻下亦误加之。

颐

☷☳ 震下艮上

《颐》，《序卦》："物畜然后可养，故受之以《颐》。"夫物既畜聚，则必有以养之，无养则不能存息，《颐》所以次《大畜》也。卦，上艮下震，上下二阳爻，中含四阴，上止而下动，外实而中虚，人颐颔之象也。颐，养也。人口所以饮食，养人之身，故名为颐。圣人设卦，推养之义，大至于天地养育万物，圣人养贤以及万民，与人之养生、养形、养德、养人，皆颐养之道也。动息节宣，以养生也；饮食衣服，以养形也；威仪行义，以养德也；推己及物，以养人也。

《颐》：贞吉，观颐，自求口实。

颐之道，以正则吉也。人之养身、养德，养人、养于人，皆以正道则吉也。天地造化，养育万物，各得其宜者，亦正而已矣。"观颐，自求口实"，观人之所颐，与其自求口实之道，则善恶、吉凶可见矣。

《彖》曰："《颐》，贞吉"，养正则吉也；"观颐"，观其所养也："自求口实"，观其自养也。

"贞吉"，所养者正则吉也。"所养"，谓所养之人与养之之道。"自求口实"，谓其自求养身之道，皆以正则吉也。

天地养万物，圣人养贤以及万民，颐之时大矣哉！

圣人极言颐之道，而赞其大。天地之道，则养育万物；养育万物之道，正而已矣。圣人则养贤才，与之共天位，使之食天禄，俾施泽于天下，"养贤以及万民"也。"养贤"，所以养万民也。夫天地之中，品物之众，非养则不生。圣人裁成天地之道，辅相天地之宜，以养天下，至于鸟兽草木，皆有养之之政，其道配天地，故夫子推颐之道，赞天地与圣人之功，曰："颐之时大矣哉！"或云"义"，或云"用"，或止云"时"，以其大者也。万物之生与养，时为大，故云"时"。

《象》曰：山下有雷，颐，君子以慎言语，节饮食。

以二体言之，山下有雷，雷震于山下，山之生物，皆动其根荄，发其萌芽，为养之象。以上下之义言之，艮止而震动，上止下动，颐颔之象；以卦形言之，上下二阳，中含四阴，外实中虚，颐口之象，口所以养身也。故君子观其象以养其身，"慎言语"以养其德，"节饮食"以养其体。不唯就口取养义，事之至近而所系至大者，莫过于言语、饮食也。在身为言语，于天下则凡命令、政教出于身者皆是，慎之则必当而无失；在身为饮食，于天下则凡货资、财用养于人者皆是，节之则适宜而无伤。推养之道，养德养天下，莫不然也。

初九，舍尔灵龟，观我朵颐，凶。

《蒙》之初六，蒙者也，爻乃主发蒙而言；《颐》之初九，亦假外而言。"尔"，谓初也。舍尔之灵龟，乃观我而朵颐，"我"对"尔"而设。初之所以朵颐者，四也，然非四谓之也，假设之辞尔。九，阳体刚明，其才智足以养正者也。龟能咽息不食，"灵龟"，喻其明智，而可以不求养于外也。才虽如是，然以阳居动体，而在颐之时，求颐，人所欲也，上应于四，不能自守，志在上行，说所欲而朵颐者也。心既动，则其自失必矣。迷欲而失己，以阳而从阴，则何所不至？是以凶也。"朵颐"，为朵动其颐颔，人见食而欲之，则动颐垂涎，故以为象。

《象》曰："观我朵颐"，亦不足贵也。

九，动体。"朵颐"，谓其说阴而志动，既为欲所动，则虽有刚健明智之才，终必自失，故其才"亦不足贵也"。人之贵乎刚者，为其能立而不屈于欲也；贵乎明者，为其能照而不失于正也。既惑所欲而失其正，何刚明之有？为可贱也。

六二，颠颐，拂经，于丘颐，征凶。

女不能自处，必从男；阴不能独立，必从阳。二，阴柔不能自养，待养于人者也。天子养天下，诸侯养一国，臣食君上之禄，民赖司牧之养，皆以上养下，理之正也。二既不能自养，必求养于刚阳。若反下求于初，则为颠倒，故云"颠颐"。颠则拂违经常，不可行也。若求养于丘，则往必有凶。"丘"，在外而高之物，谓上九也。卦止二阳，既不可"颠颐"于初，若求颐于上九，往则有凶。在颐之时，相应则相养者也。上非其应而往求养，非道妄动，是以凶也。"颠颐"则"拂经"，不获其养尔；妄求于上，往则得凶也。今有人，才不足以自养，见在上者势力足以养人，非其族类，妄往求之，取辱得凶必矣。六二中正，在他卦多吉，而凶，何也？曰："时然也。阴柔既不足以自养，初、上二爻皆非其与，故往求则悖理而得凶也。"

《象》曰：六二"征凶"，行失类也。

征而从上则凶者，非其类故也。往求而失其类，得凶宜矣。"行"，往也。

六三，拂颐，贞凶，十年勿用，无攸利。

颐之道，唯正则吉。三以阴柔之质，而处不中正，又在动之极，是柔邪不正而动者也。其养如此，拂违于颐之正道，是以凶也。得颐之正，则所养皆吉，求养、养人则合于义，自养则成其德。三乃拂违正道，故戒以"十年勿用"。"十"，数之终，谓终不可用，无所往而利也。

《象》曰："十年勿用"，道大悖也。

所以戒终不可用，以其所由之道大悖义理也。

六四，颠颐，吉。虎视眈眈，其欲逐逐，无咎。

四在人上，大臣之位，六以阴居之，阴柔不足以自养，况养天下乎？初九以刚阳居下，在下之贤也，与四为应，四又柔顺而正，是能顺于初，赖初之养也。以上养下则为顺，今反求下之养，颠倒也，故曰"颠颐"。然己不胜其任，求在下之贤而顺从之，以济其事，则天下得其养，而己无旷败之咎，故为"吉"也。夫居上位者，必有才德威望，为下民所尊畏，则事行而众心服从。若或下易其上，则政出而人违，刑施而怨起，轻于陵犯，乱之由也。六四虽能顺从刚阳，不废厥职，然质本阴柔，赖人以济，人之所轻，故必养其威严，眈眈然如虎视，则能重其体貌，下不敢易。又从于人者，必有常，若间或无继，则其政败矣。"其欲"，谓所须用者，必逐逐相继而不乏，则其事可济。若取于人而无继，则困穷矣。既有威严，又所施不穷，故能"无咎"

也。二"颠颐"则"拂经",四则"吉",何也？曰："二在上而反求养于下,下非其应类,故为'拂经'。四则居上位,以贵下贱,使在下之贤由己以行其道,上下之志相应而施于民,何吉如之？"自三以下,养口体者也；四以上,养德义者也。以君而资养于臣,以上位而赖养于下,皆养德也。

《象》曰："颠颐"之"吉",上施光也。

颠倒求养,而所以吉者,盖得刚阳之应以济其事,致己居上之德施,光明被于天下,吉孰大焉？

六五,拂经,居贞,吉,不可涉大川。

六五,颐之时,居君位,养天下者也,然其阴柔之质,才不足以养天下,上有刚阳之贤,故顺从之,赖其养己以济天下。君者,养人者也,反赖人之养,是违拂于经常。既以己之不足而顺从于贤师傅,上,师傅之位也,必居守贞固,笃于委信,则能辅翼其身,泽及天下,故"吉"也。阴柔之质,无贞刚之性,故戒以能"居贞"则"吉"。以阴柔之才,虽倚赖刚贤,能持循于平时,不可处艰难变故之际,故云"不可涉大川"也。以成王之才,不至甚柔弱也,当管、蔡之乱,几不保于周公,况其下者乎？故《书》曰："王亦未敢诮公,赖二公得终信。"故艰险之际,非刚明之主,不可恃也。不得已而济艰险者,则有矣。发此义者,所以深戒于为君也。于上九,则据为臣致身尽忠之道言,故不同也。

《象》曰："居贞"之"吉",顺以从上也。

"居贞之吉"者,谓能坚固顺从于上九之贤,以养天下也。

上九，由颐，厉吉，利涉大川。

上九以刚阳之德，居师傅之任，六五之君，柔顺而从于己，赖己之养，是当天下之任，天下由之以养也。以人臣而当是任，必常怀危厉，则吉也。如伊尹、周公，何尝不忧勤兢畏？故得终吉。夫以君之才不足而倚赖于己，身当天下大任，宜竭其才力，济天下之艰危，成天下之治安，故曰"利涉大川"。得君如此之专，受任如此之重，苟不济天下艰危，何足称委遇而谓之贤乎？当尽诚竭力而不顾虑，然惕厉则不可忘也。

《象》曰："由颐，厉吉"，大有庆也。

若上九之当大任如是，能兢畏如是，天下被其德泽，是大有福庆也。

大过

≡ 巽下兑上

《大过》，《序卦》曰："颐者，养也，不养则不可动，故受之以《大过》。"凡物养而后能成，成则能动，动则有过，《大过》所以次《颐》也。为卦，上兑下巽，泽在木上，灭木也。泽者，润养于木，乃至灭没于木，为大过之义。大过者，阳过也，故为大者过，过之大，与大事过也。圣贤道德功业，大过于人，凡事之大过于常者，皆是也。夫圣人尽人道，非过于理也，其制事以天下之正理，矫时之用，小过于中者则有之，如行过乎恭、丧过乎哀、用过乎俭是也。盖矫之小过，而后能及于中，乃求中之用。所谓大过者，常事之大者耳，非有过于理也。惟其大，故不常见。以其比常所见者大，故谓之大过。如尧、舜之禅让，汤、武之放伐，皆由道也。道无不中，无不常，以世人所不常见，故谓之大过于常也。

《大过》：栋桡，利有攸往，亨。

《小过》，阴过于上下；《大过》，阳过于中。阳过于中，而上下弱矣，故为"栋桡"之象。"栋"，取其胜重，四阳聚于中，可谓重矣。九三、九四，皆取栋象，谓任重也。"桡"，取其本末弱，中强而本末弱，是以桡也。阴弱而阳强，君子盛而小人衰，故"利有攸往"而"亨"也。"栋"，今人谓之檩。

《象》曰：《大过》，大者过也。

"大者过"，谓阳过也。在事，为事之大者过，与其过之大。

"栋桡"，本末弱也。

谓上下二阴衰弱。阳盛则阴衰，故为"大者过"。在《小过》，则曰"小者过"，阴过也。

刚过而中，巽而说行，利有攸往，乃亨。

言卦才之善也。刚虽过，而二、五皆得中，是处不失中道也。下巽上兑，是以巽顺和说之道而行也。在大过之时，以中道巽说而行，故"利有攸往"，乃所以能亨也。

大过之时大矣哉！

"大过之时"，其事甚大，故赞之曰"大矣哉"。如立非常之大事，兴百世之大功，成绝俗之大德，皆大过之事也。

《象》曰：泽灭木，大过，君子以独立不惧，遁世无闷。

"泽"，润养于木者也，乃至灭没于木，则过甚矣，故为《大过》。君子观《大过》之象，以立其大过人之行。君子所以大过人者，以其能"独立不惧，遁世无闷"也。天下非之而不顾，"独立不惧"也；举世不见知而不悔，"遁世无闷"也。如此，然后能自守，所以为大过人也。

初六，藉用白茅，无咎。

初以阴柔巽体而处下，过于畏慎者也。以柔在下，用茅藉物之象。不错诸地，而藉以茅，过于慎也，是以"无咎"。茅之为物，虽薄而用可重者，以用之能成敬慎之道也。慎守斯术而行，岂有失乎？大过之用也。《系辞》云："苟错诸地而可矣，藉之用茅，何咎之有？慎之至也。"夫茅之为物薄而用可重也，慎斯术也以往，其无所失矣，言敬慎之至也。茅虽至薄之物，然用之可甚重。以之藉荐，则为重慎之道，是用之重也。人之过于敬慎，为之非难，而可以保其安而无过，苟能慎斯道，推而行之于事，其无所失矣。

《象》曰："藉用白茅"，柔在下也。

以阴柔处卑下之道，惟当过于敬慎而已。以柔在下，为以茅藉物之象，敬慎之道也。

九二，枯杨生稊，老夫得其女妻，无不利。

阳之大过，比阴则合，故二与五皆有生象。九二当大过之初，得中而居柔，与初密比而相与。初既切比于二，二复无应于上，其相与可知。是刚过之人，而能以中自处，用柔相济者也。过刚则不能有所为，九三是也。得中用柔，则能成大过之功，九二是也。"杨"者，阳气易感之物，阳过则枯矣。杨枯槁而复生稊，阳过而未至于极也。九二阳过而与初，老夫得女妻之象。老夫而得女妻，则能成生育之功。二得中居柔而与初，故能复生稊，而无过极之失，无所不利也。在《大过》，阳爻居阴则善，二与四是也。二不言吉，方言无所不利，未遽至吉也。"稊"，根也。刘琨《劝进表》云："生繁华于枯荑。"谓枯根也。郑玄《易》亦作"荑"字，与"稊"同。

《象》曰："老夫女妻"，过以相与也。

老夫之说少女，少女之顺老夫，其相与过于常分，谓九二、初六阴阳相与之和过于常也。

九三，栋桡，凶。

夫居大过之时，兴大过之功，立大过之事，非刚柔得中，取于人以自辅，则不能也。既过于刚强，则不能与人同常，常之功尚不能独立，况大过之事乎？以圣人之才，虽小事必取于人，当天下之大任，则可知矣。九三以大过之阳，复以刚自居而不得中，刚过之甚者也。以过甚之刚，动则违于中和而拂于众心，安能当大过之任乎？故不胜其任，如栋之桡，倾败其室，是以凶也。取栋为象者，以其无辅，而不能胜重任也。或曰："三，巽体而应于上，岂无用柔之象乎？"曰："言《易》者，贵乎识势之重轻、时之变易，三居过而用刚，巽既终而且变，岂复有用柔之义？应者，谓志相从也。三方过刚，上能系其志乎？"

《象》曰："栋桡"之"凶"，不可以有辅也。

刚强之过，则不能取于人，人亦不能亲辅之，如栋桡折，不可支辅也。栋，当室之中，不可加助，是不可以有辅也。

九四，栋隆，吉；有它，吝。

四居近君之位，当大过之任者也。居柔为能用柔相济，既不过刚，则能胜其任，如栋之隆起，是以吉也。隆起，取不下桡之义。大过之时，非阳刚不能济，以刚处柔，为得宜矣，若又与初六之阴相应，则过也。既刚柔得宜，而志复应阴，是"有它"也。"有它"则有累于刚，虽未至于大害，亦可吝也。盖大过之时，动则过也。"有它"，谓更有它志。"吝"为不足之义，谓可少也。或曰："二比初则无不利，四若应初则为吝，何也？"曰："二得中而比于初，为以柔相济之义；四与初为正应，志相系者也。九既居四，刚柔得宜矣，复牵系于阴，以害其刚，则可吝也。"

《象》曰："栋隆"之"吉"，不桡乎下也。
栋隆起，则吉，不桡曲以就下也，谓不下系于初也。

九五，枯杨生华，老妇得其士夫，无咎，无誉。
九五当大过之时，本以中正居尊位，然下无应助，固不能成大过之功，而上比过极之阴，其所相济者，如枯杨之生华。枯杨下生根稊，则能复生，如大过之阳兴成事功也；上生华秀，虽有所发，无益于枯也。上六，过极之阴，老妇也。五虽非少，比老妇则为壮矣，于五无所赖也，故反称"妇得"。过极之阴，得阳之相济，不为无益也。以士夫而得老妇，虽无罪咎，殊非美也，故云"无咎，无誉"。《象》复言其"可丑"也。

《象》曰："枯杨生华"，何可久也？"老妇士夫"，亦可丑也。
枯杨不生根而生华，旋复枯矣，安能久乎？老妇而得士夫，岂能成生育之功？亦为可丑也。

上六，过涉灭顶，凶，无咎。
上六以阴柔处过极，是小人过常之极者也。小人之所谓大过，非能为大过人之事也，直过常越理，不恤危亡，履险蹈祸而已。如过涉于水，至灭没其顶，其凶可知。小人狂躁以自祸，盖其宜也，复将何尤？故曰"无咎"。言自为之，无所怨咎也。因泽之象而取涉义。

《象》曰："过涉"之"凶"，不可咎也。
过涉至溺，乃自为之，不可以有咎也，言无所怨咎。

习坎

䷜坎下坎上

《习坎》，《序卦》："物不可以终过，故受之以《坎》，坎者，陷也。"理无过而不已，过极则必陷，《坎》所以次《大过》也。"习"，谓重习。他卦虽重，不加其名，独《坎》加"习"者，见其重险，险中复有险，其义大也。卦中一阳上下二阴，阳实阴虚，上下无据，一阳陷于二阴之中，故为坎陷之义。阳居阴中则为陷，阴居阳中则为丽。凡阳，在上者，止之象；在中，陷之象；在下，动之象。阴，在上，说之象；在中，丽之象；在下，巽之象。陷则为险。"习"，重也，如学习、温习，皆重复之义也。"坎"，陷也。卦之所言，处险难之道。"坎，水也"，一始于中，有生之最先者也，故为水。陷，水之体也。

《习坎》：有孚，维心，亨，行有尚。

阳实在中，为中有孚信。"维心，亨"，维其心诚一，故能亨通。至诚可以通金石，蹈水火，何险难之不可亨也？"行有尚"，谓以诚一而行，则能出险，有可嘉尚，谓有功也。不行，则常在险中矣。

《象》曰：《习坎》，重险也。水流而不盈，行险而不失其信。

《习坎》者，谓重险也，上下皆坎，两险相重也。初六云"坎窞"，是坎中之坎，重险也。"水流而不盈"，阳动于险

203

中，而未出于险，乃水性之流行而未盈于坎。既盈，则出乎坎矣。"行险而不失其信"，阳刚中实，居险之中，"行险而不失其信"者也。坎中实，水就下，皆为信义有孚也。

"维心，亨"，乃以刚中也。

维其心可以亨通者，乃以其刚中也。中，实为有孚之象。至诚之道，何所不通？以刚中之道而行，则可以济险难而亨通也。

"行有尚"，往有功也。

以其刚中之才而往，则有功，故可嘉尚；若止而不行，则常在险中矣。坎以能行为功。

天险，不可升也；地险，山川、丘陵也。王公设险以守其国。险之时用大矣哉！

高不可升者，天之险也；山川、丘陵，地之险也。王公，君人者。观《坎》之象，知险之不可陵也，故设为城郭沟池之险，以守其国，保其民人，是有用险之时，其用甚大，故赞其"大矣哉"。山河城池，设险之大端也。若夫尊卑之辨，贵贱之分，明等威，异物采，凡所以杜绝陵僭，限隔上下者，皆体险之用也。

《象》曰：水洊至，习坎，君子以常德行习教事。

坎为水，水流仍洊而至。两坎相习，水流仍洊之象也。水自涓滴至于寻丈，至于江海，洊习而不骤者也。其因势就下，信而有常。故君子观坎水之象，取其有常，则常久其德行。人之德行，不常则伪也，故当如水之有常，取其洊习相受，则以习熟其教令之事。夫发政行教，必使民熟于闻听，然后能从，故三令五申之；若骤告未喻，遽责其从，虽严刑以驱之不能也，故当如水之浡习。

初六，习坎，入于坎窞，凶。

初以阴柔居坎险之下，柔弱无援，而处不得当，非能出乎险也，唯益陷于深险耳。"窞"，坎中之陷处。已在习坎中，更入坎窞，其凶可知。

《象》曰："习坎，入坎"，失道凶也。

由习坎而更入坎窞，失道也，是以凶。能出于险，乃不失道也。

九二，坎有险，求小得。

二当坎险之时，陷上下二阴之中，乃至险之地，是有险也。然其刚中之才，虽未能出乎险中，亦可小自济，不至如初益陷入于深险，是所求小得也。君子处险难而能自保者，刚中而已。刚则才足自卫，中则动不失宜。

《象》曰："求小得"，未出中也。

方为二阴所陷，在险之地，以刚中之才，不至陷于深险，是所求小得，然未能出坎中之险也。

六三，来之坎坎，险且枕，入于坎窞，勿用。

六三在坎陷之时，以阴柔而居不中正，其处不善，进退与居，皆不可者也。来下则入于险之中，之上则重险也，退来与进之皆险，故云"来之坎坎"。既进退皆险，而居亦险。"枕"，谓支倚。居险而支倚以处，不安之甚也。所处如此，唯益入于深险耳，故云"入于坎窞"。如三所处之道，不可用也，故戒"勿用"。

《象》曰："来之坎坎"，终无功也。

进退皆险，处又不安，若用此道，当益入于险，终岂能有功乎？以阴柔处不中正，虽平易之地，尚致悔咎，况处险乎？险者，人之所欲出也，必得其道，乃能去之。求去而失其道，益困穷耳。故圣人戒如三所处，不可用也。

六四，樽酒，簋贰，用缶，纳约自牖，终无咎。

六四阴柔而下无助，非能济天下之险者。以其在高位，故言为臣处险之道。大臣当险难之时，唯至诚见信于君，其交固而不可间，又能开明君心，则可保无咎矣。夫欲上之笃信，唯当尽其质实而已。多仪而尚饰，莫如燕享之礼，故以燕享喻之，言当不尚浮饰，唯以质实。所用一樽之酒，二簋之食，复以瓦缶为器，质之至也。其质实如此，又须"纳约自牖"。"纳约"，谓进结于君之道。"牖"，开通之义。室之暗也，故设牖所以通明。"自牖"，言自通明之处，以况君心所明处。《诗》云："天之牖民，如埙如篪。"毛公训"牖"为"道"，亦开通之谓。人臣以忠信之道结于君心，必自其所明处乃能入也。人心有所蔽，有所通。所蔽者，暗处也；所通者，明处也。当就其明处而告之，求信则易也，故云"纳约自牖"。能如是，则虽艰险之时，终得无咎也。且如君心蔽于荒乐，唯其蔽也，故尔虽力诋其荒乐之非，如其不省何？必于所不蔽之事，推而及之，则能悟其心矣。自古能谏其君者，未有不因其所明者也。故讦直强劲者率多取忤，而温厚明辩者其说多行。且如汉祖爱戚姬，将易太子，是其所蔽也，群臣争之者众矣。嫡庶之义，长幼之序，非不明也，如其蔽而不察何？四老者，高祖素知其贤而重之，此其不蔽之明心也，故因其所明而及其事，则悟之如反手。且四老人之力，孰与张良群公卿及天下之士？其言之切，孰与周昌、叔孙通？然而，不从彼而从此者，由攻其蔽与就其明之异耳。又如赵王太后爱其少子长安君，不肯使质于齐，此其蔽于私爱也。大臣谏之虽强，既曰蔽矣，其能听乎？爱其子而欲使之长久富贵者，其心之所明也。故左师触龙因其明而导之以长久之计，故其听也如响。非惟告于君者如此，为教者亦然。夫教，必就人之所长，所长者，心之所明也，从其心之所明而入，然后推及其余，孟子所谓"成德""达才"是也。

《象》曰："樽酒，簋贰"，刚柔际也。

《象》只举首句，如此比多矣。"樽酒，簋贰"，质实之至，刚柔相际，接之道能如此，则可终保无咎。君臣之交，能固而常者，在诚实而已。"刚柔"，指四与五，谓君臣之交际也。

九五，坎不盈，祗既平，无咎。

九五在坎之中，是"不盈"也，盈则平而出矣。"祗"，宜音柢，抵也，《复》卦云："无祗悔。"必抵于已平，则"无咎"。既曰"不盈"，则是未平而尚在险中，未得无咎也。以九五刚中之才，居尊位，宜可以济于险，然下无助也。二陷于险中，未能出，余皆阴柔，无济险之才，人君虽才，安能独济天下之险？居君位而不能致天下出于险，则为有咎，必"祗既平"，乃得"无咎"。

《象》曰："坎不盈"，中未大也。

九五，刚中之才，而得尊位，当济天下之险难，而坎尚不盈，乃未能平乎险难，是其刚中之道未光大也。险难之时，非君臣协力，其能济乎？五之道未大，以无臣也。人君之道，不能济天下之险难，则为未大，不称其位也。

上六，系用徽纆，寘于丛棘，三岁不得，凶。

上六以阴柔而居险之极，其陷之深者也。以其陷之深，取牢狱为喻。如系缚之以徽纆，囚寘于丛棘之中，阴柔而陷之深，其不能出矣。故云"至于三岁之久，不得免也"，其凶可知。

《象》曰：上六失道，凶三岁也。

以阴柔而自处极险之地，是其失道也，故其凶至于三岁也。三岁之久，而不得免焉，终凶之辞也。言久，有曰十，有曰三，随其事也。陷于狱，至于三岁，久之极也。他卦以年数言者，亦各以其事也，如"三岁不兴"、"十年乃字"是也。

离

☲☲离下离上

《离》，《序卦》："坎者，陷也，陷必有所丽，故受之以《离》。离者，丽也。"陷于险难之中，则必有所附丽，理自然也，《离》所以次《坎》也。离，丽也，明也。取其阴丽于上下之阳，则为附丽之义；取其中虚，则为明义。离为火，火体虚，丽于物而明者也。又为日，亦以虚明之象。

《离》：利贞，亨。畜牝牛，吉。

离，丽也。万物莫不皆有所丽，有形则有丽矣。在人，则为所亲附之人，所由之道，所主之事，皆其所丽也。人之所丽，利于贞正，得其正则可以亨通，故曰"离，利贞，亨"。"畜牝牛，吉"，牛之性顺，而又牝焉，顺之至也，既附丽于正，必能顺于正道，如牝牛，则吉也。"畜牝牛"，谓养其顺德。人之顺德，由养以成，既丽于正，当养习以成其顺德也。

《彖》曰：离，丽也。日月丽乎天，百谷草木丽乎土。

"离，丽也"，谓附丽也。如日月则丽于天，百谷草木则丽于土。万物莫不各有所丽，天地之中，无无丽之物，在人，当审其所丽，丽得其正，则能亨也。

重明以丽乎正，乃化成天下。

以卦才言也。上下皆离，重明也。五、二皆处中正，丽乎正也。君臣、上下皆有明德，而处中正，可以化天下，成文明之俗也。

柔丽乎中正，故亨，是以"畜牧牛，吉"也。

二、五以柔顺丽于中正，所以能亨。人能养其至顺，以丽中正，则吉，故曰"畜牝牛，吉"也。或曰："二则中正矣，五以阴居阳，得为正乎？"曰："离主于所丽。五，中正之位；六，丽于正位，乃为正也。学者知时义而不失轻重，则可以言《易》矣。"

《象》曰：明两，作离，大人以继明照于四方。

若云两明，则是二明，不见继明之义，故云"明两"。明而重两，谓相继也。"作离"，明两而为离，继明之义也。《震》《巽》之类，亦取洊、随之义，然《离》之义尤重也。"大人"，以德言则圣人，以位言则王者。大人观《离》明相继之象，以世继其明德，照临于四方。大凡以明相继，皆继明也。举其大者，故以世袭继照言之。

初九，履错然，敬之无咎。

阳固好动，又居下而离体。阳居下，则欲进。离性炎上，志在上丽，几于躁动。其"履错然"，谓交错也。虽未进，而迹已动矣，动则失居下之分而有咎也。然其刚明之才，若知其义而敬慎之，则不至于咎矣。初在下，无位者也。明其身之进退，乃所丽之道也。其志既动，不能敬慎则妄动，是不明所丽，乃有咎也。

《象》曰："履错"之"敬"，以辟咎也。

"履错然"欲动，而知敬慎不敢进，所以求辟免过咎也。居明而刚，故知而能辟，不刚明则妄动矣。

六二，黄离，元吉。

二，居中得正，丽于中正也。"黄"，中之色，文之美也。文明中正，美之盛也，故云"黄离"。以文明中正之德，上同于文明中顺之君，其明如是，所丽如是，大善之吉也。

《象》曰："黄离，元吉"，得中道也。

所以"元吉"者，以其"得中道也"。不云正者，离以中为重。所以成文明，由中也，正在其中矣。

九三，日昃之离，不鼓缶而歌，则大耋之嗟，凶。

八纯卦皆有二体之义。《乾》，内外皆健；《坤》，上下皆顺；《震》，威震相继；《巽》，上下顺随；《坎》，重险相习；《离》，二明继照；《艮》，内外皆止；《兑》，彼己相说。而《离》之义在人事最大。九三居下体之终，是前明将尽，后明当继之时，人之始终，时之革易也，故为"日昃之离"，日下昃之明也，昃则将没矣。以理言之，盛必有衰，始必有终，常道也。达者顺理为乐。"缶"，常用之器也。"鼓缶而歌"，乐其常也。不能如是，则以大耋为嗟忧，乃为凶也。"大耋"，倾没也。人之终尽，达者则知其常理，乐天而已，遇常皆乐，如"鼓缶而歌"；不达者则恐恒有将尽之悲，乃"大耋之嗟"，为其凶也。此处死生之道也。"耋"与昳同。

《象》曰："日昃之离"，何可久也？

日既倾昃，明能久乎？明者知其然也，故求人以继其事，退处以休其身，安常处顺，何足以为凶也！

九四，突如其来如，焚如，死如，弃如。

九四，离下体而升上体，继明之初，故言继承之义。在上而近君，继承之地也。以阳居离体而处四，刚躁而不中正，且重刚。以不正而刚盛之势，突如而来，非善继者也。夫善继者，必有巽让之诚、顺承之道，若舜、启然。今四"突如其来"，失善继之道也。又承六五阴柔之君，其刚盛陵烁之势，气焰如焚然，故云"焚如"。四之所行，不善如此，必被祸害，故曰"死如"。失继绍之义、承上之道，皆逆德也，众所弃绝，故云"弃如"。至于死、弃，祸之极矣，故不假言凶也。

《象》曰："突如其来如"，无所容也。

上陵其君，不顺所承，人恶众弃，天下所不容也。

六五，出涕沱若，戚嗟若，吉。

六五居尊位而守中，有文明之德，可谓善矣。然以柔居上，在下无助，独附丽于刚强之间，危惧之势也。唯其明也，故能畏惧之深，至于"出涕"；忧虑之深，至于"戚嗟"，所以能保其吉也。"出涕""戚嗟"，极言其忧惧之深耳，时当然也。居尊位而文明，知忧畏如此，故得吉。若自恃其文明之德，与所丽中正，泰然不惧，则安能保其吉也？

《象》曰：六五之吉，离王公也。

"六五之吉"者，所丽得王公之正位也。据在上之势，而明察事理，畏惧忧虞以持之，所以能吉也。不然，岂能安乎？

上九，王用出征，有嘉。

九以阳居上，在离之终，刚明之极者也。明则能照，刚则能断。能照足以察邪恶，能断足以行威刑，故王者宜用。如是刚明以辨天下之邪恶，而行其征伐，则有嘉美之功也。征伐，用刑之大者。

折首，获匪其丑，无咎。

夫明极则无微不照，断极则无所宽宥，不约之以中，则伤于严察矣。去天下之恶，若尽究其渐染违误，则何可胜诛？所伤残亦甚矣，故但当折取其魁首，所执获者，非其丑类，则无残暴之咎也。《书》曰："歼厥渠魁，胁从罔治。"

《象》曰："王用出征"，以正邦也。

王者用此上九之德，明照而刚断，以察除天下之恶，所以正治其邦国，刚明居上之道也。

卷第三　周易下经上

咸

䷞艮下兑上

《咸》，《序卦》："有天地然后有万物，有万物然后有男女，有男女然后有夫妇，有夫妇然后有父子，有父子然后有君臣，有君臣然后有上下，有上下然后礼义有所错。"天地，万物之本；夫妇，人伦之始，所以上经首《乾》《坤》，下经首《咸》，继以《恒》也。天地二物，故二卦分为天地之道；男女交合而成夫妇，故《咸》与《恒》皆二体合为夫妇之义。咸，感也，以说为主；恒，常也，以正为本。而说之道自有正也，正之道固有说焉。巽而动，刚柔皆应，说也。《咸》之为卦，兑上艮下，少女少男也。男女相感之深，莫如少者，故二少为咸也。艮体笃实，止为诚悫之义。男志笃实以下交，女心说而上应，男感之先也。男先以诚感，则女说而应也。

《咸》：亨，利贞，取女吉。

咸，感也。不曰感者，咸有皆义，男女交相感也。物之相感，莫如男女，而少复甚焉。凡君臣、上下，以至万物，皆有相感之道。物之相感，则有亨通之理。君臣能相感，则君臣之道通；上下能相感，则上下之志通；以至父子、夫妇、亲戚、朋友，皆情意相感，则和顺而亨通。事物皆然，故咸有亨之理也。"利贞"，相感之道利在于正也。不以正，则入于恶矣，如夫妇之以淫姣，君臣之以媚说，上下之以邪僻，皆相感之不以正也。

"取女吉"，以卦才言也。卦有柔上刚下，二气感应相与，止而说，男下女之义，以此义取女，则得正而吉也。

《彖》曰：咸，感也。柔上而刚下，二气感应以相与，止而说，男下女，是以"亨，利贞，取女吉"也。

咸之义，感也。在卦，则柔交上而刚交下，柔上变刚而成兑，刚下变柔而成艮，阴阳相交，为男女交感之义。又兑女在上，艮男居下，亦柔上刚下也。阴阳二气，相感相应而和合，是"相与"也。"止而说"，止于说，为坚悫之意。艮止于下，笃诚相下也；兑说于上，和说相应也。以男下女，和之至也。相感之道如此，是以能亨通而得正，取女如是，则吉也。卦才如此，大率感道利于正也。

天地感而万物化生，圣人感人心而天下和平。观其所感，而天地万物之情可见矣。

既言男女相感之义，复推极感道，以尽天地之理、圣人之用。天地二气交感而化生万物，圣人至诚以感亿兆之心而天下和平。天下之心所以和平，由圣人感之也。观天地交感化生万物之理，与圣人感人心致和平之道，则天地万物之情可见矣。感通之理，知道者默而观之可也。

《象》曰：山上有泽，咸，君子以虚受人。

泽性润下，土性受润，泽在山上而其渐润通彻，是二物之气相感通也。君子观山泽通气之象，而虚其中以受于人。夫人中虚则能受，实则不能入矣。虚中者，无我也。中无私主，则无感不通。以量而容之，择合而受之，非圣人有感必通之道也。

初六，咸其拇。

初六在下卦之下，与四相感。以微处初，其感未深，岂能动于人？故如人拇之动，未足以进也。"拇"，足大指。人之相感，有浅深轻重之异，识其时势，则所处不失其宜矣。

《象》曰："咸其拇"，志在外也。

初志之动，感于四也，故曰"在外"。志虽动而感未深，如拇之动，未足以进也。

六二，咸其腓，凶，居吉。

二，以阴居下，与五为应，故设咸腓之戒。"腓"，足肚，行则先动，足乃举之，非如腓之自动也。二若不守道，待上之求，而如腓自动，则躁妄自失，所以凶也。安其居而不动，以待上之求，则得进退之道而吉也。二，中正之人，以其在咸而应五，故为此戒。复云"居吉"，若安其分，不自动，则吉也。

《象》曰：虽凶，居吉，顺不害也。

二居中得正，所应又中正，其才本善，以其在咸之时，质柔而上应，故戒以先动求君则凶，居以自守则吉。《象》复明之云："非戒之不得相感，唯顺理则不害。"谓守道不先动也。

九三，咸其股，执其随，往吝。

九三以阳居刚，有刚阳之才，而为主于内，居下之上，是宜自得于正道以感于物，而乃应于上六。阳好上而说阴，上居感说之极，故三感而从之。"股"者，在身之下，足之上，不能自由，随身而动者也，故以为象，言九三不能自主，随物而动，如股然，其所执守者，随于物也。刚阳之才，感于所说而随之，如此而往，可羞吝也。

《象》曰："咸其股"，亦不处也；志在随人，所执下也。

云"亦"者，盖《象》辞本不与《易》相比，自作一处，故诸爻之《象》辞，意有相续者。此言"亦"者，承上爻《象》辞也。上云"'咸其拇'，志在外也"，"虽凶，居吉，顺不害也"，"'咸其股'，亦不处也"，前二阴爻皆有感而动，三虽阳爻亦然，故云"亦不处也"。"不处"，谓动也。有刚阳之质，而不能自主，志反在于随人，是所操执者卑下之甚也。

九四，贞吉，悔亡。憧憧往来，朋从尔思。

感者，人之动也，故皆就人身取象。拇取在下而动之微，腓取先动，股取其随。九四无所取，直言感之道，不言咸其心，感乃心也。四，在中而居上，当心之位，故为感之主，而言感之道：贞正则吉而悔亡，感不以正，则有悔也。又四说体，居阴而应初，故戒于"贞"。感之道，无所不通，有所私系，则害于感通，乃有悔也。圣人感天下之心，如寒暑雨旸，无不通，无不应者，亦贞而已矣。"贞"者，虚中无我之谓也。"憧憧往来，朋从尔思"，夫贞一，则所感无不通，若往来憧憧然，用其私心以感物，则思之所及者有能感而动，所不及者不能感也，是其朋类则从其思也，以有系之私心，既主于一隅一事，岂能廓然无所不通乎？《系辞》曰："天下何思何虑？天下同归而殊途，一致而百虑，天下何思何虑？"夫子因咸，极论感通之道。夫以思虑之私心感物，所感狭矣。天下之理，一也，途虽殊而其归则同，虑虽百而其致则一。虽物有万殊，事有万变，统之以一，则无能违也。故贞其意，则穷天下无不感通焉，故曰："天下何思何虑？"用其思虑之私心，岂能无所不感也？"日往则月来，月往则日来，日月相推而明生焉；寒往则暑来，暑往则寒来，寒暑相推而岁成焉。往者，屈也；来者，信也，屈信相感而利生焉。"此以往来、屈信明感应之理。屈则有信，信则有屈，所谓感应也。故"日月相推而明生"，"寒暑相推而岁成"，功用由是而成，故曰"屈信相感而利生焉"。感，动也，有感必有应。凡有动，皆为感，感则必有应，所应复为感，感复有应，所以不已也。"尺蠖之屈，以求信也；龙蛇之蛰，以存身也。精义入神，以致用也；利用安身，以崇德也。过此以往，未之或知也。"前云屈信之理矣，复取物以明之。尺蠖之行，先屈而后信，盖不屈则无信，信而后有屈，观尺蠖则知感应之理矣；龙蛇之藏，所以存息其身，而后能奋迅也，不蛰则不能奋矣。动息相感，乃屈信也。君子潜心精微之义，入于神妙，所以致其用也。潜心精微，积也；致用，施也。积与施，乃屈信也。"利用安身，以崇德也"，承上文致用而言。利其施用，安处其身，所以崇大其德业也。所为合理，则事正而身安，圣人能事尽于此矣，故云："过此以往，未之或知也。""穷神知化，德之盛也"，既云"过此以往，未之或知"，更以此语终之，云穷极至神之妙，知化育之道，德之至盛也，无加于此矣。

《象》曰："贞吉，悔亡"，未感害也；"憧憧往来"，未光大也。

贞则吉而悔亡，未为私感所害也。系私应则害于感矣。"憧憧往来"，以私心相感，感之道狭矣，故云"未光大也"。

九五，咸其脢，无悔。

九居尊位，当以至诚感天下，而应二比上。若系二而说上，则偏私浅狭，非人君之道，岂能感天下乎？"脢"，背肉也，与心相背而所不见也。言能背其私心，感非其所见而说者，则得人君感天下之正，而无悔也。

《象》曰："咸其脢"，志末也。

戒使背其心而咸脢者，为其存心浅末，系二而说上，感于私欲也。

上六，咸其辅、颊、舌。

上，阴柔而说体，为说之主，又居感之极，是其欲感物之极也，故不能以至诚感物，而发见于口舌之间，小人、女子之常态也，岂能动于人乎？不直云口，而云"辅、颊、舌"，亦犹今人谓口过曰唇吻、曰颊舌也，辅、颊、舌，皆所用以言也。

《象》曰："咸其辅、颊、舌"，滕口说也。

唯至诚为能感人，乃以柔说腾扬于口舌，言说岂能感于人乎？

恒

䷟ 巽下震上

《恒》，《序卦》："夫妇之道，不可以不久也，故受之以《恒》。恒，久也。"咸，夫妇之道。夫妇之道，终身不可变者也，故《咸》之后受之以《恒》也。《咸》，少男在少女之下，以男下女，是男女交感之义；《恒》，长男在长女之上，男尊女卑，夫妇居室之常道也。论交感之情，则少为亲切；论尊卑之序，则长当谨正。故兑艮为《咸》，而震巽为《恒》也。男在女上，男动于外，女顺于内，人理之常，故为《恒》也。又刚上柔下，雷风相与，巽而动，刚柔相应，皆恒之义也。

《恒》：亨，无咎；利贞，利有攸往。

恒者，常久也。恒之道，可以亨通，恒而能亨，乃无咎也。恒而不可以亨，非可恒之道也，为有咎矣。如君子之恒于善，可恒之道也；小人恒于恶，失可恒之道也。恒所以能亨，由贞正也，故云"利贞"。夫所谓恒，谓可恒久之道，非守一隅而不知变也，故利于有往。唯其有往，故能恒也，一定则不能常矣。又常久之道，何往不利？

《彖》曰：恒，久也。

恒者，长久之义。

刚上而柔下，雷风相与，巽而动，刚柔皆应，恒。

卦才有此四者，成恒之义也。"刚上而柔下"，谓乾之初上居于四，坤之初下居于初，刚爻上而柔爻下也。二爻易处，则成震巽，震上巽下，亦"刚上而柔下"也。刚处上而柔居下，乃恒道也。"雷风相与"，雷震则风发，二者相须，交助其势，故云"相与"，乃其常也。"巽而动"，下巽顺，上震动，为以巽而动。天地造化，恒久不已者，顺动而已。"巽而动"，常久之道也。动而不顺，岂能常也？"刚柔皆应"，一卦刚柔之爻皆相应。刚柔相应，理之常也。此四者，恒之道也，卦所以为《恒》也。

"恒，亨，无咎，利贞"，久于其道也。

恒之道，可致亨而无过咎，但所恒宜得其正，失正则非可恒之道也，故曰"久于其道"。"其道"，可恒之正道也。不恒其德，与恒于不正，皆不能亨而有咎也。

天地之道，恒久而不已也。

天地之所以不已，盖有恒久之道。人能恒于可恒之道，则合天地之理也。

"利有攸往"，终则有始也。

天下之理，未有不动而能恒者也。动则终而复始，所以恒而不穷。凡天地所生之物，虽山岳之坚厚，未有能不变者也，故恒非一定之谓也，一定则不能恒矣。唯随时变易，乃常道也，故云"利有攸往"。明理之如是，惧人之泥于常也。

日月得天而能久照，四时变化而能久成，圣人久于其道而天下化成。观其所恒，而天地万物之情可见矣。

此极言常理。"日月"，阴阳之精气耳，唯其顺天之道，往来盈缩，故能久照而不已。"得天"，顺天理也。"四时"，阴阳之气耳，往来变化，生成万物，亦以得天，故常久不已。圣人以常久之道，行之有常，而天下化之以成美俗也。"观其所恒"，谓观日月之久照、四时之久成、圣人之道所以能常久之理。观此，则天地万物之情理可见矣。天地常久之道，天下常久之理，非知道者，孰能识之？

《象》曰：雷风，恒，君子以立不易方。

君子观雷风相与成恒之象，以常久其德，自立于大中常久之道，不变易其方所也。

初六，浚恒，贞凶，无攸利。

初居下而四为正应，柔暗之人，能守常而不能度势。四震体而阳性，以刚居高，志上而不下，又为二、三所隔，应初之志异乎常矣，而初乃求望之深，是知常而不知变也。"浚"，深之也。"浚恒"，谓求恒之深也。守常而不度势，求望于上之深，坚固守此，凶之道也。泥常如此，无所往而利矣。世之责望故素而致悔吝者，皆"浚恒"者也。志既上求之深，是不能恒安其处者也。柔微而不恒安其处，亦致凶之道。凡卦之初终，浅与深、微与盛之地也。在下而求深，亦不知时矣。

《象》曰："浚恒"之"凶"，始求深也。

居恒之始，而求望于上之深，是知常而不知度势之甚也，所以凶，阴暗不得恒之宜也。

九二，悔亡。

在恒之义，居得其正，则常道也。九，阳爻，居阴位，非常理也。处非其常，本当有悔，而九二以中德而应于五，五复居中，以中而应中，其处与动，皆得中也，是能恒久于中也。能恒久于中，则不失正矣。中重于正，中则正矣，正不必中也。九二以刚中之德而应于中，德之胜也，足以亡其悔矣。人能识重轻之势，则可以言《易》矣。

《象》曰："九二，悔亡"，能久中也。

所以得"悔亡"者，由其能恒久于中也。人能恒久于中，岂止亡其悔，德之善也。

九三，不恒其德，或承之羞，贞吝。

三，阳爻居阳位，处得其位，是其常处也；乃志从于上六，不唯阴阳相应，风复从雷，于恒处而不处，不恒之人也。其德不恒，则羞辱或承之矣。"或承之"，谓有时而至也。"贞吝"，固守不恒以为恒，岂不可羞吝乎？

《象》曰："不恒其德"，无所容也。

人既无恒，何所容处？当处之地，既不能恒，处非其据，岂能恒哉？是不恒之人，无所容处其身也。

九四，田无禽。

以阳居阴，处非其位，处非其所，虽常何益？人之所为，得其道则久而成功，不得其道则虽久何益？故以田为喻，言九之居四，虽使恒久，如田猎而无禽兽之获，谓徒用力而无功也。

《象》曰：久非其位，安得禽也？

处非其位，虽久，何所得乎？以田为喻，故云"安得禽也"。

六五，恒其德，贞。妇人吉，夫子凶。

五应于二，以阴柔而应阳刚，居中而所应又中，阴柔之正也，故恒久其德则为贞也。夫以顺从为恒者，妇人之道，在妇人则为贞，故吉；若丈夫而以顺从于人为恒，则失其刚阳之正，乃凶也。五，君位，而不以君道言者，如六五之义，在丈夫犹凶，况人君之道乎？在它卦，六居君位而应刚，未为失也；在《恒》，故不可耳。君道岂可以柔顺为恒也？

《象》曰：妇人贞吉，从一而终也；夫子制义，从妇凶也。

如五之从二，在妇人则为正而吉，妇人以从为正，以顺为德，当终守于从一。夫子则以义制者也，从妇人之道，则为凶也。

上六，振恒，凶。

六居恒之极，在震之终，恒极则不常，震终则动极。以阴居上，非其安处，又阴柔不能坚固其守，皆不常之义也，故为"振恒"，以振为恒也。"振"者，动之速也，如振衣，如振书，抖擞运动之意。在上而其动无节，以此为恒，其凶宜矣。

《象》曰："振恒"在上，大无功也。

居上之道，必有恒德，乃能有功；若躁动不常，岂能有所成乎？居上而不恒，其凶甚矣。《象》又言其不能有所成立，故曰"大无功也"。

遁

䷠艮下乾上

《遁》，《序卦》："恒者，久也。物不可以久居其所，故受之以《遁》。遁者，退也。"夫久则有去，相须之理也，《遁》所以继《恒》也。遁，退也，避也，去之之谓也。为卦，天下有山。天，在上之物，阳性上进；山，高起之物，形虽高起，体乃止。物有上陵之象而止不进，天乃上进而去之，下陵而上去，是相违遁，故为遁去之义。二阴生于下，阴长将盛，阳消而退，小人渐盛，君子退而避之，故为遁也。

《遁》：亨，小利贞。

遁者，阴长阳消，君子遁藏之时也。君子退藏以伸其道，道不屈则为亨，故遁所以有亨也。在事，亦有由遁避而亨者。虽小人道长之时，君子知几退避，固善也。然事有不齐，与时消息，无必同也。阴柔方长，而未至于甚盛，君子尚有迟迟致力之道，不可大贞，而尚利小贞也。

《彖》曰："遁，亨"，遁而亨也。

小人道长之时，君子遁退，乃其道之亨也。君子遁藏，所以伸道也。此言处遁之道，自"刚当位而应"以下，则论时与卦才，尚有可为之理也。

刚当位而应，与时行也。

虽遁之时，君子处之，未有必遁之义。五以刚阳之德，处中正之位，又下与六二以中正相应，虽阴长之时，如卦之才，尚当随时消息，苟可以致其力，无不至诚自尽以扶持其道，未必于遁藏而不为，故曰"与时行也"。

"小利贞"，浸而长也。遁之时义大矣哉！

当阴长之时，不可大贞，而尚"小利贞"者，盖阴长必以浸渐，未能遽盛，君子尚可小贞其道。所谓"小利贞"，扶持使未遂亡也。遁者，阴之始长，君子知微，故当深戒，而圣人之意未便遽已也，故有"与时行，小利贞"之教。圣贤之于天下，虽知道之将废，岂肯坐视其乱而不救？必区区致力于未极之间，强此之衰，艰彼之进，图其暂安，苟得为之，孔、孟之所屑为也，王允、谢安之于汉、晋是也。若有可变之道，可亨之理，更不假言也，此处遁时之道也。故圣人赞其"时义大矣哉"，或久或速，其义皆大也。

《象》曰：天下有山，遁，君子以远小人，不恶而严。

天下有山，山下起而乃止，天上进而相违，是遁避之象也。君子观其象，以避远乎小人，远小人之道，若以恶声厉色，适足以致其怨忿，唯在乎矜庄威严，使知敬畏，则自然远矣。

初六，遁尾，厉，勿用有攸往。

他卦以下为初，遁者，往遁也，在前者先进，故初乃为尾。"尾"，在后之物也，遁而在后，不及者也，是以危也。初，以柔处微，既已后矣，不可往也，往则危矣。微者易于晦藏，往既有危，不若不往之无灾也。

《象》曰："遁尾"之"厉"，不往，何灾也?

见几先遁，固为善也；遁而为尾，危之道也。往既有危，不若不往而晦藏，可免于灾，处微故也。古人处微下，隐乱世而不去者多矣。

六二，执之用黄牛之革，莫之胜说。

二与五为正应，虽在相违遁之时，二以中正顺应于五，五以中正亲合于二，其交自固。"黄"，中色。"牛"，顺物。"革"，坚固之物。二、五以中正顺道相与，其固如执系之以牛革也。"莫之胜说"，谓其交之固，不可胜言也。在遁之时，故极言之。

《象》曰："执用黄牛"，固志也。

上下以中顺之道相固结，其心志甚坚，如执之以牛革也。

九三，系遁，有疾厉，畜臣妾，吉。

阳志说阴，三与二切比，系乎二者也。遁贵速而远，有所系累，则安能速且远也? 害于遁矣，故为"有疾"也。遁而不速，是以危也。"臣妾"，小人、女子，怀恩而不知义，亲爱之则忠其上。系恋之私恩，怀小人、女子之道也，故以畜养臣妾，则得其心为吉也。然君子之待小人，亦不如是也。三与二非正应，以昵比相亲，非待君子之道。若以正，则虽系，不得为有疾，蜀先主之不忍弃士民是也。虽危，为无咎矣。

《象》曰："系遁"之"厉"，有疾惫也；"畜臣妾，吉"，不可大事也。

遁而有系累，必以困惫致危；其有疾，乃惫也，盖力亦不足矣。以此昵爱之心畜养臣妾则吉，岂可以当大事乎？

九四，好遁，君子吉，小人否。

四与初为正应，是所好爱者也。君子虽有所好爱，义苟当遁，则去而不疑，所谓克己复礼，以道制欲，是以吉也；小人则不能以义处，昵于所好，牵于所私，至于陷辱其身而不能已，故在小人则否也。"否"，不善也。四，乾体能刚断者。圣人以其处阴而有系，故设小人之戒，恐其失于正也。

《象》曰：君子"好遁"，小人否也。

君子虽有好而能遁，不失于义；小人则不能胜其私意，而至于不善也。

九五，嘉遁，贞吉。

九五中正，遁之嘉美者也。处得中正之道，时止时行，乃所谓嘉美也，故为贞正而吉。九五非无系应，然与二皆以中正自处，是其心志及乎动止莫非中正，而无私系之失，所以为嘉也。在《彖》，则概言遁时，故云"与时行，小利贞"，尚有济遁之意；于爻至五，遁将极矣，故唯以中正处遁言之。遁非人君之事，故不主君位言，然人君之所避远，乃遁也，亦在中正而已。

《象》曰："嘉遁，贞吉"，以正志也。

志正则动必由正，所以为遁之嘉也。居中得正，而应中正，是其志正也，所以为吉。人之遁也，止也，唯在正其志而已矣。

上九，肥遁，无不利。

"肥"者，充大宽裕之意。遁者，唯飘然远逝，无所系滞之为善。上九，乾体刚断，在卦之外矣，又下无所系，是遁之远而无累，可谓宽绰有余裕也。遁者，穷困之时也，善处则为肥矣。其遁如此，何所不利？

《象》曰："肥遁，无不利"，无所疑也。

其遁之远，无所疑滞也。盖在外则已远，无应则无累，故为刚决无疑也。

大壮

☰ 乾下震上

《大壮》，《序卦》："遁者，退也。物不可以终遁，故受之以《大壮》。"遁为违去之义，壮为进盛之义。遁者，阴长而阳遁也；大壮，阳之壮盛也。衰则必盛，消息相须，故既遁则必壮，《大壮》所以次《遁》也。为卦，震上乾下。乾刚而震动，以刚而动，大壮之义也。刚阳，大也，阳长已过中矣，大者壮盛也。又雷之威震而在天上，亦大壮之义也。

《大壮》：利贞。

大壮之道，利于贞正也。大壮而不得其正，强猛之为耳，非君子之道壮盛也。

《彖》曰：大壮，大者壮也，刚以动故壮。

所以名大壮者，谓大者壮也。阴为小，阳为大。阳长以盛，是大者壮也。下刚而上动，以乾之至刚而动，故为大壮。为大者壮，与壮之大也。

"大壮，利贞"，大者正也。正大而天地之情可见矣。

大者既壮，则利于贞正。正而大者，道也，极正大之理，则天地之情可见矣。天地之道，常久而不已者，至大至正也。正大之理，学者默识心通可也。不云"大正"，而云"正大"，恐疑为一事也。

《象》曰：雷在天上，大壮，君子以非礼弗履。

雷震于天上，大而壮也。君子观《大壮》之象以行其壮。君子之大壮者，莫若克己复礼。古人云："自胜之谓强。"《中庸》于"和而不流"，"中立而不倚"，皆曰"强哉矫"。"赴汤火"，"蹈白刃"，武夫之勇可能也；至于克己复礼，则非君子之大壮不可能也，故云"君子以非礼弗履"。

初九，壮于趾，征凶有孚。

初，阳刚乾体而处下，壮于进者也。在下而用壮，"壮于趾"也。"趾"，在下而进动之物。九在下，用壮而不得其中。夫以刚处壮，虽居上犹不可行，况在下乎？故征则其凶有孚。"孚"，信也，谓以壮往，则得凶可必也。

《象》曰："壮于趾"，其孚穷也。

在最下而用壮以行，可必信其穷困而凶也。

九二，贞吉。

二虽以阳刚当大壮之时，然居柔而处中，是刚柔得中，不过于壮，得贞正而吉也。或曰："贞非以九居二为戒乎？"曰："《易》取所胜为义。以阳刚健体当大壮之时，处得中道，无不正也。在四，则有不正之戒。"人能识时义之轻重，则可以学《易》矣。

《象》曰："九二，贞吉"，以中也。

所以贞正而吉者，以其得中道也。中则不失正，况阳刚而乾体乎？

九三，小人用壮，君子用罔，贞厉，羝羊触藩，羸其角。

九三以刚居阳而处壮，又当乾体之终，壮之极者也。极壮如此，在小人则为"用壮"，在君子则为"用罔"。小人尚力，故用其壮勇；君子志刚，故用罔。"罔"，无也，犹云蔑也。以其至刚，蔑视于事，而无所忌惮也。君子、小人，以地言，如"君子有勇而无义为乱"。刚柔得中，则不折不屈，施于天下而无不宜。苟刚之太过，则无和顺之德，多伤莫与，贞固守此，则危道也。凡物，莫不用其壮，齿者啮，角者触，蹄者踶。羊壮于首，羝为喜触，故取为象。羊喜触藩篱，以藩篱当其前也。盖所当必触，喜用壮如此，必羸困其角矣。犹人尚刚壮，所当必用，必至摧困也。三壮甚如此而不至凶，何也？曰："如三之为，其往足以致凶，而方言其危，故未及于凶也。凡可以致凶而未至者，则曰厉也。"

《象》曰：小人用壮，君子罔也。

在小人，则为用其强壮之力；在君子，则为用罔，志气刚强，蔑视于事，靡所顾惮也。

九四，贞吉，悔亡，藩决不羸，壮于大舆之輹。

四，阳刚长盛，壮已过中，壮之甚也。然居四为不正，方君子道长之时，岂可有不正也？故戒以贞则吉而悔亡。盖方道长之时，小失则害亨进之势，是有悔也。若在他卦，重刚而居柔，未必不为善也，《大过》是也。"藩"，所以限隔也，藩篱决开，不复羸困其壮。高大之车，轮輹强壮，其行之利可知，故云"壮于大舆之輹"。"輹"，轮之要处也。车之败，常在折輹，輹壮则车强矣。云"壮于輹"，谓壮于进也。"輹"与辐同。

《象》曰："藩决不羸"，尚往也。

刚阳之长，必至于极。四虽已盛，然其往未止也。以至盛之阳，用壮而进，故莫有当之。藩决开而不羸困其力也。"尚往"，其进不已也。

六五，丧羊于易，无悔。

羊群行而喜触，以象诸阳并进。四阳方长而并进，五以柔居上，若以力制，则难胜而有悔，唯和易以待之，则群阳无所用其刚，是丧其壮于和易也。如此，则可以无悔。五，以位言则正，以德言则中，故能用和易之道，使群阳虽壮无所用也。

《象》曰："丧羊于易"，位不当也。

所以必用柔和者，以阴柔居尊位故也。若以阳刚中正得尊位，则下无壮矣。以六五位不当也，故设"丧羊于易"之义。然大率治壮不可用刚。夫君臣、上下之势，不相侔也。苟君之权足以制乎下，则虽有强壮跋扈之人，不足谓之壮。必人君之势有所不足，然后谓之治壮。故治壮之道不可以刚也。

上六，羝羊触藩，不能退，不能遂，无攸利，艰则吉。

羝羊，但取其用壮，故阴爻亦称之。六以阴处震终而当壮极，其过可知。如羝羊之触藩篱，进则碍身，退则妨角，进退皆不可也。才本阴柔，故不能胜己以就义，是不能退也；阴柔之人，虽极用壮之心，然必不能终其壮，有摧必缩，是不能遂也。其所为如此，无所往而利也。阴柔处壮，不能固其守，若遇艰困，必失其壮。失其壮，则反得柔弱之分矣，是艰则得吉也。用壮则不利，知艰而处柔则吉也。居壮之终，有变之义也。

《象》曰："不能退，不能遂"，不详也；"艰则吉"，咎不长也。

非其处而处，故进退不能，是其自处之不详慎也。"艰则吉"，柔遇艰难，又居壮终，自当变矣，变则得其分，过咎不长，乃吉也。

晋

☷☲ 坤下离上

《晋》，《序卦》："物不可以终壮，故受之以《晋》。晋者，进也。"物无壮而终止之理，既盛壮，则必进，《晋》所以继《大壮》也。为卦，离在坤上，明出地上也。日出于地，升而益明，故为《晋》。晋，进而光明盛大之意也。凡物渐盛为进，故《彖》云"晋，进也"。卦有有德者，有无德者，随其宜也。《乾》《坤》之外，云"元亨"者，固有也；云"利贞"者，所不足而可以有功也。有不同者，《革》《渐》是也，随卦可见。《晋》之盛而无德者，无用有也。《晋》之明盛，故更不言亨；顺乎大明，无用戒正也。

晋，康侯用锡马蕃庶，昼日三接。

晋为进盛之时，大明在上，而下体顺附，诸侯承王之象也，故为"康侯"。"康侯"者，治安之侯也。上之大明，而能同德，以顺附治安之侯也，故受其宠数，锡之马众多也。车、马，重赐也；"蕃庶"，众多也。不唯锡与之厚，又见亲礼，昼日之中，至于三接，言宠遇之至也。晋，进盛之时，上明下顺，君臣相得。在上而言，则进于明盛；在臣而言，则进升高显，受其光宠也。

《象》曰：晋，进也。明出地上，顺而丽乎大明，柔进而上行，是以"康侯用锡马蕃庶，昼日三接"也。

"晋，进也"，明进而盛也。明出于地，益进而盛，故为

238

晋。所以不谓之进者，进为前进，不能包明盛之义。"明出地上"，离在坤上也。坤丽于离，以顺丽于大明，顺德之臣上附于大明之君也。"柔进而上行"，凡卦，离在上者，柔居君位，多云"柔进而上行"，《噬嗑》《睽》《鼎》是也。六五以柔居君位，明而顺丽，为能待下宠遇亲密之义，是以为"康侯用锡马蕃庶，昼日三接"也。大明之君，安天下者也。诸侯能顺附天子之明德，是康民安国之侯也，故谓之"康侯"，是以享宠锡而见亲礼，昼日之间，三接见于天子也。不曰公卿而曰侯，天子治于上者也，诸侯治于下者也，在下而顺附于大明之君，诸侯之象也。

《象》曰：明出地上，晋，君子以自昭明德。

"昭"，明之也。《传》曰："昭德塞违，昭其度也。"君子观明出地上而益明盛之象，而以自昭其明德。去蔽致知，昭明德于己也；明明德于天下，昭明德于外也。明明德在己，故云"自昭"。

初六，晋如，摧如，贞吉，罔孚，裕，无咎。

初居晋之下，进之始也。"晋如"，升进也。"摧如"，抑退也。于始进而言，遂其进，不遂其进，唯得正则吉也。"罔孚"者，在下而始进，岂遽能深见信于上？苟上未见信，则当安中自守，雍容宽裕，无急于求上之信。苟欲信之心切，非汲汲以失其守，则悻悻以伤于义矣，皆有咎也。故"裕"则"无咎"，君子处进退之道也。

《象》曰："晋如，摧如"，独行正也；"裕，无咎"，未受命也。

无进无抑，唯独行正道也。宽裕则无咎者，始欲进而未当位故也。君子之于进退，或迟或速，唯义所当，未尝不裕也。圣人恐后之人不达宽裕之义，居位者废职失守以为裕，故特云初六裕则无咎者，始进未受命当职任故也，若有官守，不信于上而失其职，一日不可居也。然事非一概，久速唯时，亦容有为之兆者。

六二，晋如，愁如，贞吉；受兹介福，于其王母。

六二在下，上无应援，以中正柔和之德，非强于进者也，故于进为可忧愁，谓其进之难也。然守其贞正，则当得吉，故云"晋如，愁如，贞吉"。"王母"，祖母也，谓阴之至尊者，指六五也。二以中正之道自守，虽上无应援，不能自进，然其中正之德，久而必彰，上之人自当求之。盖六五，大明之君，与之同德，必当求之，加之宠禄，受介福于王母也。"介"，大也。

《象》曰："受兹介福"，以中正也。

"受兹介福"，以中正之道也。人能守中正之道，久而必亨，况大明在上而同德，必受大福也。

六三，众允，悔亡。

以六居三，不得中正，宜有悔咎，而三在顺体之上，顺之极者也。三阴皆顺上者也，是三之顺上，与众同志，众所允从，其悔所以亡也。有顺上向明之志，而众允从之，何所不利？或曰："不由中正而与众同，得为善乎？"曰："众所允者，必至当也，况顺上之大明，岂有不善也？是以悔亡，盖亡其不中正之失矣。古人曰：'谋从众，则合天心。'"

《象》曰："众允"之志，上行也。

"上行"，上顺丽于大明也。上从大明之君，众志之所同也。

九四，晋如鼫鼠，贞厉。

以九居四，非其位也。非其位而居之，贪据其位者也。贪处高位，既非所安，而又与上同德，顺丽于上。三阴皆在己下，势必上进，故其心畏忌之。贪而畏人者，鼫鼠也，故云"晋如鼫鼠"。贪于非据，而存畏忌之心，贞固守此，其危可知。言"贞厉"者，开有改之道也。

《象》曰："鼫鼠，贞厉"，位不当也。

贤者以正德，宜在高位，不正而处高位，则为非据。贪而惧失则畏人，固处其地，危可知也。

六五，悔亡，失得勿恤，往吉，无不利。

六以柔居尊位，本当有悔，以大明而下皆顺附，故其悔得亡也。下既同德顺附，当推诚委任，尽众人之才，通天下之志，勿复自任其明，恤其失得，如此而往，则吉而无不利也。六五，大明之主，不患其不能明照，患其用明之过，至于察察，失委任之道，故戒以"失得勿恤"也。夫私意，偏任不察则有蔽，尽天下之公，岂当复用私察也？

《象》曰："失得勿恤"，往有庆也。

以大明之德，得下之附，推诚委任，则可以成天下之大功，是往而有福庆也。

上九，晋其角，维用伐邑，厉吉，无咎，贞吝。

"角"，刚而居上之物。上九以刚居卦之极，故取角为象。

以阳居上，刚之极也。在《晋》之上，进之极也。刚极则有强猛之过，进极则有躁急之失。以刚而极于进，失中之甚也。无所用而可，维独用于伐邑，则虽厉而吉，且无咎也。伐四方者，治外也；伐其居邑者，治内也。言"伐邑"，谓内自治也。人之自治，刚极则守道愈固，进极则迁善愈速。如上九者，以之自治，则虽伤于厉，而吉且无咎也。严厉，非安和之道，而于自治则有功也。复云"贞吝"，以尽其义，极于刚进，虽自治有功，然非中和之德，故于贞正之道为可吝也。不失中正为贞。

《象》曰："维用伐邑"，道未光也。

"维用伐邑"，既得吉而无咎，复云"贞吝"者，贞道未光大也，以正理言之，犹可吝也。夫道既光大，则无不中正，安有过也？今以过刚，自治虽有功矣，然其道未光大，故亦可吝。圣人言尽善之道。

明夷

☷☲离下坤上

《明夷》，《序卦》："晋者，进也。进必有所伤，故受之以《明夷》。夷者，伤也。"夫进之不已，必有所伤，理自然也，《明夷》所以次《晋》也。为卦，坤上离下，明入地中也。反《晋》成《明夷》，故义与《晋》正相反。《晋》者，明盛之卦，明君在上，群贤并进之时也；《明夷》，昏暗之卦，暗君在上，明者见伤之时也。日入于地中，明伤而昏暗也，故为明夷。

《明夷》：利艰贞。

君子当明夷之时，利在知艰难而不失其贞正也。在昏暗艰难之时，而能不失其正，所以为明君子也。

《彖》曰：明入地中，明夷。内文明而外柔顺，以蒙大难，文王以之。

明入于地，其明灭也，故为明夷。内卦离，离者，文明之象；外卦坤，坤者，柔顺之象。为人，内有文明之德，而外能柔顺也。昔者文王如是，故曰"文王以之"。当纣之昏暗，乃明夷之时，而文王内有文明之德，外柔顺以事纣，蒙犯大难，而内不失其明圣，而外足以远祸患，此文王所用之道也，故曰"文王以之"。

"利艰贞"，晦其明也。内难而能正其志，箕子以之。

明夷之时，利于处艰厄而不失其贞正，谓能晦藏其明也。不晦其明，则被祸患；不守其正，则非贤明。箕子当纣之时，身处其国内，切近其难，故云"内难"。然箕子能藏晦其明，而自守其正志，箕子所用之道也，故曰"箕子以之"。

《象》曰：明入地中，明夷，君子以莅众，用晦而明。

明所以照，君子无所不照，然用明之过则伤于察，太察则尽事而无含弘之度。故君子观明入地中之象，于莅众也，不极其明察而用晦，然后能容物和众，众亲而安，是用晦乃所以为明也。若自任其明，无所不察，则己不胜其忿疾，而无宽厚含容之德，人情睽疑而不安，失莅众之道，适所以为不明也。古之圣人，设前旒屏树者，不欲明之，尽乎隐也。

初九，明夷于飞，垂其翼；君子于行，三日不食，有攸往，主人有言。

初九，明体而居明夷之初，见伤之始也。九，阳明上升者也，故取飞象。昏暗在上，伤阳之明，使不得上进，是于飞而伤其翼也。翼见伤，故垂朵。凡小人之害君子，害其所以行者。"君子于行，三日不食"，君子明照，见事之微，虽始有见伤之端，未显也，君子则能见之矣，故行去避之。"君子于行"，谓去其禄位而退藏也；"三日不食"，言困穷之极也。事未显而处甚艰，非见几之明不能也。夫知几者，君子之独见，非众人所能识也。故明夷之始，其见伤未显而去之，则世俗孰不疑怪？故有所往适，则"主人有言"也。然君子不以世俗之见怪而迟疑其行也，若俟众人尽识，则伤已及而不能去矣。此薛方所以为明，而杨雄所以不获其去也。或曰："伤至于垂翼，伤

244

已明矣，何得众人犹未识也？"曰："初，伤之始也，云'垂其翼'，谓伤其所以飞尔，其事则未显也。君子见几，故亟去之。世俗之人未能见也，故异而非之。如穆生之去楚，申公、白公且非之，况世俗之人乎？但讥其责小礼，而不知穆生之去，避胥靡之祸也。当其言曰：'不去，楚人将钳我于市。'虽二儒者亦以为过甚之言也。又如袁闳于党事未起之前，名德之士方锋起，而独潜身土室，故人以为狂生，卒免党锢之祸。所往而人有言，胡足怪也？"

《象》曰："君子于行"，义不食也。

君子遁藏而困穷，义当然也。唯义之当然，故安处而无闷，虽不食可也。

六二，明夷，夷于左股，用拯马壮，吉。

六二以至明之才，得中正而体顺，顺时自处，处之至善也。虽君子自处之善，然当阴暗小人伤明之时，亦不免为其所伤，但君子自处有道，故不能深相伤害，终能违避之尔。足者，所以行也，股在胫足之上，于行之用为不甚切，左又非便用者。手足之用，以右为便，唯蹶张用左，盖右立为本也。"夷于左股"，谓伤害其行而不甚切也。虽然，亦必自免有道。拯用壮健之马，则获免之速而吉也。君子为阴暗所伤，其自处有道，故其伤不甚；自拯有道，故获免之疾。用拯之道不壮，则被伤深矣，故云"马壮"则"吉"也。二以明居阴暗之下，所谓吉者，得免伤害而已，非谓可以有为于斯时也。

《象》曰：六二之吉，顺之则也。

六二之得吉者，以其顺处而有法则也。"则"，谓中正之道。能顺而得中正，所以处明伤之时而能保其吉也。

九三，明夷于南狩，得其大首，不可疾贞。

九三，离之上，明之极也，又处刚而进；上六，坤之上，暗之极也。至明居下而为下之上，至暗在上而处穷极之地，正相敌应，将以明去暗者也。斯义也，其汤、武之事乎！"南"，在前而明方也；"狩"，畋而去害之事也。"南狩"，谓前进而除害也。当克获其大首，"大首"，谓暗之魁首上六也。三与上正相应，为至明克至暗之象。"不可疾贞"，谓诛其元恶。旧染污俗未能遽革，必有其渐，革之遽，则骇惧而不安。故《酒诰》云："惟殷之迪诸臣，惟工乃湎于酒，勿庸杀之，姑惟教之。"至于既久，尚曰余风未殄，是渐渍之俗，不可以遽革也，故曰"不可疾贞"，正之不可急也。上六虽非君位，以其居上而暗之极，故为暗之主，谓之"大首"。

《象》曰："南狩"之志，乃大得也。

夫以下之明除上之暗，其志在去害而已。如商、周之汤、武，岂有意于利天下乎？"得其大首"，是能去害，而大得其志矣。志苟不然，乃悖乱之事也。

六四，入于左腹，获明夷之心，于出门庭。

六四以阴居阴，而在阴柔之体，处近君之位，是阴邪小人居高位，以柔邪顺于君者也。六五，明夷之君位，伤明之主也，四以柔邪顺从之，以固其交。夫小人之事君，未有由显明以道合者也，必以隐僻之道自结于上。右当用，故为明显之所；左不当用，故为隐僻之所。人之手足，皆以右为用。世谓僻，所为僻左，是左者，隐僻之所也。四由隐僻之道深入其君，故云"入于左腹"。入腹，谓其交深也。其交之深，故得其心。凡奸邪之见信于其君，皆由夺其心也。不夺其心，能无悟乎？"于出门庭"，既信之于心，而后行之于外也。邪臣之事暗君，必先蛊其心，而后能行于外。

《象》曰："入于左腹"，获心意也。
"入于左腹"，谓以邪僻之道入于君，而得其心意也。得其心，所以终不悟也。

六五，箕子之明夷，利贞。
五为君位，乃常也。然《易》之取义，变动随时。上六，处坤之上而明夷之极，阴暗伤明之极者也。五切近之，圣人因以五为切近至暗之人，以见处之之义，故不专以君位言。上六，阴暗伤明之极，故以为明夷之主。五切近伤明之主，若显其明，则见伤害必矣，故当如箕子之自晦藏，则可以免于难。箕子，商之旧臣，而同姓之亲，可谓切近于纣矣，若不自晦其明，被祸可必也，故佯狂为奴，以免于害。虽晦藏其明，而内守其正，所谓内难而能正其志，所以谓之仁与明也，若箕子，可谓贞矣。以五阴柔，故为之戒，云"利贞"，谓宜如箕子之贞固也。若以君道言，义亦如是。人君有当含晦之时，亦外晦其明而内正其志也。

《象》曰：箕子之贞，明不可息也。
箕子晦藏，不失其贞固，虽遭患难，其明自存，不可灭息也。若逼祸患，遂失其所守，则是亡其明，乃灭息也，古之人如杨雄者是也。

上六，不明，晦，初登于天，后入于地。

上，居卦之终，为明夷之主，又为明夷之极。上，至高之地。明在至高，本当远照，明既夷伤，故不明而反昏晦也。本居于高明，当及远，"初登于天"也；乃夷伤其明而昏暗，"后入于地"也。上，明夷之终，又坤阴之终，明伤之极者也。

《象》曰："初登于天"，照四国也；"后入于地"，失则也。

"初登于天"，居高而明，则当照及四方也；乃被伤而昏暗，是"后入于地"，失明之道也。"失则"，失其道也。

家人

☰ 离下巽上

《家人》，《序卦》："夷者，伤也。伤于外者必反其家，故受之以《家人》。"夫伤困于外，则必反于内，《家人》所以次《明夷》也。家人者，家内之道。父子之亲，夫妇之义，尊卑长幼之序，正伦理，笃恩义，家人之道也。卦，外巽内离，为风自火出。火炽则风生，风生自火，自内而出也。自内而出，由家而及于外之象。二与五，正男女之位于内外，为家人之道。明于内而巽于外，处之道也。夫人，有诸身者则能施于家，行于家者则能施于国，至于天下治。治天下之道，盖治家之道也，推而行之于外耳，故取自内而出之象，为家人之义也。文中子书以"明内齐外"为义，古今善之，非取象之意也。所谓"齐乎巽"，言万物洁齐于巽方，非巽有齐义也。如"战乎乾"，乾非有战义也。

《家人》：利女贞。

家人之道，利在女正，女正则家道正矣。夫夫妇妇而家道正，独云"利女贞"者，夫正者，身正也；女正者，家正也，女正则男正可知矣。

《彖》曰：《家人》，女正位乎内，男正位乎外，男女正，天地之大义也。

《彖》以卦才而言。阳居五，在外也；阴居二，处内也，男

249

女各得其正位也。尊卑内外之道，正合天地阴阳之大义也。

家人，有严君焉，父母之谓也。

家人之道，必有所尊严而君长者，谓父母也。虽一家之小，无尊严则孝敬衰，无君长则法度废。有严君而后家道正。家者，国之则也。

父父、子子、兄兄、弟弟、夫夫、妇妇而家道正，正家而天下定矣。

父子、兄弟、夫妇各得其道，则家道正矣。推一家之道，可以及天下，故家正则天下定矣。

《象》曰：风自火出，家人，君子以言有物而行有恒。

正家之本，在正其身。正身之道，一言一动，不可易也。君子观风自火出之象，知事之由内而出，故所言必有物，所行必有恒也。"物"，谓事实；"恒"，谓常度法则也。德业之著于外，由言行之谨于内也。言慎行修，则身正而家治矣。

初九，闲有家，悔亡。

初，家道之始也。"闲"，谓防闲，法度也。治其有家之始，能以法度为之防闲，则不至于悔矣。治家者，治乎众人也，苟不闲之以法度，则人情流放，必至于有悔，失长幼之序，乱男女之别，伤恩义，害伦理，无所不至。能以法度闲之于始，则无是矣，故"悔亡"也。九，刚明之才，能闲其家者也。不云"无悔"者，群居必有悔，以能闲故亡耳。

《象》曰："闲有家"，志未变也。

闲之于始，家人志意未变动之前也。正志未流散变动而闲之，则不伤恩，不失义，处家之善也，是以悔亡。志变而后治，则所伤多矣，乃有悔也。

六二，无攸遂，在中馈，贞吉。

人之处家，在骨肉父子之间，大率以情胜礼，以恩夺义，唯刚立之人，则能不以私爱失其正理。故《家人》卦，大要以刚为善，初、三、上是也。六二以阴柔之才而居柔，不能治于家者也，故"无攸遂"，无所为而可也。夫以英雄之才，尚有溺情爱而不能自守者，况柔弱之人，其能胜妻子之情乎？如二之才，若为妇人之道，则其正也。以柔顺处中正，妇人之道也，故"在中馈"则得其正而吉也。妇人，居中而主馈者也，故云"中馈"。

《象》曰：六二之吉，顺以巽也。

二以阴柔居中正，能顺从而卑巽者也，故为妇人之贞吉也。

九三，家人嗃嗃，悔厉，吉；妇子嘻嘻，终吝。

"嗃嗃"，未详字义，然以文意及音义观之，与嗷嗷相类，又若急束之意。九三在内卦之上，主治乎内者也。以阳居刚而不中，虽得正而过乎刚者也。治内过刚，则伤于严急，故"家人嗃嗃"然。治家过严，不能无伤，故必悔于严厉，骨肉恩胜，严过故悔也。虽悔于严厉，未得宽猛之中，然而家道齐肃，人心祗畏，犹为家之吉也。若"妇子嘻嘻"，则终至羞吝矣。在卦，非有嘻嘻之象，盖对嗃嗃而言，谓与其失于放肆，宁过于严也。"嘻嘻"，笑乐无节也。自恣无节，则终致败家，可羞吝也。盖严谨之过，虽于人情不能无伤，然苟法度立，伦理正，乃恩义之所存也。若嘻嘻无度，乃法度之所由废，伦理之所由乱，安能保其家乎？嘻嘻之甚，则致败家之凶，但云"吝"者，可吝之甚则至于凶，故未遽言凶也。

《象》曰："家人嗃嗃"，未失也；"妇子嘻嘻"，失家节也。

虽"嗃嗃"，于治家之道未为甚失；若"妇子嘻嘻"，是无礼法，失家之节，家必乱矣。

六四，富，家大吉。

六以巽顺之体而居四，得其正位，居得其正，为安处之义。巽顺于事而由正道，能保有其富者也。居家之道，能保有其富，则为大吉也。四，高位，而独云"富"者，于家而言，高位，家之尊也，能有其富，是能保其家也，吉孰大焉？

《象》曰："富，家大吉"，顺在位也。

以巽顺而居正位，正而巽顺，能保有其富者也。"富"，家之大吉也。

九五，王假有家，勿恤，吉。

九五，男而在外，刚而处阳，居尊而中正，又其应顺正于内，治家之至正至善者也。"王假有家"，五，君位，故以王言。"假"，至也，极乎有家之道也。夫王者之道，修身以齐家，家正则天下治矣。自古圣王，未有不以恭己正家为本。故有家之道既至，则不忧劳而天下治矣，"勿恤"而"吉"也。五恭己于外，二正家于内，内外同德，可谓至矣。

《象》曰："王假有家"，交相爱也。

"王假有家"之道者，非止能使之顺从而已，必致其心化诚合，夫爱其内助，妇爱其刑家，交相爱也。能如是者，文王之妃乎？若身修法立而家未化，未得为"假有家"之道也。

上九，有孚，威如，终吉。

上，卦之终，家道之成也，故极言治家之本。治家之道，非至诚不能也，故必中有孚信则能常久，而众人自化为善。不由至诚，己且不能常守也，况欲使人乎？故治家以"有孚"为本。治家者，在妻孥情爱之间，慈过则无严，恩胜则掩义，故家之患，常在礼法不足而渎慢生也。长失尊严，少忘恭顺，而家不乱者，未之有也，故必有威严则能终吉。保家之终，在"有孚""威如"二者而已，故于卦终言之。

《象》曰："威如"之吉，反身之谓也。

治家之道，以正身为本，故云"反身"之谓。爻辞谓治家当有威严，而夫子又复戒云："当先严其身也。"威严不先行于己，则人怨而不服，故云"威如而吉者，能自反于身也"。孟子所谓"身不行道，不行于妻子"也。

睽

☰ 兑下离上

《睽》，《序卦》："家道穷必乖，故受之以《睽》。睽者，乖也。"家道穷则睽乖离散，理必然也，故《家人》之后，受之以《睽》也。为卦，上离下兑，离火炎上，兑泽润下，二体相违，睽之义也。又中、少二女，虽同居而所归各异，是"其志不同行"也，亦为睽义。

《睽》：小事吉。

睽者，睽乖离散之时，非吉道也。以卦才之善，虽处睽时，而"小事吉"也。

《彖》曰：《睽》，火动而上，泽动而下。二女同居，其志不同行。

《彖》先释睽义，次言卦才，终言合睽之道，而赞其时用之大。火之性，动而上；泽之性，动而下。二物之性违异，故为睽义。中、少二女，虽同居，"其志不同行"，亦为睽义。女之少也同处，长则各适其归，其志异也。言睽者，本同也，本不同则非睽也。

说而丽乎明，柔进而上行，得中而应乎刚，是以"小事吉"。

卦才如此，所以"小事吉"也。兑，说也；离，丽也，又为

254

明，故为说顺而附丽于明。凡离在上，而《象》欲见柔居尊者，则曰"柔进而上行"，《晋》《鼎》是也。方睽乖之时，六五以柔居尊位，有说顺丽明之善，又得中道而应刚，虽不能合天下之睽，成天下之大事，亦可以小济，是于"小事吉"也。五以明而应刚，不能致大吉，何也？曰："五，阴柔，虽应二，而睽之时，相与之道未能深固，故二必'遇主于巷'，五'噬肤'则无咎也。天下睽散之时，必君臣刚阳中正，至诚协力，而后能合也。"

天地睽而其事同也，男女睽而其志通也，万物睽而其事类也。睽之时用大矣哉！

推物理之同，以明睽之时用，乃圣人合睽之道也。见同之为同者，世俗之知也。圣人则明物理之本同，所以能同天下而和合万类也。以天地、男女、万物明之，天高地下，其体睽也，然阳降阴升，相合而成化育之事则同也；男女异质，睽也，而相求之志则通也；生物万殊，睽也，然而得天地之和，禀阴阳之气，则相类也。物虽异而理本同，故天下之大，群生之众，睽散万殊，而圣人为能同之。处睽之时，合睽之用，其事至大，故云"大矣哉"。

《象》曰：上火下泽，睽，君子以同而异。

上火下泽，二物之性违异，所以为睽离之象。君子观睽异之象，于大同之中而知所当异也。夫圣贤之处世，在人理之常，莫不大同，于世俗所同者则有时而独异，盖于秉彝则同矣，于世俗之失则异也。不能大同者，乱常拂理之人也；不能独异者，随俗习非之人也。要在同而能异耳。《中庸》曰"和而不流"是也。

初九，悔亡，丧马，勿逐自复，见恶人，无咎。

九居卦初，睽之始也。在睽乖之时，以刚动于下，有悔可知，所以得亡者，九四在上，亦以刚阳，睽离无与，自然同类相合。同是阳爻，同居下，又当相应之位，二阳本非相应者，以在睽，故合也。上下相与，故能亡其悔也。在《睽》，诸爻皆有应。夫合则有睽，本异则何睽？唯初与四，虽非应而同德相与，故相遇。马者，所以行也。阳，上行者也。睽独无与，则不能行，是丧其马也。四既与之合，则能行矣，是勿逐而马复得也。"恶人"，与己乖异者也。"见"者，与相通也。当睽之时，虽同德者相与，然小人乖异者至众，若弃绝之，不几尽天下以仇君子乎？如此则失含弘之义，致凶咎之道也，又安能化不善而使之合乎？故必"见恶人"则"无咎"也。古之圣王所以能化奸凶为善良，革仇敌为臣民者，由弗绝也。

《象》曰："见恶人"，以辟咎也。

睽离之时，人情乖违，求和合之，且病其不能得也，若以恶人而拒绝之，则将众仇于君子，而祸咎至矣。故必见之，所以免避怨咎也。无怨咎，则有可合之道。

九二，遇主于巷，无咎。

二与五正应，为相与者也。然在睽乖之时，阴阳相应之道衰，而刚柔相戾之意胜，学《易》者识此，则知变通矣。故二、五虽正应，当委曲以相求也。二以刚中之德居下，上应六五之君，道合则志行，成济睽之功矣。而居睽离之时，其交非固，二当委曲求于相遇，觊其得合也，故曰"遇主于巷"。必能合而后无咎，君臣睽离，其咎大矣。"巷"者，委曲之途也。"遇"

者，会逢之谓也。当委曲相求，期于会遇，与之合也。所谓委曲者，以善道宛转将就使合而已，非枉己屈道也。

《象》曰："遇主于巷"，未失道也。

当睽之时，君心未合，贤臣在下，竭力尽诚，期使之信合而已。至诚以感动之，尽力以扶持之，明义理以致其知，杜蔽惑以诚其意，如是宛转以求其合也。"遇"，非枉道迎逢也；"巷"，非邪僻曲径也。故夫子特云："'遇主于巷'，未失道也。""未"，非必也，非必谓失道也。

六三，见舆曳，其牛掣，其人天且劓，无初有终。

阴柔，于平时且不足以自立，况当睽离之际乎？三居二刚之间，处不得其所安，其见侵陵可知矣。三以正应在上，欲进与上合志，而四阻于前，二牵于后。车、牛，所以行之具也。"舆曳"，牵于后也；"牛掣"，阻于前也。在后者，牵曳之而已；当前者，进者之所力犯也。故重伤于上，为四所伤也。"其人天且劓"，"天"，髡首也；"劓"，截鼻也。三从正应而四隔止之，三虽阴柔，处刚而志行，故力进以犯之，是以伤也。天而又劓，言重伤也。三不合于二与四，睽之时，自无合义，适合居刚守正之道也。其于正应，则睽极有终合之理。始为二阳所厄，是"无初"也；后必得合，是"有终"也。"掣"，从制从手，执止之义也。

《象》曰："见舆曳"，位不当也；"无初有终"，遇刚也。

以六居三，非正也，非正则不安；又在二阳之间，所以有如是艰厄，由"位不当也"。"无初有终"者，终必与上九相遇而合，乃"遇刚也"。不正而合，未有久而不离者也；合以正道，自无终睽之理。故贤者顺理而安行，智者知几而固守。

九四，睽孤，遇元夫，交孚，厉无咎。

九四，当睽时，居非所安，无应而在二阴之间，是睽离孤处者也。以刚阳之德，当睽离之时，孤立无与，必以气类相求而合，是以"遇元夫"也。"夫"，阳称；"元"，善也。初九，当睽之初，遂能与同德，而亡睽之悔，处睽之至善者也，故目之为"元夫"，犹云善士也。四则过中，为睽已甚，不若初之善也。四与初，皆以阳处一卦之下，居相应之位，当睽乖之时，各无应援，自然同德相亲，故会遇也。同德相遇，必须至诚相与。"交孚"，各有孚诚也。上下二阳，以至诚相合，则何时之不能行？何危之不能济？故虽处危厉而无咎也。当睽离之时，孤居二阴之间，处不当位，危且有咎也。以"遇元夫"而"交孚"，故得"无咎"也。

《象》曰："交孚，无咎"，志行也。

初、四，皆阳刚。君子当睽乖之时，上下以至诚相交，协志同力，则其志可以行，不止无咎而已。爻辞但言"无咎"，夫子又从而明之，云"可以行其志"，救时之睽也。盖以君子阳刚之才，而至诚相辅，何所不能济也？唯有君子，则能行其志矣。

六五，悔亡。厥宗噬肤，往何咎？

六以阴柔当睽离之时，而居尊位，有悔可知，然而，下有九二刚阳之贤，与之为应以辅翼之，故得"悔亡"。"厥宗"，其党也，谓九二正应也。"噬肤"，噬啮其肌肤而深入之也。当睽之时，非入之者深，岂能合也？五虽阴柔之才，二辅以阳刚之道而深入之，则可往而有庆，复何过咎之有？以周成之幼稚，而兴盛王之治；以刘禅之昏弱，而有中兴之势。盖由任贤圣之辅，而姬公、孔明所以入之者深也。

《象》曰："厥宗噬肤"，往有庆也。

爻辞但言"厥宗噬肤"则可以往而无咎，《象》复推明其义，言人君虽己才不足，若能信任贤辅，使以其道深入于己，则可以有为，是往而有福庆也。

上九，睽孤，见豕负涂，载鬼一车，先张之弧，后说之弧，匪寇，婚媾，往遇雨，则吉。

上居卦之终，睽之极也；阳刚居上，刚之极也。在离之上，用明之极也。睽极，则咈戾而难合；刚极，则躁暴而不详；明极，则过察而多疑。上九有六三之正应，实不孤，而其才性如此，自"睽孤"也。如人虽有亲党，而多自疑猜，妄生乖离，虽处骨肉亲党之间，而常孤独也。上之与三，虽为正应，然居睽极，无所不疑，其见三如豕之污秽，而又背负泥涂，见其可恶之甚也。既恶之甚，则猜成其罪恶，如见载鬼满一车也。鬼本无形，而见载之一车，言其以无为有，妄之极也。物理极而必反，以近明之，如人适东，东极矣，动则西也；如升高，高极矣，动则下也。既极，则动而必反也。上之睽乖既极，三之所处者，正理。大凡失道既极，则必反正理，故上于三始疑而终必合也。"先张之弧"，始疑恶而欲射之也。疑之者，妄也，妄安能常？故终必复于正。三实无恶，故后说弧而弗射，睽极而反，故与三非复为寇雠，乃婚媾也。此"匪寇，婚媾"之语，与他卦同，而义则殊也。阴阳交而和畅，则为雨。上于三，始疑而睽，睽极则不疑而合。阴阳合而益和，则为雨，故云"往遇雨，则吉"。"往"者，自此以往也，谓既合而益和则吉也。

《象》曰："遇雨"之"吉"，群疑亡也。

雨者，阴阳和也。始睽而能终和，故吉也。所以能和者，以群疑尽亡也。其始睽也，无所不疑，故云"群疑"；睽极而合，则皆亡矣。

蹇

☵☶ 艮下坎上

《蹇》，《序卦》："睽者，乖也。乖必有难，故受之以
《蹇》。蹇者，难也。"睽乖之时，必有蹇难，《蹇》所以次
《睽》也。蹇，险阻之义，故为蹇难。为卦，坎上艮下。坎，险
也；艮，止也。险在前而止，不能进也。前有险陷，后有峻阻，
故为蹇也。

《蹇》：利西南，不利东北，利见大人，贞吉。

西南，坤方。坤，地也，体顺而易；东北，艮方。艮，山
也，体止而险。在蹇难之时，利于顺处平易之地，不利止于危险
也。处顺易，则难可纾；止于险，则难益甚矣。蹇难之时，必有
圣贤之人，则能济天下之难，故"利见大人"也。济难者，必以
大正之道，而坚固其守，故贞则吉也。凡处难者，必在乎守贞
正。设使难不解，不失正德，是以吉也。若遇难而不能固其守，
入于邪滥，虽使苟免，亦恶德也，知义命者不为也。

《象》曰：蹇，难也，险在前也。

"蹇，难也"，蹇之为难，如乾之为健，若易之为难，则
义有未足。蹇有险阻之义，屯亦难也，困亦难也，同为难而义
则异：屯者，始难而未得通；困者，力之穷；蹇乃险阻艰难之
义，各不同也。"险在前也"，坎险在前，下止而不得进，故
为蹇。

见险而能止，知矣哉！

以卦才言处蹇之道也。上险而下止，"见险而能止"也。犯险而进，则有悔咎，故美其能止为知也。方蹇难之时，唯能止为善，故诸爻除五与二外，皆以往为失、来为得也。

"蹇，利西南"，往得中也；"不利东北"，其道穷也。

蹇之时，利于处平易。西南，坤方，为顺易；东北，艮方，为险阻。九上居五而得中正之位，是往而得平易之地，故为"利"也。五居坎险之中而谓之平易者，盖卦本坤，由五往而成坎，故但取往而得中，不取成坎之义也。方蹇而又止危险之地，则蹇益甚矣，故"不利东北"。"其道穷也"，谓蹇之极也。

"利见大人"，往有功也；当位，"贞吉"，以正邦也。

蹇难之时，非圣贤不能济天下之蹇，故利于见大人也。大人当位，则成济蹇之功矣，往而有功也。能济天下之蹇者，唯大正之道。夫子又取卦才而言，《蹇》之诸爻，除初外，余皆当正位，故为贞正而吉也。初六虽以阴居阳而处下，亦阴之正也。以如此正道正其邦，可以济于蹇矣。

蹇之时用大矣哉！

处蹇之时，济蹇之道，其用至大，故云"大矣哉"。天下之难，岂易平也？非圣贤不能，其用可谓大矣。顺时而处，量险而行，从平易之道，由至正之理，乃"蹇之时用"也。

《象》曰：山上有水，蹇，君子以反身修德。

山之峻阻，上复有水。坎水为险陷之象，上下险阻，故为蹇也。君子观蹇难之象，而以反身修德。君子之遇艰阻，必反求诸己而益自修。孟子曰："行有不得者，皆反求诸己。"故遇艰蹇，必自省于身有失而致之乎，是"反身"也。有所未善则改之，无歉于心则加勉，乃自修其德也。君子修德以俟时而已。

初六，往蹇，来誉。

六居蹇之初，往进则益入于蹇，"往蹇"也。当蹇之时，以阴柔无援而进，其蹇可知。"来"者，对往之辞。上进则为往，不进则为来。止而不进，是有见几知时之美，来则有誉也。

《象》曰："往蹇，来誉"，宜待也。

方蹇之初，进则益蹇，时之未可进也，故宜见几而止以待时，可行而后行也。诸爻皆蹇往而善来，然则无出蹇之义乎？曰："在蹇而往，则蹇也；蹇终则变矣，故上已有硕义。"

六二，王臣蹇蹇，匪躬之故。

二以中正之德居艮体，止于中正者也；与五相应，是中正之人为中正之君所信任，故谓之"王臣"。虽上下同德，而五方在大蹇之中，致力于蹇难之时，其艰蹇至甚，故为蹇于蹇也。二虽中正，以阴柔之才，岂易胜其任？所以蹇于蹇也。志在济君于蹇难之中，其"蹇蹇"者，非为身之故也。虽使不胜，志义可嘉，故称其忠荩不为己也。然其才不足以济蹇也，小可济，则圣人当盛称以为劝矣。

《象》曰："王臣蹇蹇"，终无尤也。

虽艰屯于蹇时，然其志在济君难，虽未成功，然终无过尤也。圣人取其志义，而谓其无尤，所以劝忠荩也。

九三，往蹇，来反。

九三以刚居正，处下体之上，当蹇之时，在下者皆柔，必依于三，是为下所附者也。三与上为正应，上阴柔而无位，不足以为援，故上往则蹇也。"来"，下来也；"反"，还归也。三为下二阴所喜，故来为反其所也，稍安之地也。

《象》曰："往蹇，来反"，内喜之也。

"内"，在下之阴也。方蹇之时，阴柔不能自立，故皆附于九三之阳而喜爱之。九之处三，在蹇为得其所也。处蹇而得下之心，可以求安，故以"来"为"反"，犹《春秋》之言"归"也。

六四，往蹇，来连。

往则益入于坎险之深，"往蹇"也。居蹇难之时，同处艰厄者，其志不谋而同也。又四居上位，而与在下者同有得位之正，又与三相比相亲者也，二与初，同类相与者也，是与下同志，众所从附也，故曰"来连"。来则与在下之众相连合也，能与众合，得处蹇之道也。

《象》曰："往蹇，来连"，当位实也。

四，当蹇之时，居上位，不往而来，与下同志，固足以得众矣；又以阴居阴，为得其实，以诚实与下，故能连合而下之。二、三亦各得其实，初以阴居下，亦其实也。当同患之时，相交以实，其合可知，故来而连者，当位以实也。处蹇难，非诚实，何以济？当位不曰"正"而曰"实"，上下之交，主于诚实，用各有其所也。

九五，大蹇，朋来。

五居君位，而在蹇难之中，是天下之“大蹇”也；当蹇而又在险中，亦为“大蹇”。大蹇之时，而二在下，以中正相应，是其朋助之来也。方天下之蹇，而得中正之臣相辅，其助岂小也？得朋来而无吉，何也？曰：“未足以济蹇也。以刚阳中正之君，而方在大蹇之中，非得刚阳中正之臣相辅之，不能济天下之蹇也。二之中正，固有助矣，欲以阴柔之助济天下之难，非所能也。自古圣王济天下之蹇，未有不由贤圣之臣为之助者，汤、武得伊、吕是也。中常之君，得刚明之臣而能济大难者则有矣，刘禅之孔明，唐肃宗之郭子仪，德宗之李晟是也。虽贤明之君，苟无其臣，则不能济于难也。故凡六居五、九居二者，则多由助而有功，《蒙》《泰》之类是也；九居五、六居二，则其功多不足，《屯》《否》之类是也。盖臣贤于君，则辅君以君所不能；臣不及君，则赞助之而已，故不能成大功也。”

《象》曰：“大蹇，朋来”，以中节也。

“朋”者，其朋类也。五有中正之德，而二亦中正，虽大蹇之时，不失其守，蹇于蹇以相应助，是以其中正之节也。上下中正而弗济者，臣之才不足也。自古守节秉义而才不足以济者，岂少乎？汉李固、王允，晋周顗、王导之徒是也。

上六，往蹇，来硕，吉，利见大人。

六以阴柔居蹇之极，冒极险而往，所以蹇也。不往而来，从五求三，得刚阳之助，是以硕也。蹇之道，厄塞穷蹙。“硕”，大也，宽裕之称。来则宽大，其蹇纾矣。蹇之极，有出蹇之道。上六以阴柔，故不得出，得刚阳之助，可以纾蹇而已。在蹇极之时，得纾则为吉矣。非刚阳中正，岂能出乎蹇也？"利见大人"，蹇极之时，见大德之人则能有济于蹇也。"大人"谓五，以相比发此义。五，刚阳中正，而居君位，大人也。在五，不言其济蹇之功，而上六利见之，何也？曰："在五不言，以其居坎险之中，无刚阳之助，故无能济蹇之义；在上六，蹇极而见大德之人，则能济于蹇，故为利也。各爻取义不同，如《屯》初九之志正，而于六二则目之为寇也。"诸爻皆不言吉，上独言吉者，诸爻皆得正，各有所善，然皆未能出于蹇，故未足为吉，唯上处蹇极而得宽裕，乃为吉也。

《象》曰："往蹇，来硕"，志在内也；"利见大人"，以从贵也。

上六应三而从五，志在内也。蹇既极而有助，是以硕而吉也。六以阴柔当蹇之极，密近刚阳中正之君，自然其志从附以求自济，故"利见大人"，谓从九五之贵也。所以云"从贵"，恐人不知大人为指五也。

解

坎下震上

《解》，《序卦》："蹇者，难也。物不可以终难，故受之以《解》。"物无终难之理，难极则必散。《解》者，散也，所以次《蹇》也。为卦，震上坎下。震，动也；坎，险也。动于险外，出乎险也，故为患难解散之象。又震为雷，坎为雨，雷雨之作，盖阴阳交感，和畅而缓散，故为解。解者，天下患难解散之时也。

《解》：利西南，无所往，其来复吉，有攸往，夙吉。

西南，坤方。坤之体，广大平易。当天下之难方解，人始离艰苦，不可复以烦苛严急治之，当济以宽大简易，乃其宜也。如是，则人心怀而安之，故利于西南也。汤除桀之虐，而以宽治；武王诛纣之暴，而反商政，皆从宽易也。"无所往，其来复吉，有攸往，夙吉"，"无所往"，谓天下之难已解散，无所为也；"有攸往"，谓尚有所当解之事也。夫天下国家，必纪纲法度废乱而后祸患生，圣人既解其难而安平无事矣，是无所往也，则当修复治道，正纪纲，明法度，进复先代明王之治，是"来复"也。谓反正理也，天下之吉也。"其"，发语辞。自古圣王救难定乱，其始未暇遽为也；既安定，则为可久可继之治。自汉以下，乱既除，则不复有为，姑随时维持而已，故不能成善治，盖不知"来复"之义也。"有攸往，夙吉"，谓尚有当解之事，则早为之，乃吉也。当解而未尽者，不早去，则将复盛；事之复生者，不早为，则将渐大，故夙则吉也。

《象》曰：《解》，险以动。动而免乎险，解。

坎，险；震，动。"险以动"也。不险则非难，不动则不能出难。动而出于险外，是免乎险难也，故为解。

"解，利西南"，往得众也。

解难之道，利在广大平易，以宽易而往济解，则得众心之归也。

"其来复吉"，乃得中也。

不云"无所往"，省文尔。救乱除难，一时之事，未能成治道也，必待难解，无所往，然后来复先王之治，乃得中道，谓合宜也。

"有攸往，夙吉"，往有功也。

有所为则"夙吉"也。早则往而有功，缓则恶滋而害深矣。

天地解而雷雨作，雷雨作而百果、草木皆甲坼。解之时大矣哉！

既明处解之道，复言天地之解，以见解时之大。天地之气开散，交感而和畅，则成雷雨，雷雨作而万物皆生发甲坼。天地之功，由解而成，故赞"解之时大矣哉"。王者，法天道，行宽宥，施恩惠，养育兆民，至于昆虫、草木，乃顺解之时，与天地合德也。

《象》曰：雷雨作，解，君子以赦过宥罪。

天地解散而成雷雨，故雷雨作而为解也。与明两而作离，语不同。"赦"，释之；"宥"，宽之。过失则赦之可也，罪恶而赦之，则非义也，故宽之而已。君子观"雷雨作，解"之象，体其发育，则施恩仁；体其解散，则行宽释也。

初六，无咎。

六居解初，患难既解之时，以柔居刚，以阴应阳，柔而能刚之义。既无患难，而自处得刚柔之宜。患难既解，安宁无事，唯自处得宜，则为无咎矣。方解之初，宜安静以休息之。爻之辞寡，所以示意。

《象》曰：刚柔之际，义无咎也。

初、四相应，是刚柔相际接也。刚柔相际，为得其宜。难既解，而处之刚柔得宜，其义无咎也。

九二，田获三狐，得黄矢，贞吉。

九二以阳刚得中之才，上应六五之君，用于时者也。天下小人常众，刚明之君在上，则明足以照之，威足以惧之，刚足以断之，故小人不敢用其情，然犹常存警戒，虑其有间而害正也。六五以阴柔居尊位，其明易蔽，其威易犯，其断不果而易惑，小人一近之，则移其心矣。况难方解而治之初，其变尚易。二既当用，必须能去小人，则可以正君心而行其刚中之道。"田"者，去害之事。"狐"者，邪媚之兽。"三狐"，指卦之三阴，时之小人也。"获"，谓能变化除去之，如田之获狐也。获之，则得中直之道，乃贞正而吉也。"黄"，中色。"矢"，直物。"黄矢"，谓中直也。群邪不去，君心一入，则中直之道无由行矣。

桓敬之不去武三思是也。

《象》曰："九二，贞吉"，得中道也。

所谓"贞吉"者，得其中道也。除去邪恶，使其中直之道得行，乃正而吉也。

六三，负且乘，致寇至，贞吝。

六三阴柔，居下之上，处非其位，犹小人宜在下以负荷，而且乘车，非其据也，必致寇夺之至，虽使所为得正，亦可鄙吝也。小人而窃盛位，虽勉为正事，而气质卑下，本非在上之物，终可吝也。若能大正，则如何？曰："大正，非阴柔所能也。若能之，则是化为君子矣。"三，阴柔小人，宜在下而反处下之上，犹小人宜负而反乘，当致寇夺也。难解之时，而小人窃位，复致寇矣。

《象》曰："负且乘"，亦可丑也。自我致戎，又谁咎也？

负荷之人，而且乘载，为可丑恶也。处非其据，德不称其器，则寇戎之致，乃己招取，将谁咎乎？圣人又于《系辞》明其致寇之道，谓："作《易》者，其知盗乎！"盗者乘衅而至，苟无衅隙，则盗安能犯？负者，小人之事；乘者，君子之器。以小人而乘君子之器，非其所能安也，故盗乘衅而夺之。小人而居君子之位，非其所能堪也，故满假而陵慢其上，侵暴其下，盗则乘其过恶而伐之矣。伐者，声其罪也。盗，横暴而至者也。货财而轻慢其藏，是教诲乎盗，使取之也；女子而夭冶其容，是教诲淫者，使暴之也；小人而乘君子之器，是招盗使夺之也，皆自取之之谓也。

九四，解而拇，朋至斯孚。

九四以阳刚之才居上位，承六五之君，大臣也，而下与初六之阴为应。"拇"，在下而微者，谓初也。居上位而亲小人，则贤人、正士远退矣。斥去小人，则君子之党进，而诚相得也。四能解去初六之阴柔，则阳刚君子之朋来至而诚合矣。不解去小人，则己之诚未至，安能得人之孚也？初六，其应，故谓远之为解。

《象》曰："解而拇"，未当位也。

四虽阳刚，然居阴，于正疑不足，若复亲比小人，则其失正必矣，故戒必解其拇，然后能来君子，以其处未当位也。解者，本合而离之也，必解拇而后朋孚。盖君子之交，而小人容于其间，是与君子之诚未至也。

六五，君子维有解，吉，有孚于小人。

六五居尊位，为解之主，人君之解也，以君子通言之。君子所亲比者，必君子也；所解去者，必小人也。故君子"维有解"则"吉"也。小人去，则君子进矣，吉孰大焉？"有孚"者，世云见验也。可验之于小人。小人之党去，则是君子能有解也。小人去，则君子自进，正道自行，天下不足治也。

《象》曰："君子有解"，小人退也。

君子之所解者，谓退去小人也。小人去，则君子之道行，是以吉也。

上六，公用射隼于高墉之上，获之，无不利。

上六，尊高之地，而非君位，故曰"公"，但据解终而言也。"隼"，鸷害之物，象为害之小人。"墉"，墙内外之限也。害若在内，则是未解之时也；若出墉外，则是无害矣，复何所解？故在墉上，离乎内而未去也。云"高"，见防限之严而未去者。上，解之极也。解极之时，而独有未解者，乃害之坚强者也。上居解极，解道已至，器已成也，故能射而获之。既获之，则天下之患解已尽矣，何所不利？夫子于《系辞》复伸其义，曰："隼者，禽也；弓矢者，器也；射之者，人也。君子藏器于身，待时而动，何不利之有？动而不括，是以出而有获，语成器而动者也。"鸷害之物在墉上，苟无其器与不待时而发，则安能获之？所以解之之道，器也；事之当解与已解之之道至者，时也。如是而动，故无括结，发而无不利矣。括结，谓阻碍。圣人于此发明藏器待时之义。夫行一身，至于天下之事，苟无其器与不以时而动，小则括塞，大则丧败。自古喜有为而无成功，或颠覆者，皆由是也。

《象》曰："公用射隼"，以解悖也。

至解终而未解者，悖乱之大者也。射之，所以解之也，解则天下平矣。

损

兑下艮上

《损》，《序卦》："解者，缓也。缓必有所失，故受之以
《损》。"纵缓则必有所失，失则损也，《损》所以继《解》
也。为卦，艮上兑下。山体高，泽体深，下深则上益高，为损下
益上之义；又泽在山下，其气上通，润及草木百物，是损下而益
上也；又下为兑说，三爻皆上应，是说以奉上，亦损下益上之
义；又下兑之成兑，由六三之变也，上艮之成艮，自上九之变
也，三本刚而成柔，上本柔而居刚，亦损下益上之义。损上而益
于下则为益，取下而益于上则为损。在人，上者施其泽以及下则
益也，取其下以自厚则损也。譬诸垒土，损于上以培厚其基本，
则上下安固矣，岂非益乎？取于下以增上之高，则危坠至矣，岂
非损乎？故损者，损下益上之义，益则反是。

《损》：有孚，元吉，无咎，可贞，利有攸往。

损，减损也。凡损抑其过，以就义理，皆损之道也。损之
道，必有孚诚，谓至诚顺于理也。损而顺理，则大善而吉；所损
无过差，可贞固常行，而利有所往也。人之所损，或过，或不
及，或不常，皆不合正理，非有孚也。非有孚，则无吉而有咎，
非可贞之道，不可行也。

曷之用？二簋可用享。

损者，损过而就中，损浮末而就本实也。圣人以"宁俭"为

礼之本，故于《损》发明其义，以享祀言之。享祀之礼，其文最繁，然以诚敬为本，多仪备物，所以将饰其诚敬之心，饰过其诚，则为伪矣。损饰所以存诚也，故云"曷之用？二簋可用享"。"二簋"之约，可用享祭，言在乎诚而已，诚为本也。天下之害，无不由末之胜也。峻宇雕墙，本于宫室；酒池肉林，本于饮食；淫酷残忍，本于刑罚；穷兵黩武，本于征讨。凡人欲之过者，皆本于奉养，其流之远，则为害矣。先王制其本者，天理也；后人流于末者，人欲也。损之义，损人欲以复天理而已。

《彖》曰：《损》，损下益上，其道上行。

《损》之所以为损者，以损于下而益于上也。取下以益上，故云"其道上行"。夫损上而益下则为益，损下而益上则为损，损基本以为高者，岂可谓之益乎？

损而有孚，"元吉，无咎，可贞，利有攸往"。

谓损而以至诚，则有此"元吉"以下四者，损道之尽善也。

"曷之用？二簋可用享"，二簋应有时，损刚益柔有时。

夫子特释"曷之用？二簋可用享"，卦辞简直，谓当损去浮饰，曰"何所用哉？二簋可以享也"，厚本损末之谓也。夫子恐后人不达，遂以为文饰当尽去，故详言之。有本必有末，有实必有文，天下万事，无不然者。无本不立，无文不行。父子主恩，必有严顺之体；君臣主敬，必有承接之仪。礼让存乎内，待威仪而后行；尊卑有其序，非物采则无别。文之与实，相须而不可缺也。及夫文之胜，末之流，远本丧实，乃当损之时也，故云"曷所用哉？二簋足以荐其诚矣"，谓当务实而损饰也。夫子恐人之泥言也，故复明之曰："二篇之质，用之当有时，非其所用而用之，不可也。"谓文饰未过而损之与损之至于过甚，则非也。损刚益柔有时，刚为过，柔为不足。损益，皆损刚益柔也，必顺时而行，不当时而损益之，则非也。

损益盈虚，与时偕行。

或损或益，或盈或虚，唯随时而已。过者损之，不足者益之；亏者盈之，实者虚之，与时偕行也。

《象》曰：山下有泽，损，君子以惩忿窒欲。

山下有泽，气通上润，与深下以增高，皆损下之象。君子观《损》之象，以损于己。在修己之道所当损者，唯忿与欲，故以惩戒其忿怒，窒塞其意欲也。

初九，已事遄往，无咎，酌损之。

损之义，损刚益柔，损下益上也。初以阳刚应于四，四以阴柔居上位，赖初之益者也。下之益上，当损己而不自以为功，所益于上者，事既已，则速去之，不居其功，乃无咎也。若享其成功之美，非损己益上也，于为下之道为有咎矣。四之阴柔，赖初者也，故听于初；初当酌度其宜，而损己以益之，过与不及，皆不可也。

《象》曰："已事遄往"，尚合志也。

"尚"，上也，时之所崇用为尚。初之所尚者，与上合志也。四赖于初，初益于四，与上合志也。

九二，利贞，征凶，弗损益之。

二以刚中，当损刚之时，居柔而说体，上应六五阴柔之君，以柔说应上，则失其刚中之德，故戒所利在贞正也。"征"，行也。离乎中，则失其贞正而凶矣，守其中乃贞也。"弗损益之"，不自损其刚贞，则能益其上，乃益之也；若失其刚贞，而用柔说，适足以损之而已，非损己而益上也。世之愚者，有虽无邪心，而唯知竭力顺上为忠者，盖不知"弗损益之"之义也。

《象》曰："九二，利贞"，中以为志也。

九，居二非正也，处说非刚也，而得中为善。若守其中德，何有不善？岂有中而不正者？岂有中而有过者？二所谓"利贞"，谓以中为志也。志存乎中，则自正矣。大率中重于正，中则正矣，正不必中也。能守中，则有益于上矣。

六三，三人行，则损一人；一人行，则得其友。

损者，损有余也；益者，益不足也。"三人"，谓下三阳，上三阴。三阳同行，则损九三以益上；三阴同行，则损上六以为三，"三人行，则损一人"也。上，以柔易刚而谓之损，但言其减一耳。上与三，虽本相应，由二爻升降而一卦皆成，两相与也。初、二二阳，四、五二阴，同德相比，三与上应，皆两相与，则其志专，皆为得其友也。三虽与四相比，然异体而应上，非同行者也。三人则损一人，一人则得其友。盖天下无不二者，一与二相对待，生生之本也，三则余而当损矣，此损益之大义也。夫子又于《系辞》尽其义，曰："天地绸缪，万物化醇，男女构精，万物化生。《易》曰：'三人行，则损一人；一人行，则得其友。'言致一也。""绸缪"，交密之状。天地之气，相

276

交而密，则生万物之化醇。"醇"，谓浓厚。浓厚，犹精一也。男女精气交构，则化生万物，唯精醇专一，所以能生也。一阴一阳，岂可三也？故三则当损，言专致乎一也。天地之间，当损益之，明且大者，莫过此也。

《象》曰：一人行，三则疑也。

一人行而得一人，乃得友也。若三人行，则疑所与矣，理当损去其一人，损其余也。

六四，损其疾，使遄有喜，无咎。

四以阴柔居上，与初之刚阳相应。在损时而应刚，能自损以从刚阳也，损不善以从善也。初之益四，损其柔而益之以刚，损其不善也，故曰"损其疾"。"疾"谓疾病，不善也。损于不善，唯使之遄速，则"有喜"而"无咎"。人之损过，唯患不速，速则不至于深过，为可喜也。

《象》曰："损其疾"，亦可喜也。

损其所疾，固可喜也。云"亦"，发语辞。

六五，或益之十朋之龟，弗克违，元吉。

六五于损时，以中顺居尊位，虚其中以应乎二之刚阳，是人君能虚中自损，以顺从在下之贤也。能如是，天下孰不损己自尽以益之？故或有益之之事，则十朋助之矣。"十"，众辞。"龟"者，决是非、吉凶之物。众人之公论，必合正理，虽龟筮不能违也。如此，可谓大善之吉矣。古人曰："谋从众，则合天心。"

《象》曰："六五，元吉"，自上祐也。

所以得"元吉"者，以其能尽众人之见，合天地之理，故自上天降之福祐也。

上九，弗损，益之，无咎，贞吉，利有攸往，得臣无家。

凡损之义，有三：损己从人也，自损以益于人也，行损道以损于人也。损己从人，徒于义也；自损益人，及于物也；行损道以损于人，行其义也。各因其时，取大者言之。四、五二爻，取损己从人；下体三爻，取自损以益人；损时之用，行损道以损天下之当损者也。上九则取不行其损为义。九居损之终，损极而当变者也。以刚阳居上，若用刚以损削于下，非为上之道，其咎大矣。若不行其损，变而以刚阳之道益于下，则无咎，而得其正且吉也。如是，则宜有所往，往则有益矣。在上能不损其下而益之，天下孰不服从？从服之众，无有内外也，故曰"得臣无家"。"得臣"，谓得人心归服；"无家"，谓无有远近、内外之限也。

《象》曰："弗损，益之"，大得志也。

居上，不损下而反益之，是君子大得行其志也。君子之志，唯在益于人而已。

益

☲☳ 震下巽上

《益》，《序卦》："损而不已必益，故受之以《益》。"
盛衰、损益如循环，损极必益，理之自然，《益》所以继《损》
也。为卦，巽上震下。雷风二物，相益者也，风烈则雷迅，雷激
则风怒，两相助益，所以为《益》，此以象言也。巽震二卦，皆
由下变而成。阳变而为阴者，《损》也；阴变而为阳者，《益》
也。上卦《损》而下卦《益》，损上益下，所以为《益》，此以
义言也。下厚则上安，故益下为益。

《益》：利有攸往，利涉大川。

益者，益于天下之道也，故"利有攸往"。益之道，可以济
险难，"利涉大川"也。

《彖》曰：《益》，损上益下，民说无疆，自上下下，
其道大光。

以卦义与卦才言也。卦之为《益》，以其"损上益下"也。损
于上而益下，则民说之无疆，谓无穷极也。自上而降己以下下，
其道之大光显也。阳下居初，阴上居四，为"自上下下"之义。

"利有攸往"，中正有庆。

五以刚阳中正居尊位，二复以中正应之，是以中正之道益天
下，天下受其福庆也。

"利涉大川"，木道乃行。

益之为道，于平常无事之际，其益犹小，当艰危险难，则所益至大，故"利涉大川"也。于济艰险，乃益道大行之时也。"益"误作木。或以为上巽下震，故云"木道"，非也。

益，动而巽，日进无疆。

又以二体言卦才。下动而上巽，"动而巽"也。为益之道，其动巽顺于理，则其益日进，广大无有疆限也。动而不顺于理，岂能成大益也？

天施地生，其益无方。

以天地之功，言益道之大，圣人体之以益天下也。天道资始，地道生物，"天施地生"，化育万物，各正性命，其益可谓无方矣。"方"，所也。有方所，则有限量。"无方"，谓广大无穷极也。天地之益万物，岂有穷际乎？

凡益之道，与时偕行。

天地之益无穷者，理而已矣。圣人利益天下之道，应时顺理，与天地合，"与时偕行"也。

《象》曰：风雷，益，君子以见善则迁，有过则改。

风烈则雷迅，雷激则风怒，二物相益者也。君子观风雷相益之象，而求益于己。为益之道，无若"见善则迁，有过则改"也。见善能迁，则可以尽天下之善；有过能改，则无过矣。益于人者，无大于是。

初九，利用为大作，元吉，无咎。

初九，震动之主，刚阳之盛也。居益之时，其才足以益物，虽居至下，而上有六四之大臣应于己。四，巽顺之主，上能巽于君，下能顺于贤才也。在下者，不能有为也，得在上者应从之，则宜以其道辅于上，作大益天下之事，"利用为大作"也。居下而得上之用，以行其志，必须所为大善而吉，则无过咎。不能"元吉"，则不唯在己有咎，乃累乎上，为上之咎也。在至下而当大任，小善不足以称也，故必"元吉"，然后得"无咎"。

《象》曰："元吉，无咎"，下不厚事也。

在下者，本不当处厚事。"厚事"，重大之事也。以为在上所任，所以当大事，必能济大事而致"元吉"，乃为"无咎"。能致"元吉"，则在上者任之为知人，己当之为胜任，不然，则上下皆有咎也。

六二，或益之十朋之龟，弗克违，永贞，吉，王用享于帝，吉。

六二，处中正而体柔顺，有虚中之象。人处中正之道，虚其中以求益，而能顺从天下，孰不愿告而益之？《孟子》曰："夫苟好善，则四海之内皆将轻千里而来，告之以善。"夫满则不受，虚则来物，理自然也。故或有可益之事，则众朋助而益之。"十"者，众辞。众人所是，理之至当也。"龟"者，占吉凶、辨是非之物，言其至是，龟不能违也。"永贞，吉"，就六二之才而言。二，中正虚中，能得众人之益者也，然而质本阴柔，故戒在常永贞固，则吉也。求益之道，非永贞，则安能守也？《损》之六五，"十朋之龟，元吉"者，盖居尊自损，应下之刚，以柔而居刚，柔为虚受，刚为固守，求益之至善，故"元吉"也。六二，虚中求益，亦有刚阳之应，而以柔居柔，疑益之未固也，故戒能常永贞固则吉也。"王用享于帝，吉"，如二之虚中而能永贞，用以享上帝，犹当获吉，况与人接物，其意有不通乎？求益于人，有不应乎？祭天，天子之事，故云"王用"也。

《象》曰："或益之"，自外来也。

既中正虚中，能受天下之善而固守，则有有益之事，众人自外来益之矣。或曰："自外来，岂非谓五乎？"曰："如二之中正虚中，天下孰不愿益之？五为正应，固在其中矣。"

六三，益之用凶事，无咎，有孚，中行，告公用圭。

三居下体之上，在民上者也，乃守令也。居阳应刚，处动之极，居民上而刚决，果于为益者也。果于为益，用之凶事则无咎。"凶事"，谓患难非常之事。三居下之上，在下当承禀于上，安得自任，擅为益乎？唯于患难非常之事，则可量宜应卒，奋不顾身，力庇其民，故"无咎"也。下专自任，上必忌疾，虽当凶难，以义在可为，然必有其孚诚，而所为合于中道，则诚意通于上，而上信与之矣。专为而无为上爱民之至诚，固不可也；虽有诚意，而所为不合中行，亦不可也。"圭"者，通信之物。《礼》云："大夫执圭而使，所以申信也。"凡祭祀、朝聘用圭玉，所以通达诚信也。有诚孚而得中道，则能使上信之，是犹告公上用圭玉也，其孚能通达于上矣。在下而有为之道，固当"有孚，中行"。又，三，阴爻而不中，故发此义。或曰："三乃阴柔，何得反以刚果任事为义？"曰："三，质虽本阴，然其居阳，乃自处以刚也。应刚，乃志在乎刚也。居动之极，刚果于行也。以此行益，非刚果而何？《易》以所胜为义，故不论其本质也。"

《象》曰："益用凶事"，固有之也。

六三，益之独可用于凶事者，以其固有之也，谓专固自任其事也。居下当禀承于上，乃专任其事，唯救民之凶灾，拯时之艰急，则可也。乃处急难变故之权宜，故得无咎，若平时，则不可也。

六四，中行，告公从，利用为依、迁国。

四当益时，处近君之位，居得其正，以柔巽辅上，而下顺应于初之刚阳，如是可以益于上也。唯处不得其中，而所应又不中，是不足于中也。故云："若行得中道，则可以益于君上，告于上而获信从矣。"以柔巽之体，非有刚特之操，故"利用为依、迁国"。"为依"，依附于上也；"迁国"，顺下而动也。上依刚中之君而致其益，下顺刚阳之才以行其事，利用如是也。自古国邑，民不安其居则迁。"迁国"者，顺卜而动也。

《象》曰："告公从"，以益志也。

爻辞但云"得中行，则告公而获从"，《象》复明之，曰："告公而获从者，告之以益天下之志也。"志苟在于益天下，上必信而从之。事君者，不患上之不从，患其志之不诚也。

九五，有孚，惠心，勿问元吉，有孚惠我德。

五，刚阳中正，居尊位，又得六二之中正相应，以行其益，何所不利？以阳实在中，"有孚"之象也。以九五之德、之才、之位而中心至诚，在惠益于物，其至善大吉，不问可知，故云"勿问元吉"。人君居得致之位，操可致之权，苟至诚益于天下，天下受其大福，其元吉不假言也。"有孚惠我德"，人君至诚，益于天下，天下之人，无不至诚爱戴，以君之德泽为恩惠也。

《象》曰："有孚，惠心"，勿问之矣；"惠我德"，大得志也。

人君有至诚惠益天下之心，其元吉不假言也，故云"勿问之矣"。天下至诚怀吾德以为惠，是其道大行，人君之志得矣。

上九，莫益之，或击之，立心勿恒，凶。

上居无位之地，非行益于人者也；以刚处益之极，求益之甚者也；所应者阴，非取善自益者也。利者，众人所同欲也。专欲益己，其害大矣。欲之甚，则昏蔽而忘义理；求之极，则侵夺而致仇怨。故夫子曰："放于利而行，多怨。"孟子谓先利则"不夺不餍"，圣贤之深戒也。九以刚而求益之极，众人所共恶，故无益之者，而或攻击之矣。"立心勿恒，凶"，圣人戒人存心不可专利，云"勿恒如是，凶之道也"，所当速改也。

《象》曰："莫益之"，偏辞也；"或击之"，自外来也。

理者，天下之至公；利者，众人所同欲。苟公其心，不失其正理，则与众同利，无侵于人，人亦欲与之。若切于好利，蔽于自私，求自益以损于人，则人亦与之力争，故莫肯益之，而有击夺之者矣。云"莫益之"者，非其偏己之辞也。苟不偏己，合于公道，则人亦益之，何为击之乎？既求益于人，至于甚极，则人皆恶而欲攻之，故击之者自外来也。人为善，则千里之外应之。六二，中正虚己，益之者自外而至是也；苟为不善，则千里之外违之。上九，求益之极，击之者自外而至是也。《系辞》曰：

"君子安其身而后动，易其心而后语，定其交而后求，君子修此三者，故全也。危以动，则民不与也；惧以语，则民不应也；无交而求，则民不与也。莫之与，则伤之者至矣。《易》曰：'莫益之，或击之，立心勿恒，凶。'"君子言、动与求，皆以其道，乃完善也；不然，则取伤而凶矣。

夬

☰☱ 乾下兑上

《夬》，《序卦》："益而不已必决，故受之以《夬》。夬者，决也。"益之极，必决而后止，理无常益，益而不已，已乃决也，《夬》所以次《益》也。为卦，兑上乾下。以二体言之，泽，水之聚也，乃上于至高之处，有溃决之象。以爻言之，五阳在下，长而将极；一阴在上，消而将尽；众阳上进，决去一阴，所以为《夬》也。夬者，刚决之义。众阳进而决去一阴，君子道长，小人消衰将尽之时也。

《夬》：扬于王庭，孚号有厉。

小人方盛之时，君子之道未胜，安能显然以正道决去之？故含晦俟时，渐图消之之道。今既小人衰微，君子道盛，当显行之于公朝，使人明知善恶，故云"扬于王庭"。"孚"，信之在中，诚意也。"号"者，命众之辞。君子之道虽长盛，而不敢忘戒备，故至诚以命众，使知尚有危道，虽以此之甚盛决彼之甚衰，若易而无备，则有不虞之悔，是尚有危理，必有戒惧之心，则无患也。圣人设戒之意，深矣。

告自邑，不利即戎，利有攸往。

君子之治小人，以其不善也，必以己之善道胜革之，故圣人诛乱，必先修己，舜之"敷文德"是也。"邑"，私邑。"告自邑"，先自治也。以众阳之盛决于一阴，力固有余，然不可极其刚至于太过，太过乃如《蒙》上九之"为寇"也。"戎"，兵者，强武之事。"不利即戎"，谓不宜尚壮武也。"即"，从也。从戎，尚武也。"利有攸往"，阳虽盛，未极乎上；阴虽微，犹有未去，是小人尚有存者，君子之道有未至也，故宜进而往也。不尚刚武而其道益进，乃夬之善也。

《彖》曰：夬，决也，刚决柔也。健而说，决而和。

夬为决义，五阳决上之一阴也。"健而说，决而和"，以二体言卦才也。下健而上说，是健而能说，决而能和，决之至善也。兑说为和。

"扬于王庭"，柔乘五刚也。

柔虽消矣，然居五刚之上，犹为乘陵之象。阴而乘阳，非理之甚。君子势既足以去之，当显扬其罪于王朝大庭，使众知善恶也。

"孚号有厉"，其危乃光也。

尽诚信以命其众，而知有危惧，则君子之道乃无虞而光大也。

"告自邑，不利即戎"，所尚乃穷也。

当先自治，不宜专尚刚武。"即戎"，则所尚乃至穷极矣。夬之时，"所尚"谓刚武也。

"利有攸往"，刚长乃终也。

阳刚虽盛，长犹未终，尚有一阴，更当决去，则君子之道纯一，而无害之者矣，乃刚长之终也。

《象》曰：泽上于天，夬，君子以施禄及下，居德则忌。

泽，水之聚也，而上于天至高之处，故为夬象。君子观泽决于上而注溉于下之象，则"以施禄及下"，谓施其禄泽以及于下也；观其决溃之象，则以"居德则忌"。"居德"，谓安处其德则约也；"忌"，防也。谓约立防禁，有防禁，则无溃散也。王弼作"明忌"，亦通。不云"泽在天上"，而云"泽上于天"。"上于天"，则意不安而有决溃之势；云"在天上"，乃安辞也。

初九，壮于前趾，往不胜，为咎。

九，阳爻而乾体，刚健在上之物，乃在下而居决时，壮于前进者也。"前趾"，谓进行。人之决于行也，行而宜，则其决为是；往而不宜，则决之过也，故往而不胜则为咎也。夬之时而往，往决也，故以胜负言。九居初而壮于进，躁于动者也，故有"不胜"之戒。阴虽将尽，而己之躁动，自宜有不胜之咎，不计彼也。

《象》曰：不胜而往，咎也。

人之行，必度其事可为，然后决之，则无过矣。理不能胜，而且往，其咎可知。凡行而有咎者，皆决之过也。

九二，惕号，莫夜有戎，勿恤。

夬者，阳决阴，君子决小人之时，不可忘戒备也。阳长将极之时，而二处中居柔，不为过刚，能知戒备，处夬之至善也。内怀兢惕，而外严诫号，虽莫夜有兵戎，亦可"勿恤"矣。

《象》曰："有戎，勿恤"，得中道也。

莫夜有兵戎，可惧之甚也，然可"勿恤"者，以自处之善也。既得中道，又知惕惧，且有戒备，何事之足恤也？九居二，虽得中，然非正，其为至善，何也？曰："阳决阴，君子决小人，而得中，岂有不正也？"知时识势，学《易》之大方也。

九三，壮于頄，有凶。君子夬夬，独行遇雨，若濡，有愠，无咎。

爻辞差错，安定胡公移其文曰："壮于頄，有凶，独行遇雨，若濡，有愠，君子夬夬，无咎。"亦未安也。当云："壮于頄，有凶，独行遇雨，君子夬夬，若濡，有愠，无咎。"夬决，尚刚健之时。三居下体之上，又处健体之极，刚果于决者也。"頄"，颧骨也，在上而未极于上者也。三居下体之上，虽在上而未为最上，上有君而自任其刚决，"壮于頄"者也，有凶之道也。"独行遇雨"，三与上六为正应，方群阳共决一阴之时，己若以私应之，故不与众同而"独行"，则与上六阴阳和合，故云"遇雨"。《易》中言雨者，皆谓阴阳和也。君子道长，决去小人之时，而己独与之和，其非可知。唯君子处斯时，则能"夬夬"，谓夬其夬，果决其断也。虽其私与，当远绝之，若见濡污，有愠恶之色，如此则无过咎也。三，健体而处正，非必有是失也，因此义以为教耳。爻文所以交错者，由有"遇雨"字，又有"濡"字，故误以为连也。

《象》曰："君子夬夬"，终无咎也。

牵梏于私好，由无决也。君子义之与比，决于当决，故终不至于有咎也。

九四，臀无肤，其行次且，牵羊悔亡，闻言不信。

"臀无肤"，居不安也；"行次且"，进不前也。"次且"，进难之状。九四以阳居阴，刚决不足，欲止则众阳并进于下，势不得安，犹臀伤而居不能安也；欲行则居柔失其刚壮，不能强进，故"其行次且"也。"牵羊悔亡"，羊者，群行之物。牵者，挽拽之义。言若能自强，而牵挽以从群行，则可以亡其悔。然既处柔，必不能也，虽使闻是言，亦必不能信用也。夫过而能改，闻善而能用，克己以从义，唯刚明者能之。在它卦，九居四，其失未至如此之甚；在《夬》而居柔，其害大矣。

《象》曰："其行次且"，位不当也；"闻言不信"，聪不明也。

九处阴位，不当也；以阳居柔，失其刚决，故不能强进，"其行次且"。刚然后能明，处柔则迁，失其正性，岂复有明也？故闻言而不能信者，盖其聪听之不明也。

九五，苋陆夬夬，中行无咎。

五虽刚阳中正，居尊位，然切近于上六，上六说体，而卦独一阴，阳之所比也。五为决阴之主，而反比之，其咎大矣。故必决其决，如苋陆然，则于其中行之德为无咎也。"中行"，中道也。"苋陆"，今所谓马齿苋是也，曝之难干，感阴气之多者也，而脆易折。五若如苋陆，虽感于阴而决断之易，则于中行无过咎矣，不然，则失其中正也。感阴多之物，苋陆为易断，故取为象。

《象》曰："中行无咎"，中未光也。

爻辞言"夬夬，则于中行为无咎矣"，《象》复尽其义，云："中未光也。"夫人心正意诚，乃能极中正之道，而充实光辉。五，心有所比，以义之不可而决之，虽行于外，不失中正之义，可以无咎，然于中道，未得为光大也。盖人心一有所欲，则离道矣，夫子于此，示人之意深矣。

上六，无号，终有凶。

阳长将极，阴消将尽，独一阴处穷极之地，是众君子得时，决去危极之小人也，其势必须消尽，故云"无用号咷畏惧，终必有凶也"。

《象》曰："无号"之"凶"，终不可长也。

阳刚君子之道，进而益盛。小人之道，既已穷极，自然消亡，岂复能长久乎？虽号咷，无以为也，故云"终不可长也"。先儒以卦中有"孚号""惕号"，欲以"无号"为"无号"，作去声，谓无用更加号令，非也。一卦中，适有两去声字，一平声字，何害？而读《易》者率皆疑之。或曰："圣人之于天下，虽大恶，未尝必绝之也，今直使之'无号'，谓必有凶，可乎？"曰："夬者，小人之道消亡之时也。决去小人之道，岂必尽诛之乎？使之变革，乃小人之道亡也，道亡，乃其凶也。"

姤

䷫ 巽下乾上

《姤》，《序卦》："夬，决也。决必有所遇，故受之以《姤》。姤，遇也。"决，判也，物之决判，则有遇合，本合则何遇？《姤》所以次《夬》也。为卦，乾上巽下。以二体言之，风行天下，天之下者，万物也，风之行，无不经触，乃遇之象。又一阴始生于下，阴与阳遇也，故为姤。

《姤》：女壮，勿用取女。

一阴始生，自是而长，渐以盛矣，是女之将长壮也。阴长则阳消，女壮则男弱，故戒勿用取如是之女。取女者，欲其柔和顺从，以成家道。《姤》乃方进之阴，渐壮而敌阳者，是以不可取也。女渐壮，则失男女之正，家道败矣。《姤》虽一阴甚微，然有渐壮之道，所以戒也。

《彖》曰：姤，遇也，柔遇刚也。

姤之义，遇也。卦之为《姤》，以柔遇刚也。一阴方生，始与阳相遇也。

"勿用取女"，不可与长也。

一阴既生，渐长而盛，阴盛则阳衰矣。取女者，欲长久而成家也，此渐盛之阴，将消胜于阳，不可与之长久也。凡女子、小人、夷狄，势苟渐盛，何可与久也？故戒勿用取如是之女。

天地相遇，品物咸章也。

阴始生于下，与阳相遇，"天地相遇"也。阴阳不相交遇，则万物不生。"天地相遇"，则化育庶类；"品物咸章"，万物章明也。

刚遇中正，天下大行也。

以卦才言也。五与二，皆以阳刚居中与正，以中正相遇也。君得刚中之臣，臣遇中正之君，君臣以刚阳遇中正，其道可以大行于天下矣。

姤之时义大矣哉！

赞姤之时与姤之义至大也。天地不相遇，则万物不生；君臣不相遇，则政治不兴；圣贤不相遇，则道德不亨；事物不相遇，则功用不成。姤之时与义，皆甚大也。

《象》曰：天下有风，姤，后以施命诰四方。

风行天下，无所不周，为君后者，观其周遍之象，以施其命令，周诰四方也。风行地上，与天下有风，皆为周遍庶物之象，而行于地上，遍触万物，则为《观》，经历观省之象也；行于天下，周遍四方，则为《姤》，施发命令之象也。诸《象》，或称先王，或称后，或称君子、大人。称先王者，先王所以立法制、建国、作乐、省方、敕法、闭关、育物、享帝，皆是也；称后者，后王之所为也，"财成天地之道"、"施命诰四方"是也。君子则上下之通称；大人者，王公之通称。

初六，系于金柅，贞吉；有攸往，见凶，羸豕孚蹢躅。

《姤》，阴始生而将长之卦。一阴生，则长而渐盛，阴长则阳消，小人道长也，制之当于其微而未盛之时。"梏"，止车之物，金为之，坚强之至也。止之以金梏，而又系之，止之固也。固止使不得进，则阳刚贞正之道，吉也。使之进往，则渐盛而害于阳，是"见凶"也。"羸豕孚蹢躅"，圣人重为之戒，言阴虽甚微，不可忽也。"豕"，阴躁之物，故以为况。羸弱之豕，虽未能强猛，然其中心在乎蹢躅。"蹢躅"，跳踯也。阴微而在下，可谓羸矣，然其中心常在乎消阳也。君子、小人异道，小人虽微弱之时，未尝无害君子之心，防于微，则无能为矣。

《象》曰："系于金梏"，柔道牵也。

"牵"者，引而进也。阴始生而渐进，柔道方牵也。系之于金梏，所以止其进也。不使进，则不能消正道，乃贞吉也。

九二，包有鱼，无咎，不利宾。

姤，遇也。二与初密比，相遇者也。在他卦，则初正应于四；在《姤》，则以遇为重。相遇之道，主于专一。二之刚中，遇固以诚，然初之阴柔，群阳在上，而又有所应者，其志所求也，阴柔之质鲜克贞固，二之于初，难得其诚心矣。所遇不得其诚心，遇道之乖也。"包"者，苴裹也。"鱼"，阴物之美者。阳之于阴，其所悦美，故取鱼象。二于初，若能固畜之，如包苴之有鱼，则于遇为无咎矣。"宾"，外来者也。"不利宾"，包苴之鱼，岂能及宾？谓不可更及外人也。遇道当专一，二则杂矣。

《象》曰："包有鱼"，义不及宾也。

二之遇初，不可使有二于外，当如包苴之有鱼，包苴之鱼，义不及于宾客也。

九三，臀无肤，其行次且，厉，无大咎。

二与初既相遇，三说初而密比于二，非所安也，又为二所忌恶，其居不安，若臀之无肤也。处既不安，则当去之，而居姤之时，志求乎遇，一阴在下，是所欲也，故处虽不安，而其行则又次且也。"次且"，进难之状，谓不能遽舍也。然三刚正而处巽，有不终迷之义。若知其不正而怀危惧，不敢妄动，则可以无大咎。非义求遇，固已有咎矣；知危而止，则不至于大咎也。

《象》曰："其行次且"，行未牵也。

其始，志在求遇于初，故其行迟迟未牵，不促其行也。既知危而改之，故未至于大咎也。

九四，包无鱼，起凶。

"包"者，所裹畜也；"鱼"，所美也。四与初为正应，当相遇者也，而初已遇于二矣，失其所遇，犹包之无鱼，亡其所有也。四当姤遇之时，居上位而失其下，下之离，由己之失德也。四之失者，不中正也。以不中正而失其民，所以凶也。曰："初之从二，以比近也，岂四之罪乎？"曰："在四而言，义当有咎，不能保其下，由失道也。岂有上不失道而下离者乎？"遇之道，君臣、民主、夫妇、朋友皆在焉。四以下睽，故主民而言。为上而下离，必有凶变。"起"者，将生之谓。民心既离，难将作矣。

《象》曰："无鱼"之"凶"，远民也。

下之离，由己致之。"远民"者，己远之也，为上者有以使之离也。

九五，以杞包瓜，含章，有陨自天。

九五，下亦无应，非有遇也，然得遇之道，故终必有遇。夫上下之遇，由相求也。"杞"，高木而叶大。处高体大，而可以包物者，杞也；美实之在下者，瓜也。美而居下者，侧微之贤之象也。九五尊居君位，而下求贤才，以至高而求至下，犹以杞叶而包瓜，能自降屈如此；又其内蕴中正之德，充实章美，人君如是，则无有不遇所求者也。虽屈己求贤，若其德不正，贤者不屑也，故必含蓄章美，内积至诚，则"有陨自天"矣，犹云自天而降，言必得之也。自古人君至诚降屈，以中正之道，求天下之贤，未有不遇者也。高宗感于梦寐，文王遇于渔钓，皆由是道也。

《象》曰："九五，含章"，中正也。

所谓"含章"，谓其含蕴中正之德也。德充实，则成章而有辉光。

"有陨自天"，志不舍命也。

"命"，天理也。"舍"，违也。至诚中正，屈己求贤，存志合于天理，所以"有陨自天"，必得之矣。

上九，姤其角，吝，无咎。

至刚而在最上者，角也。九，以刚居上，故以角为象。人之相遇，由降屈以相从，和顺以相接，故能合也。上九，高亢而刚极，人谁与之？以此求遇，固可吝也。己则如是，人之远之，非他人之罪也，由己致之，故无所归咎。

《象》曰："姤其角"，上穷吝也。

既处穷上，刚亦极矣，是上穷而致吝也。以刚极居高而求遇，不亦难乎？

萃

䷬坤下兑上

《萃》，《序卦》："姤者，遇也。物相遇而后聚，故受之以《萃》。萃者，聚也。"物相会遇则成群，《萃》所以次《姤》也。为卦，兑上坤下，泽上于地，水之聚也，故为《萃》。不言"泽在地上"，而云"泽上于地"，言"上于地"，则为方聚之义也。

《萃》：亨，王假有庙。

王者萃聚天下之道，至于"有庙"，极也。群生，至众也，而可一其归仰；人心，莫知其乡也，而能致其诚敬；鬼神之不可度也，而能致其来格。天下萃合人心，总摄众志之道，非一，其至大莫过于宗庙，故王者萃天下之道，至于"有庙"，则萃道之至也。祭祀之报，本于人心，圣人制礼以成其德耳。故豺獭能祭，其性然也。"萃"下有"亨"字，羡文也。"亨"字自在下，与《涣》不同。《涣》则先言卦才，《萃》乃先言卦义，《彖》辞甚明。

利见大人，亨，利贞。

天下之聚，必得大人以治之。人聚则乱，物聚则争，事聚则紊，非大人治之，则萃所以致争乱也。萃以不正，则人聚为苟合，财聚为悖入，安得亨乎？故"利贞"。

用大牲，吉，利有攸往。

萃者，丰厚之时也，其用宜称，故"用大牲，吉"。事莫重于祭，故以祭享而言。上交鬼神，下接民物，百用莫不皆然。当萃之时，而交物以厚，则是享丰富之吉也，天下莫不同其富乐矣。若时之厚，而交物以薄，乃不享其丰美，天下莫之与，而悔吝生矣。盖随时之宜，顺理而行，故《象》云"顺天命也"。夫不能有为者，力之不足也，当萃之时，故"利有攸往"。大凡兴工立事，贵得可为之时，萃而后用，是以动而有裕，天理然也。

《象》曰：萃，聚也。顺以说，刚中而应，故聚也。

萃之义，聚也。"顺以说"，以卦才言也。上说而下顺，为上以说道使民，而顺于人心；下说上之政令，而顺从于上。既上下顺说，又阳刚处中正之位，而下有应助，如此故能聚也。欲天下之萃，才非如是不能也。

"王假有庙"，致孝享也。

王者萃人心之道，至于建立宗庙，所以致其孝享之诚也。祭祀，人心之所自尽也，故萃天下之心者，无如"孝享"。王者萃天下之道，至于"有庙"，则其极也。

利见大人，亨，聚以正也。

萃之时，"见大人"则能亨，盖聚以正道也。"见大人"，则其聚以正道，得其正则亨矣。萃不以正，其能亨乎？

"用大牲，吉，利有攸往"，顺天命也。

"用大牲"，承上"有庙"之文，以享祀而言。凡事莫不如是。丰聚之时，交于物者当厚，称其宜也。物聚而力瞻，乃可以有为，故"利有攸往"。皆天理然也，故云"顺天命也"。

观其所聚，而天地万物之情可见矣。

观萃之理，可以见天地万物之情也。天地之化育，万物之生成，凡有者，皆聚也。有无、动静、终始之理，聚散而已。故观其所以聚，则"天地万物之情可见矣"。

《象》曰：泽上于地，萃，君子以除戎器，戒不虞。

"泽上于地"，为萃聚之象。君子观《萃》象，以除治戎器，用戒备于不虞。凡物之萃，则有不虞度之事，故众聚则有争，物聚则有夺。大率既聚则多故矣，故观《萃》象而戒也。"除"谓简治也，去弊恶也。除而聚之，所以"戒不虞"也。

初六，有孚不终，乃乱乃萃，若号，一握为笑，勿恤，往无咎。

初与四为正应，本有孚以相从者也。然当萃时，三阴聚处，柔无守正之节，若舍正应而从其类，乃有孚而不终也。"乃乱"，惑乱其心也；"乃萃"，与其同类聚也。初若守正不从，号呼以求正应，则一握笑之矣。"一握"，俗语一团也，谓众聚以为笑也。若能"勿恤"而往从刚阳之正应，则无过咎，不然，则入小人之群矣。

《象》曰："乃乱乃萃"，其志乱也。

其心志为同类所惑乱，故"乃萃"于群阴也。不能固其守，则为小人所惑乱，而失其正矣。

六二，引吉无咎，孚乃利用禴。

初阴柔，又非中正，恐不能终其孚，故因其才而为之戒。二虽阴柔，而得中正，故虽戒而微辞。凡爻之辞，关得失二端者，为法为戒，亦各随其才而设也。"引吉无咎"，"引"者，相牵也。人之交，相求则合，相待则离。二与五为正应，当萃者也，而相远，又在群阴之间，必相牵引，则得其萃矣。五居尊位，有中正之德，二亦以中正之道往与之萃，乃君臣和合也。其所共致，岂可量也？是以吉而无咎也。无咎者，善补过也。二与五不相引，则过矣。"孚乃利用禴"，"孚"，信之在中，诚之谓也。"禴"，祭之简薄者也。菲薄而祭，不尚备物，直以诚意交于神明也。"孚乃"者，谓有其孚则可不用文饰，专以至诚交于上也。以"禴"言者，谓荐其诚而已，上下相聚而尚饰焉，是未诚也。盖其中实者，不假饰于外，"用禴"之义也。孚信者，萃之本也。不独君臣之聚，凡天下之聚，在诚而已。

《象》曰："引吉无咎"，中未变也。

萃之时，以得聚为吉，故九四为得上下之萃。二与五虽正应，然异处有间，乃当萃而未合者也，故能相引而萃，则吉而无咎。以其有中正之德，未遽至改变也，变则不相引矣。或曰："二既有中正之德，而《象》云'未变'，辞若不足，何也？"曰："群阴比处，乃其类聚。方萃之时，居其间，能自守不变，远须正应，刚立者能之。二，阴柔之才，以其有中正之德，可觊其未至于变耳，故《象》含其意以存戒也。"

六三，萃如，嗟如，无攸利，往无咎，小吝。

三，阴柔不中正之人也，求萃于人，而人莫与。求四，则非其正应，又非其类，是以不正，为四所弃也；与二，则二自以中正应五，是以不正，为二所不与也。故欲"萃如"，则为人弃绝而"嗟如"，不获萃而嗟恨也。上下皆不与，无所利也。惟往而从上六，则得其萃，为"无咎"也。三与上，虽非阴阳正应，然萃之时，以类相从，皆以柔居一体之上，又皆无与，居相应之地，上复处说顺之极，故得其萃而无咎也。《易》道变动无常，在人识之。然而，"小吝"，何也？三始求萃于四与二，不获而后往从上六，人之动为如此，虽得所求，亦可小羞吝也。

《象》曰："往无咎"，上巽也。

上居柔说之极，三往而无咎者，上六巽顺而受之也。

九四，大吉无咎。

四当萃之时，上比九五之君，得君臣之聚也；下比下体群阴，得下民之聚也。得上下之聚，可谓善矣。然四以阳居阴，非正也，虽得上下之聚，必得"大吉"然后为"无咎"也。"大"为周遍之义，无所不周，然后为大。无所不正，则为"大吉"，"大吉"则"无咎"也。夫上下之聚，固有不由正道而得者。非理枉道而得君者，自古多矣；非理枉道而得民者，盖亦有焉，如齐之陈恒，鲁之季氏是也。然得为"大吉"乎？得为"无咎"乎？故九四必能"大吉"然后为"无咎"也。

《象》曰："大吉无咎"，位不当也。

以其位之不当，疑其所为未能尽善，故云"必得'大吉'然后为'无咎'也"。非尽善，安得为"大吉"乎？

九五，萃有位，无咎。匪孚，元、永、贞，悔亡。

九五居天下之尊，萃天下之众而君临之，当正其位，修其德。以阳刚居尊位，称其位矣，为有其位矣，得中正之道，无过咎也。如是而有不信而未归者，则当自反以修其"元、永、贞"之德，则无思不服，而"悔亡"矣。"元、永、贞"者，君之德，民所归也，故比天下之道与萃天下之道，皆在此三者。王者既有其位，又有其德，中正无过咎，而天下尚有未信服归附者，盖其道未光大也，元、永、贞之道未至也，在修德以来之。如苗民逆命，帝乃"诞敷文德"。舜德非不至也，盖有远近、昏明之异，故其归有先后，既有未归，则当修德也。所谓德，元、永、贞之道也。"元"，首也，长也，为君德首出庶物，君长群生，有尊大之义焉，有主统之义焉，而又恒永、贞固，则通于神明，光于四海，无思不服矣，乃无"匪孚"而其"悔亡"也。所谓"悔"，志之未光，心之未慊也。

《象》曰："萃有位"，志未光也。
《象》举爻上句。王者之志，必欲诚信著于天下，有感必通，含生之类，莫不怀归，若尚有"匪孚"，是其志之未光大也。

上六，赍咨涕洟，无咎。
六，说之主，阴柔小人说高位而处之，天下孰肯与也？求萃而人莫之与，其穷至于赍咨而涕洟也。"赍咨"，咨嗟也。人之绝之，由己自取，又将谁咎？为人恶绝，不知所为，则陨获而至嗟涕，真小人之情状也。

《象》曰："赍咨涕洟"，未安上也。
小人所处，常失其宜。既贪而从欲，不能自择安地，至于困穷，则颠沛不知所为。六之"涕洟"，盖不安于处上也。君子慎其所处，非义不居，不幸而有危困，则泰然自安，不以累其心。小人居不择安，常履非据，及其穷迫，则陨获躁挠，甚至涕洟，为可羞也。"未"者，非遽之辞，犹俗云未便也。未便能安于上也。阴而居上，孤处无与，既非其据，岂能安乎？

升

䷭ 巽下坤上

《升》，《序卦》："萃者，聚也。聚而上者谓之升，故受之以《升》。"物之积聚而益高大，聚而上也，故为《升》，所以次于《萃》也。为卦，坤上巽下，木在地下，为地中生木。木生地中，长而益高，为升之象也。

《升》：元亨，用见大人，勿恤，南征吉。

升者，进而上也。升进则有亨义，而以卦才之善，故"元亨"也。用此道以见大人，不假忧恤，前进则吉也。"南征"，前进也。

《彖》曰：柔以时升。巽而顺，刚中而应，是以大亨。

以二体言，柔升，谓坤上行也。巽既体卑而就下，坤乃顺时而上升，"以时"也，谓时当升也。柔既上而成升，则下巽而上顺，以巽顺之道升，可谓时矣。二以刚中之道应于五，五以中顺之德应于二，能巽而顺，其升以时，是以"元亨"也。《彖》文误作"大亨"，解在《大有》卦。

"用见大人，勿恤"，有庆也。

凡升之道，必由大人。升于位则由王公，升于道则由圣贤。用巽顺刚中之道以见大人，必遂其升。"勿恤"，不忧其不遂也。遂其升，则己之福庆，而福庆及物也。

"南征吉"，志行也。

"南"，人之所向。"南征"，谓前进也。前进则遂其升而得行其志，是以吉也。

《象》曰：地中生木，升，君子以顺德，积小以高大。

木生地中，长而上升，为《升》之象。君子观《升》之象，以顺修其德，积累微小，以至高大也。顺则可进，逆乃退也。万物之进，皆以顺道也。善不积，不足以成名。学业之充实，道德之崇高，皆由积累而至。积小所以成高大，《升》之义也。

初六，允升，大吉。

初以柔居巽体之下，又巽之主，上承于九二之刚，巽之至者也。二以刚中之德，上应于君，当升之任者也。"允"者，信从也。初之柔巽，唯信从于二，信二而从之同升，乃"大吉"也。二以德言，则刚中；以力言，则当任。初之阴柔，又无应援，不能自升，从于刚中之贤以进，是由刚中之道也，吉孰大焉？

《象》曰："允升，大吉"，上合志也。

与在上者合志同升也。上谓九二。从二而升，乃与二同志也。能信从刚中之贤，所以大吉。

九二，孚乃利用禴，无咎。

二，阳刚而在下；五，阴柔而居上。夫以刚而事柔，以阳而从阴，虽有时而然，非顺道也。以暗而临明，以刚而事弱，若黾勉于事势，非诚服也。上下之交不以诚，其可以久乎？其可以有为乎？五虽阴柔，然居尊位；二虽刚阳，事上者也。

当内存至诚，不假文饰于外，诚积于中，则自不事外饰，故曰"利用禴"，谓尚诚敬也。自古刚强之臣事柔弱之君，未有不为矫饰者也。"禴"，祭之简质者也。云"孚乃"，谓既孚乃宜不用文饰，专以其诚感通于上也，如是则得"无咎"。以刚强之臣而事柔弱之君，又当升之时，非诚意相交，其能免于咎乎？

《象》曰：九二之孚，有喜也。

二能以孚诚事上，则不唯为臣之道无咎而已，可以行刚中之道，泽及天下，是"有喜"也。凡《象》言"有庆"者，如是则有福庆及于物也；言"有喜"者，事既善而又有可喜也。如《大畜》"童牛之牿，元吉"，《象》云"有喜"，盖牿于童则易，又免强制之难，是有可喜也。

九三，升虚邑。

三以阳刚之才，正而且巽，上皆顺之，复有援应，以是而升，如入无人之邑，孰御哉？

《象》曰："升虚邑"，无所疑也。

入无人之邑，其进无疑阻也。

六四，王用亨于岐山，吉，无咎。

四，柔顺之才，上顺君之升，下顺下之进，己则止其所焉，以阴居柔，阴而在下，止其所也。昔者文王之居岐山之下，上顺天子，而欲致之有道；下顺天下之贤，而使之升进，己则柔顺谦恭，不出其位，至德如此，周之王业，用是而亨也。四能如是，则亨而吉，且无咎矣。四之才固自善矣，复有"无咎"之辞，何也？曰："四之才虽善，而其位当戒也。居近君之位，在升之时，不可复升，升则凶咎可知。故云'如文王，则吉而无咎也'。然处大臣之位，不得无事于升，当上升其君之道，下升天下之贤，己则止其分焉。分虽当止，而德则当升也，道则当亨也。尽斯道者，其唯文王乎！"

《象》曰："王用亨于岐山"，顺事也。

四居近君之位，而当升时，得吉而无咎者，以其有顺德也。以柔居坤，顺之至也。文王之亨于岐山，亦以顺时而已。上顺于上，下顺乎下，己顺处其义，故云"顺事也"。

六五，贞吉，升阶。

五，以下有刚中之应，故能居尊位而吉，然质本阴柔，必守贞固，乃得其吉也。若不能贞固，则信贤不笃，任贤不终，安能吉也？"阶"，所由而升也。任刚中之贤，辅之而升，犹登进自阶，言有由而易也。指言九二正应，然在下之贤，皆用升之阶也，能用贤则汇升矣。

《象》曰："贞吉，升阶"，大得志也。

倚任贤才，而能贞固，如是而升，可以致天下之大治，其志可大得也。君道之升，患无贤才之助尔，有助则犹自阶而升也。

上六，冥升，利于不息之贞。

六，以阴居升之极，昏冥于升，知进而不知止者也，其为不明甚矣。然求升不已之心，有时而用于贞正，而当不息之事，则为宜矣。君子于贞正之德，终日乾乾，自强不息。如上六不已之心，用之于此，则利也。以小人贪求无已之心，移于进德，则何善如之？

《象》曰："冥升"在上，消不富也。

昏冥于升，极上而不知已，唯有消亡，岂复有加益也？"不富"，无复增益也。升既极，则有退而无进也。

卷第四　周易下经下

困

☲ 坎下兑上

《困》，《序卦》："升而不已必困，故受之以《困》。"升者，自下而上，自下升上，以力进也，不已必困矣，故《升》之后，受之以《困》也。困者，惫乏之义。为卦，兑上而坎下。水居泽上，则泽中有水也；乃在泽下，枯涸无水之象，为困乏之义。又兑以阴在上，坎以阳居下，与上六在二阳之上，而九二陷于二阴之中，皆阴柔掩于阳刚，所以为《困》也。君子为小人所掩蔽，穷困之时也。

《困》：亨，贞，大人吉，无咎，有言不信。

如卦之才，则困而能亨，且得贞正，乃大人处困之道也，故能吉而无咎。大人处困，不唯其道自吉，乐天安命，乃不失其吉也。况随时善处，复有裕乎？"有言不信"，当困而言，人谁信之？

《象》曰：《困》，刚掩也。

卦所以为《困》，以刚为柔所掩蔽也。陷于下而掩于上，所以困也。陷，亦掩也。刚阳君子而为阴柔小人所掩蔽，君子之道困窒之时也。

险以说，困而不失其所亨，其唯君子乎！

以卦才言处困之道也。下险而上说，为处险而能说，虽在困穷艰险之中，乐天安义，自得其说乐也。时虽困也，处不失义，则其道自亨，"困而不失其所亨"也。能如是者，其唯君子乎！若时当困而反亨，身虽亨，乃其道之困也。君子，大人通称。

"贞，大人吉"，以刚中也。

困而能贞，大人所以吉也，盖其以刚中之道也，五与二是也。非刚中，则遇困而失其正矣。

"有言不信"，尚口乃穷也。

当困而言，人所不信，欲以口免困，乃所以致穷也。以说处困，故有"尚口"之戒。

《象》曰：泽无水，困，君子以致命遂志。

泽无水，困乏之象也。君子当困穷之时，即尽其防虑之道，而不得免，则命也，当推致其命，以遂其志。知命之当然也，则穷塞祸患不以动其心，行吾义而已。苟不知命，则恐惧于险难，陨获于穷厄，所守亡矣，安能遂其为善之志乎？

初六，臀困于株木，入于幽谷，三岁不觌。

六以阴柔处于至卑，又居坎险之下，在困不能自济者也。必得在上刚明之人为援助，则可以济其困矣。初与四为正应，九四以阳而居阴为不正，失刚而不中，又方困于阴掩，是恶能济人之困？犹株木之下，不能荫覆于物。"株木"，无枝叶之木也。四，近君之位，在他卦不为无助，以居困而不能庇物，故为"株木"。"臀"，所以居也。"臀困于株木"，谓无所庇而不得安其居，居安，则非困也。"入于幽谷"，阴柔之人，非能安其所遇，既不能免于困，则益迷暗妄动，入于深困。"幽谷"，深暗

314

之所也。方益入于困，无自出之势，故至于"三岁不觌"，终困者也。"不觌"，不遇其所亨也。

《象》曰："入于幽谷"，幽不明也。

"幽不明也"，谓益入昏暗，自陷于深困也。明则不至于陷矣。

九二，困于酒食，朱绂方来，利用享祀，征凶，无咎。

"酒食"，人所欲而所以施惠也。二以刚中之才，而处困之时，君子安其所遇，虽穷厄险难，无所动其心，不恤其为困也。所困者，唯困于所欲耳。君子之所欲者，泽天下之民，济天下之困也。二未得遂其欲、施其惠，故为"困于酒食"也。大人、君子怀其道而困于下，必得有道之君求而用之，然后能施其所蕴。二以刚中之德困于下，上有九五刚中之君，道同德合，必来相求，故云"朱绂方来"。"方来"，方且来也。"朱绂"，王者之服，蔽膝也。以行来为义，故以蔽膝言之。"利用享祀"，"享祀"，以至诚通神明也。在困之时，利用至诚，如享祀然，其德既诚，自能感通于上。自昔贤哲困于幽远，而德卒升闻，道卒为用者，惟自守至诚而已。"征凶，无咎"，方困之时，若不至诚安处以俟命，征而求之，则犯难得凶，乃自取也，将谁咎乎？不度时而征，乃不安其所，为困所动也。失刚中之德，自取凶悔，何所怨咎？诸卦二、五以阴阳相应而吉，惟《小畜》与《困》，乃厄于阴，故同道相求。《小畜》，阳为阴所畜；《困》，阳为阴所掩也。

《象》曰："困于酒食"，中有庆也。

虽困于所欲，未能施惠于人，然守其刚中之德，必能致亨而有福庆也。虽使时未亨通，守其中德，亦君子之道，亨乃有庆也。

六三，困于石，据于蒺藜，入于其宫，不见其妻，凶。

六三以阴柔不中正之质，处险极而用刚。居阳，用刚也。不善处困之甚者也。"石"，坚重难胜之物；"蒺藜"，刺不可据之物。三以刚险而上进，则二阳在上，力不能胜，坚不可犯，益自困耳，"困于石"也。以不善之德，居九二刚中之上，其不安犹藉刺，"据于蒺藜"也。进退既皆益困，欲安其所，益不能矣。"宫"，其居所安也；"妻"，所安之主也。知进退之不可，而欲安其居，则失其所安矣。进退与处皆不可，唯死而已，其凶可知。《系辞》曰："非所困而困焉，名必辱；非所据而据焉，身必危。既辱且危，死期将至，妻其可得见耶？"二阳不可犯也，而犯之以取困，是"非所困而困"也。名辱，其事恶也。三在二上，固为据之，然苟能谦柔以下之，则无害矣。乃用刚险以乘之，则不安而取困，如据蒺藜也。如是，死期将至，所安之主可得而见乎？

《象》曰："据于蒺藜"，乘刚也；"入于其宫，不见其妻"，不祥也。

"据于蒺藜"，谓乘九二之刚，不安犹藉刺也。"不祥"者，不善之征。失其所安者，不善之效，故云"'不见其妻'，不祥也"。

九四，来徐徐，困于金车，吝，有终。

唯力不足故困，亨困之道，必由援助。当困之时，上下相求，理当然也。四与初为正应，然四以不中正处困，其才不足以济人之困。初比二，二有刚中之才，足以拯困，则宜为初所从矣。"金"，刚也；"车"，载物者也。二以刚在下载己，故谓之"金车"。四欲从初，而阻于二，故其来迟疑而徐徐，是"困于金车"也。己之所应，疑其少己而之他，将从之，则犹豫不敢遽前，岂不可羞吝乎？"有终"者，事之所归者，正也。初、四正应，终必相从也。寒士之妻，弱国之臣，各安其正而已，苟择势而从，则恶之大者，不容于世矣。二与四，皆以阳居阴，而二以刚中之才，所以能济困也。居阴者，尚柔也；得中者，不失刚柔之宜也。

《象》曰："来徐徐"，志在下也；虽不当位，有与也。

四应于初而隔于二，志在下求，故徐徐而来；虽居不当位为未善，然其正应相与，故有终也。

九五，劓刖，困于赤绂，乃徐有说，利用祭祀。

截鼻曰劓，伤于上也；去足为刖，伤于下也。上下皆掩于阴，为其害，"劓刖"之象也。五，君位也。人君之困，由上下无与也。"赤绂"，臣下之服，取行来之义，故以"绂"言。人君之困，以天下不来也，天下皆来，则非困也。五虽在困，而有刚中之德，下有九二刚中之贤，道同德合，徐必相应而来，共济天下之困，是始困而徐有喜说也。"利用祭祀"，祭祀之事，必致其诚敬而后受福。人君在困时，宜念天下之困，求天下之贤，若祭祀然，致其诚敬，则能致天下之贤，济天下之困矣。五与二同德，而云"上下无与"，何也？曰："阴阳相应者，自然相应也，如夫妇、骨肉，分定也。五与二皆阳爻，以刚中之德，同而相应，相求而后合者也，如君臣、朋友，义合也。方其始困，安有上下之与？有与，则非困，故徐合而后有说也。"二云"享祀"，五云"祭祀"，大意则宜用至诚，乃受福也。祭与祀、享，泛言之，则可通；分而言之，祭天神，祀地祇，享人鬼。五，君位言祭；二，在下言享。各以其所当用也。

《象》曰："臲卼"，志未得也；"乃徐有说"，以中直也；"利用祭祀"，受福也。

始为阴掩，无上下之与，方困未得志之时也。"徐而有说"，以中直之道，得在下之贤，共济于困也。不曰"中正"，与二合者，云"直"乃宜也。"直"比"正"意差缓。尽其诚意，如祭祀然，以求天下之贤，则能亨天下之困，而享受其福庆也。

上六，困于葛藟，于臲卼，曰动悔，有悔，征吉。

物极则反，事极则变。困既极矣，理当变矣。"葛藟"，缠束之物；"臲卼"，危动之状。六，处困之极，为困所缠束，而居最高危之地，困于葛藟与臲卼也。"动悔"，动辄有悔，无所不困也。"有悔"，咎前之失也。"曰"，自谓也。若能曰"如是动皆得悔，当变前之所为"，"有悔"也；能悔，则往而得吉也。困极而征，则出于困矣，故吉。三以阴在下卦之上而凶，上居一卦之上而无凶，何也？曰："三居刚而处险，困而用刚险，故凶。上以柔居说，唯为困极耳，困极则有变困之道也。"《困》与《屯》之上，皆以无应居卦终，《屯》则"泣血涟如"，《困》则"有悔，征吉"，《屯》险极而《困》说体故也，以说顺进，可以离乎困也。

《象》曰："困于葛藟"，未当也；"动悔，有悔"，
吉行也。

　　为困所缠而不能变，未得其道也，是处之未当也；知动则得
悔，遂有悔而去之，可出于困，是其行而吉也。

井

☰☵ 巽下坎上

《井》，《序卦》："困乎上者必反下，故受之以《井》。"承上"升而不已必困"为言，谓上升不已而困，则必反于下也。物之在下者，莫如井，《井》所以次《困》也。为卦，坎上巽下。坎，水也。巽之象，则木也；巽之义，则入也。木，器之象。木入于水下而上乎水，汲井之象也。

《井》：改邑不改井，无丧无得，往来井井。

井之为物，常而不可改也。邑可改而之他，井不可迁也，故曰"改邑不改井"。汲之而不竭，存之而不盈，"无丧无得"也；至者皆得其用，"往来井井"也。"无丧无得"，其德也常；"往来井井"，其用也周。常也，周也，井之道也。

汔至，亦未繘井，羸其瓶，凶。

"汔"，几也；"繘"，绠也。井以济用为功，几至而未及用，亦与未下繘于井同也。君子之道，贵乎有成，所以"五谷不熟，不如荑稗"，"掘井九仞而不及泉，犹为弃井"。有济物之用，而未及物，犹无有也。羸败其瓶而失之，其用丧矣，是以"凶"也。"羸"，毁败也。

《象》曰：巽乎水而上水，《井》。井，养而不穷也。"改邑不改井"，乃以刚中也。

巽入于水下而上其水者，井也。井之养于物，不有穷已，取之而不竭，德有常也。邑可改，井不可迁，亦其德之常也。二、五之爻，刚中之德，其常乃如是，卦之才与义合也。

"汔至，亦未繘井"，未有功也；"羸其瓶"，是以凶也。

虽使几至，既未为用，亦与"未繘井"同。井以济用为功，水出乃为用，未出则何功也？瓶所以上水而致用也，羸败其瓶，则不为用矣，"是以凶也"。

《象》曰：木上有水，井，君子以劳民劝相。

木承水而上之，乃器汲水而出井之象。君子观《井》之象，法井之德，以劳徕其民，而劝勉以相助之道也。劳徕其民，法井之用也；劝民使相助，法井之施也。

初六，井泥不食，旧井无禽。

井与鼎，皆物也，就物以为义。六以阴柔居下，上无应援，无上水之象。不能济物，乃井之不可食也。井之不可食，以泥污也。在井之下，有泥之象。井之用，以其水之养人也，无水，则舍置不用矣。井水之上，人获其用，禽鸟亦就而求焉。旧废之井，人既不食，水不复上，则禽鸟亦不复往矣，盖无以济物也。井本济人之物，六以阴居下，无上水之象，故为"不食"。井之不食，以泥也，犹人当济物之时而才弱无援，不能及物，为时所舍也。

《象》曰："井泥不食"，下也；"旧井无禽"，时舍也。

以阴而居井之下，泥之象也。无水而泥，人所不食也。人不食，则水不上。无以及禽鸟，禽鸟亦不至矣。见其不能济物，为时所舍置不用也。若能及禽鸟，是亦有所济也。"舍"，上声，与《乾》之"时舍"音不同。

九二，井谷射鲋，瓮敝漏。

二，虽刚阳之才而居下，上无应而比于初，不上而下之象也。井之道，上行者也；涧谷之水，则旁出而就下。二，居井而就下，失井之道，乃井而如谷也。井上出，则养人而济物，今乃下就污泥，注于鲋而已。"鲋"，或以为虾，或以为蟆，井泥中微物耳。"射"，注也，如谷之下流，注于鲋也。"瓮敝漏"，如瓮之破漏也。阳刚之才，本可以养人济物，而上无应援，故不能上而就下，是以无济用之功。如水之在瓮，本可为用，乃破敝而漏之，不为用也。井之初、二，无功而不言悔咎，何也？曰："失则有悔，过则为咎。无应援而不能成用，非悔咎也。""居二比初，岂非过乎？"曰："处中非过也。不能上，由无援，非以比初也。"

《象》曰："井谷射鲋"，无与也。

井以上出为功。二，阳刚之才，本可济用，以在下而上无应援，是以下比而射鲋。若上有与之者，则当汲引而上，成井之功矣。

九三，井渫不食，为我心恻，可用汲，王明并受其福。

三以阳刚居得其正，是有济用之才者也；在井下之上，水之清洁可食者也。井以上为用，居下，未得其用也。阳之性上，又志应上六，处刚而过中，汲汲于上进，乃有才用而切于施为。未得其用，则如井之渫治清洁而不见食，为其心之恻怛也。三，居井之时，刚而不中，故切于施为，异乎"用之则行，舍之则藏"者也。然明王用人，岂求备也？故王明则受福矣。三之才足以济用，如井之清洁，可用汲而食也。若上有明王，则当用之而得其效。贤才见用，则己得行其道，君得享其功，下得被其泽，上下并受其福也。

《象》曰："井渫不食"，行恻也；求王明，受福也。

井渫治而不见食，乃人有才知而不见用，以不得行为忧恻也。既以不得行为恻，则岂免有求也？故求王明而受福，志切于行也。

六四，井甃，无咎。

四虽阴柔而处正，上承九五之君，才不足以广施利物，亦可自守者也，故能修治，则得无咎。"甃"，砌累也，谓修治也。四虽才弱，不能广济物之功，修治其事，不至于废可也。若不能修治，废其养人之功，则失井之道，其咎大矣。居高位而得刚阳中正之君，但能处正承上，不废其事，亦可以免咎也。

《象》曰："井甃，无咎"，修井也。

"甃"者，修治于井也。虽不能大其济物之功，亦能修治不废也，故"无咎"，仅能免咎而已。若在刚阳，自不至如是，如是则可咎矣。

九五，井洌，寒泉，食。

五以阳刚中正居尊位，其才其德，尽善尽美，"井洌，寒泉，食”也。“洌”，谓甘洁也。井泉以寒为美。甘洁之寒泉，可为人食也。于井道为至善也，然而不言吉者，井以上出为成功，未至于上，未及用也，故至上而后言元吉。

《象》曰："寒泉"之"食"，中正也。
寒泉而可食，井道之至善者也。九五中正之德，为至善之义。

上六，井收勿幕，有孚，元吉。
井以上出为用。居井之上，井道之成也。"收"，汲取也；"幕"，蔽覆也。取而不蔽，其利无穷，井之施广矣，大矣。"有孚"，有常而不变也。博施而有常，大善之吉也。夫体井之用，博施而有常，非大人孰能？他卦之终，为极为变，唯《井》与《鼎》，终乃为成功，是以吉也。

《象》曰："元吉"在上，大成也。
以大善之吉，在卦之上，井道之大成也。井以上为成功。

革

☰ 离下兑上

《革》，《序卦》："井道不可不革，故受之以《革》。"
井之为物，存之则秽败，易之则清洁，不可不革者也，故《井》
之后，受之以《革》也。为卦，兑上离下，泽中有火也。革，变
革也。水火，相息之物，水灭火，火涸水，相变革者也。火之性
上，水之性下，若相违行，则暌而已。乃火在下，水在上，相就
而相剋，相灭息者也，所以为革也。又二女同居，而其归各异，
其志不同，为不相得也，故为革也。

《革》：巳日乃孚，元亨，利贞，悔亡。

革者，变其故也。变其故，则人未能遽信，故必"巳日"然
后人心信从。"元亨，利贞，悔亡"，弊坏而后革之，革之所以
致其通也，故革之而可以大亨；革之而利于正道，则可久而得去
故之义；无变动之悔，乃悔亡也。革而无甚益，犹可悔也，况反
害乎？古人所以重改作也。

《象》曰：《革》，水火相息，二女同居，其志不相
得，曰革。

泽火相灭息，又二女志不相得，故为《革》。"息"，为
止息，又为生息。物止而后有生，故为生义。革之相息，谓止
息也。

"巳日乃孚"，革而信之。

事之变革，人心岂能便信？必终日而后孚。在上者，于改为之际，当详告申令，至于巳日，使人信之。人心不信，虽强之行，不能成也。先王政令，人心始以为疑者有矣，然其久也必信。终不孚而成善治者，未之有也。

文明以说，大亨以正，革而当，其悔乃亡。

以卦才言革之道也。离为文明，兑为说。文明则理无不尽，事无不察；说则人心和顺。革而能照察事理，和顺人心，可致大亨，而得贞正。如是，变革得其至当，故悔亡也。天下之事，革之不得其道，则反致弊害，故革有悔之道。惟革之至当，则新旧之悔皆亡也。

天地革而四时成，汤、武革命，顺乎天而应乎人。革之时大矣哉！

推革之道，极乎天地变易，时运终始也。天地阴阳推迁改易而成四时，万物于是生长成终，各得其宜，革而后四时成也。时运既终，必有革而新之者。王者之兴，受命于天，故易世谓之革命。汤、武之王，上顺天命，下应人心，"顺乎天而应乎人"也。天道变改，世故迁易，革之至大也，故赞之曰"革之时大矣哉"。

《象》曰：泽中有火，革，君子以治历明时。

水火相息为革，革，变也。君子观变革之象，推日月星辰之迁易，以治历数，明四时之序也。夫变易之道，事之至大，理之至明，迹之至著，莫如四时；观四时而顺变革，则与天地合其序矣。

初九，巩用黄牛之革。

变革，事之大也，必有其时，有其位，有其才，审虑而慎动，而后可以无悔。九，以时则初也，动于事初，则无审慎之意，而有躁易之象；以位则下也，无时无援而动于下，则有僭妄之咎，而无体势之重；以才则离体而阳也，离性上而刚体健，皆速于动也。其才如此，有为则凶咎至矣。盖刚不中而体躁，所不足者，中与顺也，当以中、顺自固而无妄动，则可也。"巩"，局束也。"革"，所以包束。"黄"，中色。"牛"，顺物。"巩用黄牛之革"，谓以中、顺之道自固，不妄动也。不云吉凶，何也？曰："妄动则有凶咎，以中、顺自固，则不革而已，安得便有吉凶乎？"

《象》曰："巩用黄牛"，不可以有为也。
以初九，时、位、才皆不可以有为，故当以中、顺自固也。

六二，巳日乃革之，征吉，无咎。
以六居二，柔顺而得中正，又文明之主，上有刚阳之君，同德相应。中正则无偏蔽，文明则尽事理，应上则得权势，体顺则无违悖。时可矣，位得矣，才足矣，处革之至善者也。然臣道不当为革之先，又必待上下之信，故"巳日乃革之"也。如二之才德，所居之地，所逢之时，足以革天下之弊，新天下之治，当进而上辅于君，以行其道，则吉而无咎也。不进，则失可为之时，为有咎也。以二体柔而处当位，体柔则其进缓，当位则其处固。变革者，事之大，故有此戒。二得中而应刚，未至失于柔也。圣人因其有可戒之疑，而明其义耳，使贤才不失可为之时也。

《象》曰："巳日革之"，行有嘉也。

巳日而革之，征则吉而无咎者，行则有嘉庆也。谓可以革天下之弊，新天下之事，处而不行，是无救弊济世之心，失时而有咎也。

九三，征凶，贞厉，革言三就，有孚。

九三以刚阳为下之上，又居离之上而不得中，躁动于革者也。在下而躁于变革，以是而行，则有凶也。然居下之上，事苟当革，岂可不为也？在乎守贞正而怀危惧，顺从公论，则可行之不疑。"革言"，谓当革之论；"就"，成也，合也。审察当革之言，至于三而皆合，则可信也。言重慎之至能如是，则必得至当，乃"有孚"也。己可信而众所信也如此，则可以革矣。在革之时，居下之上，事之当革，若畏惧而不为，则失时为害。唯当慎重之至，不自任其刚明，审稽公论，至于三就而后革之，则无过矣。

《象》曰："革言三就"，又何之矣？

稽之众论，至于三就，事至当也。"又何之矣"，乃俗语"更何往也"。如是而行，乃顺理时行，非己之私意所欲为也，必得其宜矣。

九四，悔亡，有孚，改命，吉。

九四，革之盛也。阳刚，革之才也；离下体而进上体，革之时也；居水火之际，革之势也；得近君之位，革之任也；下无系应，革之志也；以九居四，刚柔相际，革之用也。四既具此，可

谓当革之时也。事之可悔而后革之，革之而当，其悔乃亡也。革
之既当，唯在处之以至诚，故"有孚"则"改命，吉"。"改
命"，改为也，谓革之也。既事当而弊革，行之以诚，上信而下
顺，其吉可知。四非中正，而至善，何也？曰："唯其处柔也，
故刚而不过，近而不逼，顺承中正之君，乃中正之人也。《易》
之取义无常也，随时而已。"

《象》曰："改命"之"吉"，信志也。

改命而吉，以上下信其志也。诚既至，则上下信矣。革之
道，以上下之信为本。不当、不孚则不信。当而不信，犹不可行
也，况不当乎？

九五，大人虎变，未占有孚。

九五以阳刚之才、中正之德居尊位，大人也。以大人之道革
天下之事，无不当也，无不时也。所过变化，事理炳著，如虎之
文采，故云"虎变"。龙、虎，大人之象也。"变"者，事物之
变。曰"虎"，何也？曰："大人变之，乃大人之变也。以大人
中正之道变革之，炳然昭著，不待占决，知其至当而天下必信
也。天下蒙大人之革，不待占决，知其至当而信之也。"

《象》曰："大人虎变"，其文炳也。

事理明著，若虎文之炳焕明盛也，天下有不孚乎？

上六，君子豹变，小人革面，征凶，居贞吉。

革之终，革道之成也。君子，谓善人，良善则已从革而变，
其著见若豹之彬蔚也；小人，昏愚难迁者，虽未能心化，亦革其
面以从上之教令也。龙、虎，大人之象，故大人云"虎"，君子

云"豹"也。人性本善，皆可以变化，然有下愚，虽圣人不能移者。以尧、舜为君，以圣继圣，百有余年，天下被化，可谓深且久矣，而有苗、有象，"其来格烝乂"，盖亦革面而已。小人既革其外，革道可以为成也。苟更从而深治之，则为已甚，已甚非道也。故至革之终而又征，则凶也，当贞固以自守。革至于极，而不守以贞，则所革随复变矣。天下之事，始则患乎难革，已革则患乎不能守也，故革之终戒以"居贞"则"吉"也。"'居贞'非为六戒乎？"曰："为革终言也，莫不在其中矣。""人性本善，有不可革者，何也？"曰："语其性，则皆善也；语其才，则有下愚之不移。所谓下愚，有二焉：自暴也，自弃也。人苟以善自治，则无不可移者，虽昏愚之至，皆可渐磨而进也。唯自暴者，拒之以不信；自弃者，绝之以不为，虽圣人与居，不能化而入也，仲尼之所谓下愚也。然天下自弃、自暴者，非必皆昏愚也，往往强戾而才力有过人者，商辛是也。圣人以其自绝于善，谓之下愚，然考其归，则诚愚也。""既曰下愚，其能革面，何也？"曰："心虽绝于善道，其畏威而寡罪，则与人同也。唯其有与人同，所以知其非性之罪也。"

《象》曰："君子豹变"，其文蔚也；"小人革面"，顺以从君也。

君子从化迁善，成文彬蔚，章见于外也。中人以上，莫不变革，虽不移之小人，则亦不敢肆其恶，革易其外，以顺从君上之教令，是"革面"也。至此，革道成矣。小人勉而假善，君子所容也，更往而治之，则凶矣。

鼎

☲ 巽下离上

《鼎》，《序卦》："革物者，莫若鼎，故受之以《鼎》。"
鼎之为用，所以革物也，变腥而为熟，易坚而为柔，水火不可
同处也，能使相合为用而不相害，是能革物也，《鼎》所以次
《革》也。为卦，上离下巽。所以为《鼎》，则取其象焉，取其
义焉。取其象者，有二：以全体言之，则下植为足；中实为腹，
受物在中之象；对峙于上者，耳也；横亘乎上者，铉也，鼎之象
也。以上下二体言之，则中虚在上，下有足以承之，亦鼎之象
也。取其义，则木从火也，巽，入也，顺从之义，以木从火，为
燃之象。火之用，惟燔与烹，燔不假器，故取烹象而为鼎，以木
巽火，烹饪之象也。"制器取其象也，乃象器以为卦乎？"曰：
"制器取于象也，象存乎卦，而卦不必先器。圣人制器，不待见
卦而后知象，以众人之不能知象也，故设卦以示之。卦、器之先
后，不害于义也。"或疑鼎非自然之象，乃人为也。曰："固人
为也，然烹饪可以成物，形制如是则可用，此非人为，自然也。
在《井》亦然。器虽在卦先，而所取者乃卦之象，卦复用器以为
义也。"

《鼎》：元吉亨。

以卦才言也。如卦之才，可以致"元亨"也。止当云"元
亨"，文羡"吉"字。卦才可以致元亨，未便有元吉也。《彖》

复止云"元亨"，其羡明矣。

《彖》曰：《鼎》，象也。

卦之为《鼎》，取鼎之象也；鼎之为器，法卦之象也。有象而后有器，卦复用器而为义也。鼎，大器也，重宝也，故其制作形模，法象尤严。鼎之名正也，古人训方，方实正也。以形言，则耳对植于上，足分峙于下，周圆内外，高卑厚薄，莫不有法而至正，至正然后成安重之象。故鼎者，法象之器，卦之为《鼎》，以其象也。

以木巽火，亨饪也；圣人亨以享上帝，而大亨以养圣贤。

以二体言鼎之用也。"以木巽火"，以木从火，所以亨饪也。鼎之为器，生人所赖至切者也。极其用之大，则"圣人亨以享上帝，大亨以养圣贤"。"圣人"，古之圣王。"大"，言其广。

巽而耳目聪明，柔进而上行，得中而应乎刚，是以"元亨"。

上既言鼎之用矣，复以卦才言。人能如卦之才，可以致"元亨"也。下体巽，为巽顺于理；离明而中虚于上，为耳目聪明之象。凡离在上者，皆云"柔进而上行"。"柔"，在下之物，乃居尊位，进而上行也。以明居尊，而得中道，应乎刚，能用刚阳之道也。五居中，而又以柔而应刚，为得中道。其才如是，所以能元亨也。

《象》曰：木上有火，鼎，君子以正位凝命。

"木上有火"，以木巽火也，烹饪之象，故为鼎。君子观

《鼎》之象，"以正位凝命"。鼎者，法象之器，其形端正，其体安重。取其端正之象，则以正其位，谓正其所居之位。君子所处必正，其小至于"席不正不坐""毋跛""毋倚"。取其安重之象，则凝其命令，安重其命令也。"凝"，聚止之义，谓安重也。今世俗有凝然之语，以命令而言耳，凡动为，皆当安重也。

初六，鼎颠趾，利出否，得妾以其子，无咎。

六在鼎下，趾之象也，上应于四，趾而向上，颠之象也。鼎覆则趾颠，趾颠则覆其实矣，非顺道也。然有当颠之时，谓倾出败恶以致洁取新，则可也。故"颠趾"利在于"出否"。"否"，恶也。四，近君，大臣之位；初，在下之人，而相应。乃上求于下，下从其上也。上能用下之善，下能辅上之为，可以成事功，乃善道，如鼎之"颠趾"，有当颠之时，未为悖理也。"得妾以其子，无咎"，六，阴而卑，故为妾。"得妾"，谓得其人也。若得良妾，则能辅助其主，使无过咎也；"子"，主也。"以其子"，致其主于无咎也。六，阴居下，而卑巽从阳，妾之象也。以六上应四为"颠趾"，而发此义。初六本无才德可取，故云"得妾"，言得其人则如是也。

《象》曰："鼎颠趾"，未悖也。

鼎覆而趾颠，悖道也。然非必为悖者，盖有倾出否恶之时也。

"利出否"，以从贵也。

去故而纳新，泻恶而受美，"从贵"之义也。应于四，上从于贵者也。

九二，鼎有实，我仇有疾，不我能即，吉。

二以刚实居中，鼎中有实之象。鼎之有实，上出则为用。二，阳刚有济用之才，与五相应，上从六五之君，则得正而其道可亨。然与初密比，阴从阳者也。九二居中而应中，不至失正，己虽自守，彼必相求，故戒能远之，使不来即我，则吉也。"仇"，对也。阴阳相对之物，谓初也。相从则非正而害义，是"有疾"也。二当以正自守，使之不能来就己。人能自守以正，则不正不能就之矣，所以吉也。

《象》曰："鼎有实"，慎所之也。

鼎之有实，乃人之有才业也，当慎所趋向，不慎所往，则亦陷于非义。二能不昵于初，而上从六五之正应，乃是"慎所之也"。

"我仇有疾"，终无尤也。

"我仇有疾"，举上文也。"我仇"，对己者，谓初也。初比己而非正，是"有疾"也。既自守以正，则彼不能即我，所以终无过尤也。

九三，鼎耳革，其行塞，雉膏不食，方雨，亏悔，终吉。

"鼎耳"，六五也，为鼎之主。三以阳居巽之上，刚而能巽，其才足以济务，然与五非应而不同。五，中而非正；三，正而非中，不同也，未得于君者也。不得于君，则其道何由而行？革，变革为异也，三与五异而不合也。"其行塞"，不能亨也。不合于君，则不得其任，无以施其用。"膏"，甘美之物，象禄位。"雉"，指五也，有文明之德，故谓之雉。三有才用而不得六五之禄位，是不得雉膏食之也。君子蕴其德，久而必彰；守其道，其终必亨。五有聪明之象，而三终上进之物，阴阳交畅则雨。"方雨"，且将雨也，言五与三方将和合。"亏悔，终吉"，谓不足之悔，终当获吉也。三，怀才而不偶，故有不足之悔，然其有阳刚之德，上聪明而下巽正，终必相得，故吉也。三虽不中，以巽体，故无过刚之失。若过刚，则岂能"终吉"？

《象》曰："鼎耳革"，失其义也。

始与"鼎耳革"异者，失其相求之义也。与五非应，失求合之道；不中，非同志之象也，是以其行塞而不通。然上明而下才，终必和合，故"方雨"而"吉"也。

九四，鼎折足，覆公餗，其形渥，凶。

四，大臣之位，任天下之事者也。天下之事，岂一人所能独任？必当求天下之贤智，与之协力。得其人，则天下之治可不劳而致也；用非其人，则败国家之事，贻天下之患。四下应于初，初，阴柔小人，不可用者也，而四用之，其不胜任而败事，犹鼎之折足也。"鼎折足"，则倾覆公上之餗。"餗"，鼎实也。居大臣之位，当天下之任，而所用非人，至于覆败，乃不胜其任，可羞愧之甚也。"其形渥"，谓赧汗也，其凶可知。《系辞》曰："德薄而位尊，知小而谋大，力小而任重，鲜不及矣。"言不胜其任也。蔽于所私，德薄知小也。

《象》曰："覆公餗"，信如何也？

大臣当天下之任，必能成天下之治安，则不误君上之所倚，下民之所望，与己致身任道之志，不失所期，乃所谓信也。不然，则失其职，误上之委任，得为信乎？故曰"信如何也"。

六五，鼎黄耳，金铉，利贞。

五在鼎上，耳之象也。鼎之举措在耳，为鼎之主也。五有中德，故云"黄耳"。"铉"，加耳者也。二应于五，来从于耳者，铉也。二有刚中之德，阳体刚，中色黄，故为"金铉"。五，文明得中而应刚；二，刚中巽体而上应，才无不足也，相应至善矣，所利在贞固而已。六五居中应中，不至于失正，而质本阴柔，故戒以贞固于中也。

《象》曰："鼎黄耳"，中以为实也。

六五以得中为善，是以中为实德也。五之所以聪明应刚，为鼎之主，得鼎之道，皆由得中也。

上九，鼎玉铉，大吉，无不利。

《井》与《鼎》，以上出为用。处终，鼎功之成也。在上，铉之象。刚而温者，玉也。九虽刚阳，而居阴履柔，不极刚而能温者也。居成功之道，唯善处而已。刚柔适宜，动静不过，则为大吉，无所不利矣。在上为铉，虽居无位之地，实当用也，与他卦异矣。《井》亦然。

《象》曰：玉铉在上，刚柔节也。

刚而温，乃有节也。上居成功致用之地，而刚柔中节，所以"大吉，无不利"也。《井》《鼎》皆以终为成功，而《鼎》不云"元吉"，何也？曰："井之功用，皆在上出，又有博施有常之德，是以'元吉'；鼎以烹饪为功，居上为成德，与井异，以'刚柔节'，故得'大吉'也。"

震

☳☳ 震下震上

《震》，《序卦》："主器者，莫若长子，故受之以《震》。"鼎者，器也。震为长男，故取主器之义，而继《鼎》之后。长子，传国家、继位号者也，故为主器之主。《序卦》取其一义之大者，为相继之义。震之为卦，一阳生于二阴之下，动而上者也，故为震。震，动也。不曰动者，震有动而奋发震惊之义。乾坤之交，一索而成震，生物之长也，故为长男。其象则为雷，其义则为动。雷有震奋之象，动为惊惧之义。

《震》：亨。

阳生于下而上进，有亨之义。又震为动，为恐惧，为有主。震而奋发，动而进，惧而修，有主而保大，皆可以致亨，故震则有亨。

震来虩虩，笑言哑哑；

当震动之来，则恐惧不敢自宁，周旋顾虑，虩虩然也。"虩虩"，顾虑不安之貌。蝇虎谓之虩者，以其周环顾虑，不自宁也。处震如是，则能保其安裕，故"笑言哑哑"。"哑哑"，笑言和适之貌。

震惊百里，不丧匕鬯。

言震动之大，而处之之道。动之大者，莫若雷。震为雷，故以雷言。雷之震动，惊及百里之远，人无不惧而自失，雷声所及百里也。唯宗庙祭祀，执匕鬯者，则不至于丧失。人之致其诚敬，莫如祭祀。匕以载鼎实升之于俎，鬯以灌地而降神。方其酌裸以求神，荐牲而祈享，尽其诚敬之心，则虽雷震之威，不能使之惧而失守。故临大震惧，能安而不自失者，唯诚敬而已，此处震之道也。卦才无取，故但言处震之道。

《彖》曰："《震》，亨"。"震来虩虩"，恐致福也；"笑言哑哑"，后有则也。

震自有亨之义，非由卦才。震来而能恐惧，自修自慎，则可反致福吉也。"笑言哑哑"，言自若也，由能恐惧而后自处有法则也。"有则"则安而不惧矣，处震之道也。

"震惊百里"，惊远而惧迩也。

雷之震及于百里，远者惊，迩者惧，言其威远大也。

出可以守宗庙社稷，以为祭主也。

《彖》文脱"不丧匕鬯"一句。卦辞云"不丧匕鬯"，本为诚敬之至，威惧不能使之自失。《彖》以长子宜如是，因承上文用长子之义通解之。谓其诚敬能"不丧匕鬯"，则君出而可以守宗庙、社稷为祭主也。长子如是，而后可以守世祀、承国家也。

《象》曰：洊雷，震，君子以恐惧修省。

"洊"，重袭也。上下皆震，故为"洊雷"。雷重仍则威益盛。君子观洊雷威震之象，以恐惧自修饬循省也。君子畏天之威，则修正其身，思省其过咎而改之。不唯雷震，凡遇惊惧之事，皆当如是。

初九，震来虩虩，后笑言哑哑，吉。

初九，成震之主，致震者也；在卦之下，处震之初也。知震之来，当震之始，若能以为恐惧而周旋顾虑，虩虩然不敢宁止，则终必保其安吉，故"后笑言哑哑"也。

《象》曰："震来虩虩"，恐致福也；"笑言哑哑"，后有则也。

震来而能恐惧周顾，则无患矣，是能因恐惧而反致福也。因恐惧而自修省，不敢违于法度，是由震而后有法则，故能保其安吉，而"笑言哑哑"也。

六二，震来厉，亿丧贝，跻于九陵，勿逐，七日得。

六二居中得正，善处震者也，而乘初九之刚。九，震之主，震刚动而上奋，孰能御之？"厉"，猛也，危也。彼来既猛，则己处危矣。"亿"，度也。"贝"，所有之资也。"跻"，升也。"九陵"，陵之高也。"逐"，往追也。以震来之厉，度不能当，而必丧其所有，则升至高以避之也。"九"言其重。冈陵之重，高之至也。"九"，重之多也，如九天、九地也。"勿逐，七日得"，二之所贵者，中正也，遇震惧之来，虽量势巽避，当守其中正，无自失也。亿之必丧也，故远避以自守，过则复其常矣，是勿逐而自得也。"逐"，即物也。以己即物，失其守矣，故戒"勿逐"。避远自守，处震之大方也。如二者，当危惧而善处者也。卦位有六，七乃更始，事既终，时既易也。不失其守，虽一时不能御其来，然时过事已，则复其常，故云"七日得"。

《象》曰："震来厉"，乘刚也。

当震而乘刚，是以彼厉而己危。震刚之来，其可御乎？

六三，震苏苏，震行无眚。

"苏苏"，神气缓散自失之状。三，以阴居阳，不正。处不正，于平时且不能安，况处震乎？故其震惧而苏苏然。若因震惧而能行，去不正而就正，则可以无过。"眚"，过也。三行则至四，正也。动以就正为善，故二勿逐则自得，三能行则无眚。以不正而处震惧，有眚可知。

《象》曰："震苏苏"，位不当也。

其恐惧自失苏苏然，由其所处不当故也。不中不正，其能安乎？

九四，震遂泥。

九四，居震动之时，不中不正。处柔，失刚健之道；居四，无中正之德，陷溺于重阴之间，不能自震奋者也，故云"遂泥"。"泥"，滞溺也。以不正之阳，而上下重阴，安能免于泥乎？"遂"，无反之意。处震惧，则莫能守也；欲震动，则莫能奋也。震道亡矣，岂复能光亨也？

《象》曰："震遂泥"，未光也。

阳者，刚物；震者，动义。以刚处动，本有光亨之道，乃失其刚正，而陷于重阴，以致"遂泥"，岂能光也？云"未光"，见阳刚本能震也，以失德，故泥耳。

六五，震往来厉，亿无丧有事。

六五虽以阴居阳，不当位，为不正，然以柔居刚，又得中，乃有中德者也。不失中，则不违于正矣，所以中为贵也。诸卦二、五虽不当位，多以中为美；三、四虽当位，或以不中为过，中常重于正也。盖中则不违于正，正不必中也。天下之理，莫善于中，于六二、六五可见。五之动，上往则柔不可居动之极，下来则犯刚，是往来皆危也。当君位，为动之主，随宜应变，在中而已，故当亿度，无丧失其所有之事而已。所有之事，谓中德。苟不失中，虽有危，不至于凶也。亿度，谓图虑求不失中也。五所以危，由非刚阳而无助。若以刚阳有助为动之主，则能亨矣。往来皆危，时则甚难，但期于不失中，则可自守。以柔主动，固不能致亨济也。

《象》曰："震往来厉"，危行也；其事在中，大无丧也。

往来皆厉，行则有危也。动皆有危，唯在"无丧其事"而已。"其事"，谓中也。能不失其中，则可自守也。"大无丧"，以无丧为大也。

上六，震索索，视矍矍，征凶。震不于其躬，于其邻，无咎，婚媾有言。

"索索"，消索不存之状，谓其志气如是。六以阴柔居震动之极，其惊惧之甚，志气殚索也。"矍矍"，不安定貌。志气索索，则视瞻徊徨。以阴柔不中正之质，而处震动之极，故征则凶也。震之及身，乃于其躬也。"不于其躬"，谓未及身也。"邻"者，近于身者也。能震惧于未及身之前，则不至于极矣，故得"无咎"。苟未至于极，尚有可改之道。震终当变，柔不固守，故有畏邻戒而能变之义。圣人于震，终示人知惧能改之义，为劝深矣。"婚媾"，所亲也，谓同动者。"有言"，有怨咎之言也。六，居震之上，始为众动之首，今乃畏邻戒而不敢进，与诸处震者异矣，故"婚媾有言"也。

《象》曰："震索索"，中未得也；虽凶无咎，畏邻戒也。

所以恐惧自失如此，以未得于中道也，谓过中也。使之得中，则不至于索索矣。极而复征，则凶也。若能见邻戒而知惧，变于未极之前，则无咎也。上六，动之极，震极则有变义也。

艮

䷳ 艮下艮上

《艮》，《序卦》："震者，动也。物不可以终动，止之，故受之以《艮》。艮者，止也。"动静相因，动则有静，静则有动。物无常动之理，《艮》所以次《震》也。艮者，止也。不曰止者，艮，山之象，有安重坚实之意，非止义可尽也。乾坤之交，三索而成艮，一阳居二阴之上。阳，动而上进之物，既至于上则止矣；阴者，静也，上止而下静，故为艮也。然则，与畜止之义何异？曰："畜止者，制畜之义，力止之也；艮止者，安止之义，止其所也。"

艮其背，不获其身；行其庭，不见其人，无咎。

人之所以不能安其止者，动于欲也。欲牵于前而求其止，不可得也。故艮之道，当"艮其背"。所见者在前，而背乃背之，是所不见也。止于所不见，则无欲以乱其心，而止乃安。"不获其身"，不见其身也，谓忘我也。无我则止矣。不能无我，无可止之道。"行其庭，不见其人"，庭除之间，至近也。在背，则虽至近不见，谓不交于物也。外物不接，内欲不萌，如是而止，乃得止之道，于止，为无咎也。

《彖》曰：艮，止也。时止则止，时行则行，动静不失其时，其道光明。

艮为止。止之道，唯其时；行止、动静不以时，则妄也。

"不失其时"，则顺理而合义。在物为理，处物为义。动静合理义，"不失其时"也，乃其道之光明也。君子所贵乎时，仲尼行、止、久、速是也。艮体笃实，有光明之义。

艮其止，止其所也。

"艮其止"，谓止之而止也。止之而能止者，由止得其所也。止而不得其所，则无可止之理。夫子曰："于止，知其所止。"谓当止之所也。夫有物必有则，父止于慈，子止于孝，君止于仁，臣止于敬，万物、庶事，莫不各有其所，得其所则安，失其所则悖。圣人所以能使天下顺治，非能为物作则也，唯止之各于其所而已。

上下敌应，不相与也。

以卦才言也。上下二体，以敌相应，无相与之义。阴阳相应则情通而相与，乃以其敌，故"不相与也"。"不相与"，则相背，为"艮其背"，止之义也。

是以"不获其身"；"行其庭，不见其人"，无咎也。

相背，故"不获其身"；"不见其人"，是以能止，能止则无咎也。

《象》曰：兼山，艮，君子以思不出其位。

上下皆山，故为"兼山"。此而并彼为兼，谓重复也，重艮之象也。君子观艮止之象，而思安所止，不出其位也。"位"者，所处之分也。万事各有其所，得其所则止而安。若当行而止，当速而久，或过或不及，皆出其位也，况逾分非据乎？

初六，艮其趾，无咎，利永贞。

六在最下，趾之象。"趾"，动之先也。"艮其趾"，止于动之初也。事止于初，未至失正，故无咎也。以柔处下，当止之时也。行则失其正矣，故止乃无咎。阴柔，患其不能常也，不能固也，故方止之初，戒以利在常永贞固，则不失止之道。

《象》曰："艮其趾"，未失正也。

当止而行，非正也。止之于初，故未至失正。事止于始则易，而未至于失也。

六二，艮其腓，不拯其随，其心不快。

六二居中得正，得止之道者也。上无应援，不获其君矣。三，居下之上，成止之主，主乎止者也，乃刚而失中，不得止之宜，刚止于上，非能降而下求，二虽有中正之德，不能从也。二之行止，系乎所主，非得自由，故为腓之象。股动则腓随，动止在股而不在腓。二既不得以中正之道拯救三之不中，则必勉而随之。不能拯，而唯随也，虽咎不在己，然岂其所欲哉？言不听，道不行也，故"其心不快"，不能行其志也。士之处高位，则有拯而无随；在下位，则有当拯，有当随，有拯之不得而后随。

《象》曰："不拯其随"，未退听也。

所以不拯之而唯随者，在上者未能下从也。"退听"，下从也。

九三，艮其限，列其夤，厉薰心。

"限"，分隔也，谓上下之际。三，以刚居刚而不中，为成艮之主，决止之极也。己在下体之上，而隔上下之限，皆为止义，故为"艮其限"，是确乎止而不复能进退者也。在人身，如"列其夤"。"夤"，膂也，上下之际也。列绝其夤，则上下不相从属，言止于下之坚也。止道贵乎得宜，行止不能以时，而定于一，其坚强如此，则处世乖戾，与物暌绝，其危甚矣。人之固止一隅，而举世莫与宜者，则艰蹇忿畏，焚挠其中，岂有安裕之理？"厉薰心"，谓不安之势薰烁其中也。

《象》曰："艮其限"，危薰心也。
谓其固止不能进退，危惧之虑常薰烁其中心也。

六四，艮其身，无咎。
四，大臣之位，止天下之当止者也。以阴柔而不遇刚阳之君，故不能止物，唯自止其身，则可无咎。所以能无咎者，以止于正也。言"止其身，无咎"，则见其不能止物，施于政则有咎矣。在上位而仅能善其身，无取之甚也。

《象》曰："艮其身"，止诸躬也。
不能为天下之止，能止于其身而已，岂足称大臣之位也？

六五，艮其辅，言有序，悔亡。
五，君位，艮之主也，主天下之止者也，而阴柔之才，不足以当此义，故止以在上取辅义言之。人之所当慎而止者，惟言行也。五在上，故以辅言。"辅"，言之所由出也。艮于辅，则不妄出而有序也。言轻发而无序，则有悔。止之于辅，则"悔亡"也。"有序"，中节有次序也。辅与颊、舌，皆言所由出，而辅在中。"艮其辅"，谓止于中也。

《象》曰："艮其辅"，以中正也。

五之所善者，中也。"艮其辅"，谓止于中也。言以得中为正，止之于辅，使不失中，乃得正也。

上九，敦艮，吉。

九以刚实居上，而又成艮之主，在艮之终，止之至坚笃者也。"敦"，笃实也。居止之极，故不过而为敦。人之止，难于久终，故节或移于晚，守或失于终，事或废于久，人之所同患也。上九能敦厚于终，止道之至善，所以吉也。六爻之德，唯此为吉。

《象》曰："敦艮"之"吉"，以厚终也。

天下之事，唯终守之为难。能敦于止，有终者也。上之吉，以其能厚于终也。

渐

䷴ 艮下巽上

《渐》，《序卦》："艮者，止也。物不可以终止，故受之以《渐》。渐者，进也。"止必有进，屈伸消息之理也。止之所生亦进也，所反亦进也，《渐》所以次《艮》也。进以序为渐。今人以缓进为渐进，以序不越次，所以缓也。为卦，上巽下艮。山上有木，木之高而因山，其高有因也。其高有因，乃其进有序也，所以为《渐》也。

《渐》：女归，吉，利贞。

以卦才兼渐义而言也。乾、坤之变为巽、艮，巽、艮重而为《渐》。在《渐》体而言，中二爻交也。由二爻之交，然后男女各得正位。初、终二爻，虽不当位，亦阳上阴下，得尊卑之正。男女各得其正，亦得位也。与《归妹》正相对。女之归，能如是之正，则吉也。天下之事，进必以渐者，莫如"女归"。臣之进于朝，人之进于事，固当有序，不以其序，则陵节犯义，凶咎随之。然以义之轻重，廉耻之道，女之从人，最为大也，故以"女归"为义。且男女，万事之先也。诸卦多有"利贞"，而所施或不同，有涉不正之疑而为之戒者，有其事必贞乃得其宜者，有言所以利者以其有贞也。所谓涉不正之疑而为之戒者，《损》之九二是也，处阴居说，故戒以宜贞也；有其事必贞乃得宜者，《大畜》是也，言所畜利于贞也；有言所以利者以其有贞者，

《渐》是也，言女归之所以吉，利于如此贞正也，盖其固有，非设戒也。渐之义，宜能亨，而不云亨者，盖亨者，通达之义，非渐进之义也。

《彖》曰：渐之进也，"女归，吉"也。

如渐之义而进，乃女归之吉也，谓正而有渐也。"女归"为大耳，他进亦然。

进得位，往有功也。

渐进之时，而阴阳各得正位，进而有功也。四复由上进而得正位，三离下而为上，遂得正位，亦为进得位之义。

进以正，可以正邦也。

以正道而进，可以正邦国，至于天下也。凡进于事、进于德、进于位，莫不皆当以正也。

其位，刚得中也。

上云"进得位，往有功也"，统言阴阳得位，是以进而有功。复云"其位，刚得中也"，所谓"位"者，五以刚阳中正得尊位也。诸爻之得正，亦可谓之得位矣，然未若五之得尊位，故特言之。

止而巽，动不穷也。

内艮止，外巽顺。止为安静之象，巽为和顺之义。人之进也，若以欲心之动，则躁而不得其渐，故有困穷。在渐之义，内止静而外巽顺，故其进动不有困穷也。

《象》曰：山上有木，渐，君子以居贤德善俗。

山上有木，其高有因，渐之义也。君子观《渐》之象，以居贤善之德，化美于风俗。人之进于贤德，必有其渐，习而后能安，非可陵节而遽至也。在己且然，教化之于人，不以渐，其能入乎？移风易俗，非一朝一夕所能成，故善俗必以渐也。

初六，鸿渐于干，小子厉，有言无咎。

《渐》诸爻皆取鸿象。鸿之为物，至有时而群有序，不失其时序，乃为渐也。"干"，水湄。水鸟止于水之湄，水至近也，其进可谓渐矣。行而以时，乃所谓渐。渐进不失，渐得其宜矣。六居初，至下也；阴之才，至弱也。而上无应援，以此而进，常情之所忧也。君子则深识远照，知义理之所安，时事之所宜，处之不疑。小人、幼子，唯能见已然之事，从众人之知，非能烛理也，故危惧而有言。盖不知在下所以有进也，用柔所以不躁也，无应所以能渐也，于义，自无咎也。若渐之初而用刚急进，则失渐之义，不能进，而有咎必矣。

《象》曰："小子"之"厉"，义无咎也。
虽小子以为危厉，在义理，实无咎也。

六二，鸿渐于磐，饮食衎衎，吉。

二居中得正，上应于五，进之安裕者也。但居渐，故进不速。"磐"，石之安平者，江河之滨所有，象进之安。自"干"之"磐"，又渐进也。二与九五之君，以中正之道相应，其进之安固平易莫加焉，故其饮食和乐衎衎然，吉可知也。

《象》曰："饮食衎衎"，不素饱也。
爻辞以其进之安平，故取饮食和乐为言。夫子恐后人之未喻，又释之云："中正君子，遇中正之主，渐进于上，将行其道以及天下。"所谓"饮食衎衎"，谓其得志和乐，不谓空饱饮食而已。"素"，空也。

九三，鸿渐于陆，夫征不复，妇孕不育，凶，利御寇。

平高曰陆，平原也。三在下卦之上，进至于陆也。阳，上进者也。居渐之时，志将渐进，而上无应援，当守正以俟时，安处平地，则得渐之道。若或不能自守，欲有所牵，志有所就，则失渐之道。四，阴在上而密比，阳所说也；三，阳在下而相亲，阴所从也。二爻相比而无应。相比则相亲而易合，无应则无适而相求，故为之戒。"夫"，阳也。"夫"，谓三。三若不守正，而与四合，是知征而不知复。"征"，行也。"复"，反也。"不复"，谓不反顾义理。"妇"，谓四。若以不正而合，则虽孕而不育，盖非其道也，如是则凶也。三之所利，在于御寇。非理而至者，寇也。守正以闲邪，所谓"御寇"也。不能御寇，则自失而凶矣。

《象》曰："夫征不复"，离群丑也；"妇孕不育"，失其道也；利用御寇，顺相保也。

"夫征不复"，则失渐之正。从欲而失正，离叛其群类，为可丑也。卦之诸爻，皆无不善。若独失正，是离其群类。妇孕不由其道，所以不育也。所利在御寇，谓以顺道相保。君子之与小人比也，自守以正。岂唯君子自完其己而已乎？亦使小人得不陷于非义。是以顺道相保，御止其恶，故曰"御寇"。

六四，鸿渐于木，或得其桷，无咎。

当渐之时，四以阴柔进据刚阳之上，阳刚而上进，岂能安处阴柔之下？故四之处非安地，如鸿之进于木也。木渐高矣，而有不安之象。鸿趾连，不能握枝，故不木栖。"桷"，横平之柯。唯平柯之上，乃能安处。谓四之处本危，或能自得安宁之道，则无咎也。如鸿之于木，本不安，或得平柯而处之，则安也。四居正而巽顺，宜无咎者也。必以得失言者，因得失以明其义也。

《象》曰："或得其桷"，顺以巽也。

"桷"者，平安之处。求安之道，唯顺与巽。若其义顺正，其处卑巽，何处而不安？如四之顺正而巽，乃得桷也。

九五，鸿渐于陵，妇三岁不孕，终莫之胜，吉。

"陵"，高阜也。鸿之所止，最高处也，象君之位。虽得尊位，然渐之时，其道之行，固亦非遽。与二为正应，而中正之德同，乃隔于三、四。三比二，四比五，皆隔其交者也。未能即合，故"三岁不孕"。然中正之道，有必亨之理，不正岂能隔害之？故终莫之能胜，但其合有渐耳，终得其吉也。以不正而敌中正，一时之为耳，久其能胜乎？

《象》曰："终莫之胜，吉"，得所愿也。

君臣以中正相交，其道当行，虽有间其间者，终岂能胜哉？徐必得其所愿，乃渐之吉也。

上九，鸿渐于陆，其羽可用为仪，吉。

安定胡公以"陆"为"逵"。"逵"，云路也，谓虚空之中。《尔雅》："九达谓之逵。""逵"，通达无阻蔽之义也。

上九在至高之位，又益上进，是出乎位之外。在他时，则为过矣，于渐之时，居巽之极，必有其序，如鸿之离所止而飞于云空，在人则超逸乎常事之外者也。进至于是，而不失其渐，贤达之高致也，故可用为仪法而吉也。"羽"，鸿之所用进也。以其进之用，况上九进之道也。

《象》曰："其羽可用为仪，吉"，不可乱也。

君子之进，自下而上，由微而著，跬步造次，莫不有序。不失其序，则无所不得其吉，故九虽穷高而不失其吉。可用为仪法者，以其有序而"不可乱也"。

归妹

兑下震上

《归妹》，《序卦》："渐者，进也。进必有所归，故受之以《归妹》。"进则必有所至，故渐有归义，《归妹》所以继《渐》也。归妹者，女之归也。妹，少女之称。为卦，震上兑下，以少女从长男也。男动而女说，又以说而动，皆男说女、女从男之义。卦有男女配合之义者四：《咸》《恒》《渐》《归妹》也。《咸》，男女之相感也，男下女，二气感应，止而说，男女之情相感之象；《恒》，常也，男上女下，巽顺而动，阴阳皆相应，是男女居室夫妇倡随之常道；《渐》，女归之得其正也，男下女而各得正位，止静而巽顺，其进有渐，男女配合得其道也；《归妹》，女之嫁，归也，男上女下，女从男也，而有说少之义。以说而动，动以说则不得其正矣，故位皆不当。初与上，虽当阴阳之位，而阳在下，阴在上，亦不当位也，与《渐》正相对。《咸》《恒》，夫妇之道；《渐》《归妹》，女归之义。《咸》与《归妹》，男女之情也，《咸》止而说，《归妹》动于说，皆以说也；《恒》与《渐》，夫妇之义也，《恒》巽而动，《渐》止而巽，皆以巽顺也。男女之道，夫妇之义，备于是矣。《归妹》为卦，泽上有雷，雷震而泽动，从之象也。物之随动，莫如水。男动于上而女从之，嫁归从男之象。震，长男；兑，少女。少女从长男，以说而动，动而相说也。人之所说者，少女，故云"妹"，为女归之象。又有长男说少女之义，故为《归妹》也。

《归妹》：征凶，无攸利。

以说而动，动而不当，故凶。不当，位不当也。"征凶"，动则凶也。如卦之义，不独女归，无所往而利也。

《彖》曰：归妹，天地之大义也。

"一阴一阳之谓道"，阴阳交感，男女配合，天地之常理也。"归妹"，女归于男也，故云"天地之大义也"。男在女上，阴从阳动，故为女归之象。

天地不交而万物不兴，归妹，人之终始也。

天地不交，则万物何从而生？女之归男，乃生生相续之道。男女交而后有生息，有生息而后其终不穷。前者有终，而后者有始，相续不穷，是人之终始也。

说以动，所归，妹也。"征凶"，位不当也。

以二体释《归妹》之义。男女相感，说而动者，少女之事，故以说而动，所归者，妹也。所以征则凶者，以诸爻皆不当位也。所处皆不正，何动而不凶？大率以说而动，安有不失正者？

"无攸利"，柔乘刚也。

不唯位不当也，又有乘刚之过。三、五皆乘刚。男女有尊卑之序，夫妇有倡随之礼，此常理也，如《恒》是也。苟不由常正之道，徇情肆欲，惟说是动，则夫妇渎乱，男牵欲而失其刚，妇狃说而忘其顺，如《归妹》之乘刚是也。所以凶，无所往而利也。夫阴阳之配合，男女之交媾，理之常也。然从欲而流放，

不由义理，则淫邪无所不至，伤身败德，岂人理哉？归妹之所
以凶也。

《象》曰：泽上有雷，归妹，君子以永终知敝。

雷震于上，泽随而动，阳动于上，阴说而从，女从男之象
也，故为《归妹》。君子观男女配合生息相续之象，而以永其
终、知有敝也。"永终"，谓生息嗣续，永久其传也；"知
敝"，谓知物有敝坏，而为相继之道也。女归则有生息，故有
"永终"之义。又夫妇之道，当常永有终，必知其有敝坏之理
而戒慎之。敝坏，谓离隙。《归妹》，"说以动"者也，异乎
《恒》之"巽而动"、《渐》之"止而巽"也。少女之说，情之
感动，动则失正，非夫妇正而可常之道，久必敝坏。知其必敝，
则当思永其终也。天下之反目者，皆不能"永终"者也。不独夫
妇之道，天下之事，莫不有终有敝，莫不有可继可久之道。观
《归妹》，则当思"永终"之戒也。

初九，归妹以娣，跛能履，征吉。

女之归，居下而无正应，娣之象也。刚阳，在妇人为贤贞之
德，而处卑顺，娣之贤正者也。处说居下，为顺义。娣之卑下，
虽贤，何所能为？不过自善其身，以承助其君而已。如跛之能
履，言不能及远也。然在其分为善，故以是而行则吉也。

《象》曰："归妹以娣"，以恒也；"跛能履，吉"，
相承也。

归妹之义，以说而动，非夫妇能常之道。九乃刚阳，有贤贞
之德，虽娣之微，乃能以常者也。虽在下，不能有所为，如跛者

之能履，然征而吉者，以其能相承助也。能助其君，娣之吉也。

九二，眇能视，利幽人之贞。

九二，阳刚而得中，女之贤正者也。上有正应，而反阴柔之质，动于说者也。乃女贤而配不良，故二虽贤，不能自遂以成其内助之功，适可以善其身而小施之，如眇者之能视而已，言不能及远也。男女之际，当以正礼。五虽不正，二自守其幽静贞正，乃所利也。二有刚正之德，幽静之人也。二之才如是，而言利贞者，"利"，言宜于如是之贞，非不足而为之戒也。

《象》曰："利幽人之贞"，未变常也。

守其幽贞，未失夫妇常正之道也。世人以媟狎为常，故以贞静为变常，不知乃常久之道也。

六三，归妹以须，反归以娣。

三居下之上，本非贱者，以失德而无正应，故为欲有归而未得其归。"须"，待也。待者，未有所适也。六居三，不当位，德不正也。柔而尚刚，行不顺也。为说之主，以说求归，动非礼也。上无应，无受之者也。无所适，故"须"也。女子之处如是，人谁取之？不可以为人配矣。当反归而求为娣媵，则可也，以不正而失其所也。

《象》曰："归妹以须"，未当也。

"未当"者，其处、其德、其求归之道，皆不当，故无取之者，所以"须"也。

九四，归妹愆期，迟归有时。

九以阳居四，四上体，地之高也。阳刚，在女子为正德，贤明者也。无正应，未得其归也。过时未归，故云"愆期"。女子居贵高之地，有贤明之资，人情所愿娶，故其愆期乃为有时。盖自有待，非不售也，待得佳配而后行也。九居四，虽不当位，而处柔，乃妇人之道。以无应，故为"愆期"之义，而圣人推理，以女贤而愆期，盖有待也。

《象》曰："愆期"之志，有待而行也。

所以"愆期"者，由己而不由彼。贤女，人所愿娶，所以愆期，乃其志欲有所待，待得佳配而后行也。

六五，帝乙归妹，其君之袂，不如其娣之袂良。月几望，吉。

六五居尊位，妹之贵高者也。下应于二，为下嫁之象。王姬下嫁，自古而然。至帝乙而后正婚姻之礼，明男女之分，虽至贵之女，不得失柔巽之道，有贵骄之志。故《易》中阴尊而谦降者，则曰"帝乙归妹"，《泰》六五是也。贵女之归，唯谦降以从礼，乃尊高之德也，不事容饰以说于人也。"娣"，媵者，以容饰为事者也。衣袂，所以为容饰也。六五，尊贵之女，尚礼而不尚饰，故其袂不及其娣之袂良也。"良"，美好也。月望，阴之盈也，盈则敌阳矣。"几望"，未至于盈也。五之贵高，常不至于盈极，则不亢其夫，乃为吉也。女之处尊贵之道也。

《象》曰："帝乙归妹"，不知其娣之袂良也；其位在中，以贵行也。

以"帝乙归妹"之道言。其袂不如其娣之袂良，尚礼而不尚饰也。五以柔中，在尊高之位，以尊贵而行中道也。柔顺降屈，尚礼而不尚饰，乃中道也。

上六，女承筐无实，士刲羊无血，无攸利。

上六，女归之终而无应，女归之无终者也。归者，所以承先祖，奉祭祀。不能奉祭祀，则不可以为妇矣。筐篚之实，妇职所供也。古者房中之俎菹醢之类，后夫人职之。诸侯之祭，亲割牲，卿大夫皆然，割取血以祭。《礼》云："血祭，盛气也。"女当承事筐篚而无实，无实则无以祭，谓不能奉祭祀也。夫妇共承宗庙，妇不能奉祭祀，乃夫不能承祭祀也，故刲羊而无血，亦无以祭也，谓不可以承祭祀也。妇不能奉祭祀，则当离绝矣，是夫妇之无终者也，何所往而利哉？

《象》曰：上六"无实"，承虚筐也。

筐无实，是空筐也。空筐可以祭乎？言不可以奉祭祀也。女不可以承祭祀，则离绝而已，是女归之无终者也。

丰

☳ 离下震上

《丰》，《序卦》："得其所归者必大，故受之以《丰》。"物所归聚，必成其大，故《归妹》之后，受之以《丰》也。丰，盛大之义。为卦，震上离下。震，动也；离，明也。以明而动，动而能明，皆致丰之道。明足以照，动足以亨，然后能致丰大也。

《丰》：亨，王假之，勿忧，宜日中。

丰为盛大，其义自亨。极天下之光大者，唯王者能至之。"假"，至也。天位之尊，四海之富，群生之众，王道之大，极丰之道，其唯王者乎！丰之时，人民之繁庶，事物之殷盛，治之岂易周？为可忧虑。宜如日中之盛明广照，无所不及，然后无忧也。

《彖》曰：丰，大也，明以动，故丰。

丰者，盛大之义。离明而震动，明动相资而成丰大也。

"王假之"，尚大也。

王者有四海之广，兆民之众，极天下之大也，故丰大之道，唯王者能致之。所有既大，其保之治之之道亦当大也，故王者之所尚，至大也。

"勿忧，宜日中"，宜照天下也。

所有既广，所治既众，当忧虑其不能周及，宜如日中之盛明，普照天下，无所不至，则可勿忧矣。如是，然后能保其丰大。保有丰大，岂小才小知之所能也？

日中则昃，月盈则食，天地盈虚，与时消息，而况于人乎？况于鬼神乎？

既言丰盛之至，复言其难常，以为诫也。日中盛极，则当昃昳；月既盈满，则有亏缺。天地之盈虚，尚与时消息，况人与鬼神乎？"盈虚"，谓盛衰；"消息"，谓进退。天地之运，亦随时进退也。"鬼神"，谓造化之迹，于万物盛衰，可见其消息也。于丰盛之时而为此诫，欲其守中，不至过盛。处丰之道，岂易也哉？

《象》曰：雷电皆至，丰，君子以折狱致刑。

"雷电皆至"，明震并行也。二体相合，故云"皆至"。明动相资，成《丰》之象。离，明也，照察之象；震，动也，威断之象。"折狱"者，必照其情实，唯明克允；"致刑"者，以威于奸恶，唯断乃成。故君子观雷电明动之象，"以折狱致刑"也。《噬嗑》言"先王饬法"，《丰》言"君子折狱"。以明在上而丽于威震，王者之事，故为制刑立法；以明在下而丽于威震，君子之用，故为折狱致刑。《旅》，明在上，而云"君子"者，《旅》取"慎用刑"与"不留狱"，君子皆当然也。

初九，遇其配主，虽旬无咎，往有尚。

雷电皆至，成《丰》之象；明动相资，致丰之道。非明无以照，非动无以行，相须犹形影，相资犹表里。初九，明之初；

九四，动之初。宜相须以成其用，故虽旬而相应。位则相应，用则相资，故初谓四为配主，己所配也。配虽匹称，然就之者也。如配天、以配君子，故初于四云"配"，四于初云"夷"也。"虽旬无咎"，"旬"，均也。天下之相应者，常非均敌。如阴之应阳，柔之从刚，下之附上，敌则安肯相从？唯《丰》之初、四，其用则相资，其应则相成，故虽均是阳刚，相从而无过咎也。盖非明则动无所之，非动则明无所用，相资而成用。同舟则胡、越一心，共难则仇怨协力，事势使然也。往而相从，则能成其丰，故云"有尚"，有可嘉尚也。在他卦，则不相下而离隙矣。

《象》曰："虽旬无咎"，过旬灾也。

圣人因时而处宜，随事而顺理。夫势均则不相下者，常理也。然有虽敌而相资者，则相求也，初、四是也，所以虽旬而无咎也。与人同而力均者，在乎降己以相求，协力以从事。若怀先己之私，有加上之意，则患当至矣，故曰"过旬灾也"。均而先己，是"过旬"也。一求胜，则不能同矣。

六二，丰其蔀，日中见斗，往得疑疾，有孚发若，吉。

明动相资，乃能成丰。二为明之主，又得中正，可谓明者也，而五在正应之地，阴柔不正，非能动者。二、五虽皆阴，而在明动相资之时，居相应之地，五才不足，既其应之才不足资，则独明不能成丰。既不能成丰，则丧其明功，故为"丰其蔀"。"日中见斗"，二，至明之才，以所应不足与，而不能成其丰，丧其明功，无明功则为昏暗，故云"见斗"。"斗"，昏见者也。"蔀"，周匝之义，用障蔽之物掩晦于明者也。"斗"，属阴而主运乎象。五以阴柔而当君位，日中盛明之时，乃见斗，犹丰大之时，乃遇柔弱之主。斗以昏见，言"见斗"，则是明丧而暗矣。二虽至明中正之才，所遇乃柔暗不正之君，既不能下求于己，若往求之，则反得疑猜忌疾，暗主如是也。然则，如之何而可？夫君子之事上也，不得其心，则尽其至诚，以感发其志意而已。苟诚意能动，则虽昏蒙，可开也；虽柔弱，可辅也；虽不正，可正也。古人之事庸君、常主，而克行其道者，己之诚意上达，而君见信之笃耳。管仲之相桓公，孔明之辅后主是也。若能以诚信发其志意，则得行其道，乃为吉也。

《象》曰："有孚发若"，信以发志也。

"有孚发若"，谓以己之孚信，感发上之心志也。苟能发，则其吉可知，虽柔暗，有可发之道也。

九三，丰其沛，日中见沫，折其右肱，无咎。

"沛"字，古本有作旆字者。王弼以为幡幔，则是旆也。幡幔，围蔽于内者。"丰其沛"，其暗更甚于蔀也。三，明体，而反暗于四者，所应阴暗故也。三，居明体之上，阳刚得正，本能明者也。丰之道，必明动相资而成。三应于上，上阴柔，又无位，而处震之终，既终则止矣，不能动者也。他卦至终则极，震至终则止矣。三，无上之应，则不能成丰。"沫"，星之微小无名数者。"见沫"，暗之甚也。丰之时而遇上六，日中而见沫者也。"右肱"，人之所用，乃折矣，其无能为可知。贤智之才，遇明君则能有为于天下。上无可赖之主，则不能有为，如人之"折其右肱"也。人之为有所失，则有所归咎，曰由是故致是。若欲动而无右肱，欲为而上无所赖，则不能而已，更复何言？无所归咎也。

《象》曰："丰其沛"，不可大事也；"折其右肱"，终不可用也。

三应于上，上阴而无位，阴柔无势力，而处既终，其可共济大事乎？既无所赖，如右肱之折，终不可用矣。

九四，丰其蔀，日中见斗，遇其夷主，吉。

四虽阳刚，为动之主，又得大臣之位，然以不中正，遇阴暗柔弱之主，岂能致丰大也？故为"丰其蔀"。"蔀"，周围掩蔽之物。周围则不大，掩蔽则不明。"日中见斗"，当盛明之时，反昏暗也。"夷主"，其等夷也。相应，故谓之主。初、四，皆阳而居初，是其德同，又居相应之地，故为"夷主"。居大臣之位，而得在下之贤，同德相辅，其助岂小也哉？故吉也。如四之才，得在下之贤为之助，则能致丰大乎？曰："在下者，上有当位为之与；在上者，下有贤才为之助，岂无益乎？故吉也。然而，致天下之丰，有君而后能也。五阴柔居尊，而震体，无虚中巽顺下贤之象，下虽多贤，亦将何为？盖非阳刚中正，不能致天下之丰也。"

《象》曰："丰其蔀"，位不当也。
"位不当"，谓以不中正居高位，所以暗而不能致丰。

"日中见斗"，幽不明也。
谓幽暗不能光明，君阴柔而臣不中正故也。

"遇其夷主"，吉行也。

阳刚相遇，吉之行也。下就于初，故云"行"；下求，则为"吉"也。

六五，来章，有庆誉，吉。

五以阴柔之才，为丰之主，固不能成其丰大。若能来致在下章美之才而用之，则有福庆，复得美誉，所谓"吉"也。六二，文明中正，章美之才也。为五者，诚能致之在位而委任之，可以致丰大之庆、名誉之美，故"吉"也。章美之才，主二而言。然初与三、四，皆阳刚之才，五能用贤，则汇征矣。二虽阴，有文明中正之德，大贤之在下者也。五与二，虽非阴阳正应，在明动相资之时，有相为用之义。五若能"来章"，则"有庆誉"而"吉"也。然六五无虚己下贤之义，圣人设此义以为教耳。

《象》曰：六五之"吉"，有庆也。

其所谓"吉"者，可以有庆福及于天下也。人君虽柔暗，若能用贤才，则可以为天下之福，唯患不能耳。

上六，丰其屋，蔀其家，窥其户，阒其无人，三岁不觌，凶。

六以阴柔之质，而居丰之极，处动之终，其满假躁动甚矣。处丰大之时，宜乎谦屈，而处极高；致丰大之功，在乎刚健，而体阴柔；当丰大之任，在乎得时，而不当位。如上六者，处无一当，其凶可知。"丰其屋"，处太高也；"蔀其家"，居不明也。以阴柔居丰大，而在无位之地，乃高亢昏暗，自绝于人，人谁与之？故"窥其户，阒其无人"也。至于三岁之久而不知变，其凶宜矣。"不觌"，谓尚不见人，盖不变也。六居卦终，有变之义，而不能迁，是其才不能也。

《象》曰："丰其屋"，天际翔也；"窥其户，阒其无人"，自藏也。

六处丰大之极，在上而自高，若飞翔于天际，谓其高大之甚。窥其户而无人者，虽居丰大之极，而实无位之地，人以其昏暗自高大，故皆弃绝之，自藏避而弗与亲也。

旅

☰☰ 艮下离上

《旅》，《序卦》："丰，大也。穷大者必失其居，故受之以《旅》。"丰盛至于穷极，则必失其所安，《旅》所以次《丰》也。为卦，离上艮下。山止而不迁，火行而不居，违去而不处之象，故为《旅》也。又丽乎外，亦旅之象。

《旅》：小亨，旅贞，吉。

以卦才言也。如卦之才，可以"小亨"，得旅之贞正而吉也。

《彖》曰："《旅》，小亨"，柔得中乎外，而顺乎刚，止而丽乎明，是以"小亨，旅贞，吉"也。

六上居五，"柔得中乎外"也；丽乎上下之刚，"顺乎刚"也；下艮止，上离丽，"止而丽于明"也。柔顺而得在外之中，所止能丽于明，是以"小亨"，得旅之贞正而吉也。旅困之时，非阳刚中正，有助于下，不能致大亨也。所谓得在外之中，中非一揆，旅有旅之中也。止丽于明，则不失时宜，然后得处旅之道。

旅之时义大矣哉！

天下之事，当随时各适其宜，而旅为难处，故称其时义之大。

《象》曰：山上有火，旅，君子以明慎用刑，而不留狱。

火之在高，明无不照。君子观明照之象，则"以明慎用刑"。明不可恃，故戒于慎明，而止亦慎象。观火行不处之象，则"不留狱"。狱者，不得已而设，民有罪而入，岂可留滞淹久也？

初六，旅琐琐，斯其所取灾。

六以阴柔在旅之时，处于卑下，是柔弱之人，处旅困而在卑贱，所存污下者也。志卑之人，既处旅困，鄙猥琐细，无所不至，乃其所以致悔辱，取灾咎也。"琐琐"，猥细之状。当旅困之时，才质如是，上虽有援，无能为也。四，阳性而离体，亦非就下者也。又在《旅》，与他卦为大臣之位者异矣。

《象》曰："旅琐琐"，志穷灾也。

志意穷迫，益自取灾也。灾眚，对言则有分，独言则谓灾患耳。

六二，旅即次，怀其资，得童仆贞。

二有柔顺中正之德，柔顺则众与之，中正则处不失当，故能保其所有，童仆亦尽其忠信。虽不若五有文明之德，上下之助，亦处旅之善者也。次舍，旅所安也；财货，旅所资也；童仆，旅所赖也。得就次舍，怀畜其资财，又得童仆之贞良，旅之善也。柔弱在下者，童也；强壮处外者，仆也。二，柔顺中正，故得内外之心。在旅所亲比者，童仆也。不云"吉"者，旅寓之际，得免于灾厉，则已善矣。

《象》曰："得童仆贞"，终无尤也。

羁旅之人所赖者，童仆也。既得童仆之忠贞，终无尤悔矣。

九三，旅焚其次，丧其童仆贞，厉。

处旅之道，以柔顺谦下为先。三，刚而不中，又居下体之上与艮之上，有自高之象。在旅而过刚自高，致困灾之道也。自高则不顺于上，故上不与而焚其次，失所安也。上离为焚象，过刚则暴下，故下离而丧其童仆之贞信，谓失其心也。如此，则危厉之道也。

《象》曰："旅焚其次"，亦以伤矣；以旅与下，其义丧也。

旅焚失其次舍，亦以困伤矣。以旅之时，而与下之道如此，义当丧也。在旅而以过刚自高待下，必丧其忠贞，谓失其心也。在旅而失其童仆之心，为可危也。

九四，旅于处，得其资斧，我心不快。

四，阳刚，虽不居中，而处柔在上体之下，有用柔能下之象，得旅之宜也。以刚明之才，为五所与，为初所应，在旅之善者也。然四非正位，故虽得其处止，不若二之就次舍也。有刚明之才，为上下所与，乃旅而得货财之资、器用之利也。虽在旅为善，然上无刚阳之与，下唯阴柔之应，故不能伸其才，行其志，其心不快也。云"我"者，据四而言。

《象》曰："旅于处"，未得位也；"得其资斧"，心未快也。

四以近君为当位，在旅，五不取君义，故四为"未得位也"。曰："然则以九居四，不正为有咎矣？"曰："以刚居柔，旅之宜也。九以刚明之才，欲得时而行其志，故虽得资斧，于旅为善，其心志未快也。"

六五，射雉，一矢亡，终以誉命。

六五有文明柔顺之德，处得中道，而上下与之，处旅之至善者也。人之处旅，能合文明之道，可谓善矣。羁旅之人，动而或失，则困辱随之；动而无失，然后为善。离，为雉，文明之物。"射雉"，谓取则于文明之道而必合。如射雉，一矢而亡之，发无不中，则终能致誉命也。"誉"，令闻也。"命"，福禄也。五居文明之位，有文明之德，故动必中文明之道也。五，君位，人君无旅，旅则失位，故不取君义。

《象》曰："终以誉命"，上逮也。

有文明柔顺之德，则上下与之。"逮"，与也。能顺承于上而上与之，为上所逮也。言上而得乎下，为下所上逮也。在旅而上下与之，所以致誉命也。旅者，困而未得所安之时也。"终以誉命"，终当致誉命也。已誉命，则非旅也。困而亲寡则为旅，不必在外也。

上九，鸟焚其巢，旅人先笑，后号咷，丧牛于易，凶。

"鸟"，飞腾处高者也。上九，刚不中而处最高，又离体，其亢可知，故取鸟象。在旅之时，谦降柔和乃可自保，而过刚自高，失其所宜安矣。"巢"，鸟所安止。"焚其巢"，失其所安，无所止也。在离上为焚象。阳刚自处于至高，始快其意，故"先笑"；既而失安莫与，故"号咷"。轻易以丧其顺德，所以"凶"也。"牛"，顺物。"丧牛于易"，谓忽易以失其顺也。

离火性上，为躁易之象。上承"鸟焚其巢"，故更加"旅人"字。不云"旅人"，则是鸟笑哭也。

《象》曰：以旅在上，其义焚也；"丧牛于易"，终莫之闻也。

以旅在上，而以尊高自处，岂能保其居？其义当有焚巢之事。方以极刚自高，为得志而笑，不知丧其顺德于躁易，是"终莫之闻"，谓终不自闻知也。使自觉知，则不至于极而"号咷"矣。阳刚不中而处极，固有高亢躁动之象，而火复炎上，则又甚焉。

巽

☴ 巽下巽上

《巽》，《序卦》："旅而无所容，故受之以《巽》。巽者，入也。"羁旅亲寡，非巽顺何所取容？苟能巽顺，虽旅困之中，何往而不能入？《巽》所以次《旅》也。为卦，一阴在二阳之下，巽顺于阳，所以为《巽》也。

《巽》：小亨，利有攸往，利见大人。

卦之才可以"小亨"，"利有攸往，利见大人"也。《巽》与《兑》，皆刚中正；《巽》《兑》，义亦相类，而《兑》则"亨"，《巽》乃"小亨"者，《兑》，阳之为也；《巽》，阴之为也。《兑》，柔在外，用柔也；《巽》，柔在内，性柔也，《巽》之亨所以小也。

《象》曰：重巽以申命。

"重巽"者，上下皆巽也。上顺道以出命，下奉命而顺从，上下皆顺，重巽之象也。又，重为重复之义。君子体重巽之义，以申复其命令。"申"，重复也，丁宁之谓也。

刚巽乎中正而志行，柔皆顺乎刚，是以小亨。

以卦才言也。阳刚居巽而得中正，巽顺于中正之道也。阳性上，其志在以中正之道上行也。又上下之柔，皆巽顺于刚，其才如是，虽内柔，可以"小亨"也。

"利有攸往，利见大人"。

巽顺之道，无往不能入，故"利有攸往"。巽顺虽善道，必知所从，能巽顺于阳刚中正之大人，则为利，故"利见大人"也。如五、二之阳刚中正，大人也。巽顺不于大人，未必不为过也。

《象》曰：随风，巽，君子以申命行事。

两风相重，"随风"也。"随"，相继之义。君子观重巽相继以顺之象，而以申命令、行政事。随与重，上下皆顺也。上顺下而出之，下顺上而从之，上下皆顺，重巽之义也。命令、政事，顺理则合民心，而民顺从矣。

初六，进退，利武人之贞。

六以阴柔居卑巽而不中，处最下而承刚，过于卑巽者也。阴柔之人，卑巽太过，则志意恐畏而不安，或进或退，不知所从，其所利在武人之贞。若能用武人刚贞之志，则为宜也。勉为刚贞，则无过卑恐畏之失矣。

《象》曰："进退"，志疑也；"利武人之贞"，志治也。

进退不知所安者，其志疑惧也；利用武人之刚贞以立其志，则其志治也。"治"谓修立也。

九二，巽在床下，用史巫纷若，吉，无咎。

二居巽时，以阳处阴而在下，过于巽者也。"床"，人之所安。"巽在床下"，是过于巽，过所安矣。人之过于卑巽，非恐怯，则谄说，皆非正也。二实刚中，虽巽体而居柔，为过于巽，非有邪心也。恭巽之过，虽非正礼，可以远耻辱、绝怨咎，亦吉道也。"史巫"者，通诚意于神明者也。"纷若"，多也。苟至诚安于谦巽，能使通其诚意者多，则"吉"而"无咎"，谓其诚足以动人也。人不察其诚意，则以过巽为谄矣。

《象》曰："纷若"之"吉"，得中也。

二以居柔在下，为过巽之象，而能使通其诚意者众多纷然，由"得中也"。阳居中，为中实之象。中既诚实，则人自当信之。以诚意，则非谄畏也，所以吉而无咎。

九三，频巽，吝。

三以阳处刚，不得其中，又在下体之上，以刚亢之质而居巽顺之时，非能巽者，勉而为之，故屡失也。居巽之时，处下而上临之以巽，又四以柔巽相亲，所乘者刚，而上复有重刚，虽欲不巽，得乎？故频失而"频巽"，是可吝也。

《象》曰："频巽"之"吝"，志穷也。

三之才质，本非能巽，而上临之以巽，承重刚而履刚，势不得行其志，故频失而"频巽"，是其志穷困，可吝之甚也。

六四，悔亡，田获三品。

阴柔无援，而承、乘皆刚，宜有悔也。而四以阴居阴，得巽之正，在上体之下，居上而能下也。居上之下，巽于上也；以巽临下，巽于下也。善处如此，故得"悔亡"。所以得悔亡，以如田之获三品也。"田获三品"，及于上下也。田猎之获，分三品：一为乾豆，一供宾客与充庖，一颁徒御。四能巽于上下之阳，如田之获三品，谓遍及上下也。四之地，本有悔，以处之至善，故悔亡而复有功。天下之事，苟善处，则悔或可以为功也。

《象》曰："田获三品"，有功也。

巽于上下，如田之获三品而遍及上下，成巽之功也。

九五，贞吉，悔亡，无不利，无初有终，先庚三日，后庚三日，吉。

五居尊位，为巽之主，命令之所出也。处得中正，尽巽之善，然巽者，柔顺之道，所利在贞，非五之不足，在巽当戒也。既贞，则吉而悔亡，无所不利。"贞"，中正也。处巽出令，皆以中正为吉。柔巽而不贞，则有悔，安能无所不利也？命令之出，有所变更也。"无初"，始未善也；"有终"，更之使善也。若已善，则何用命也？何用更也？"先庚三日，后庚三日，吉"，出命更改之道当如是也。"甲"者，事之端也；"庚"者，变更之始也。十干，戊、己为中，过中则变，故谓之庚。事之改更，当原始要终，如"先甲""后甲"之义，如是则吉也。解在《蛊》卦。

《象》曰：九五之吉，位正中也。

九五之吉，以处正中也。得正中之道则吉，而其悔亡也。"正中"，谓不过无不及，正得其中也。处柔巽与出命令，唯得中为善，失中则悔也。

上九，巽在床下，丧其资斧，贞凶。

"床"，人所安也。"在床下"，过所安之义也。九，居巽之极，过于巽者也。"资"，所有也；"斧"，以断也。阳刚本有断，以过巽而失其刚断，失其所有，丧资斧也。居上而过巽，至于自失，在正道为凶也。

《象》曰："巽在床下"，上穷也；"丧其资斧"，正乎？凶也。

"巽在床下"，过于巽也。处卦之上，巽至于穷极也。居上而过极于巽，至于自失，得为正乎？乃凶道也。巽本善行，故疑之曰："得为正乎？"复断之曰："乃凶也。"

兑

☱兑下兑上

《兑》，《序卦》："巽者，入也。入而后说之，故受之以《兑》。兑者，说也。"物相入则相说，相说则相入，《兑》所以次《巽》也。

《兑》：亨，利贞。

兑，说也。说，致亨之道也。能说于物，物莫不说而与之，足以致亨。然为说之道，利于贞正。非道求说，则为邪谄而有悔咎，故戒"利贞"也。

《彖》曰："兑，说也"，刚中而柔外，说以利贞，是以顺乎天而应乎人。说以先民，民忘其劳；说以犯难，民忘其死。说之大，民劝矣哉！

兑之义，说也。一阴居二阳之上，阴说于阳而为阳所说也。阳刚居中，中心诚实之象；柔爻在外，接物和柔之象，故为说而能贞也。"利贞"，说之道宜正也。卦有刚中之德，能贞者也。说而能贞，是以上顺天理，下应人心，说道之至正至善者也。若夫违道以干百姓之誉者，苟说之道，违道不顺天，干誉非应人，苟取一时之说耳，非君子之正道。君子之道，其说于民，如天地之施，感于其心而说服无斁。故以之先民，则民心说随而忘其劳；率之以犯难，则民心说服于义而不恤其死。说道之大，民莫不知劝。"劝"，谓信之而勉力顺从。人君之道，以人心说服为本，故圣人赞其大。

《象》曰：丽泽，兑，君子以朋友讲习。

"丽泽"，二泽相附丽也。两泽相丽，交相浸润，互有滋益之象。故君子观其象，而"以朋友讲习"。"朋友讲习"，互相益也。先儒谓"天下之可说，莫若朋友讲习"。"朋友讲习"，固可说之大者，然当明相益之象。

初九，和兑，吉。

初虽阳爻，居说体而在最下，无所系应，是能卑下和顺以为说，而无所偏私者也。以和为说而无所偏私，说之正也。阳刚则不卑，居下则能巽，处说则能和，无应则不偏，处说如是，所以"吉"也。

《象》曰："和兑"之"吉"，行未疑也。

有求而和，则涉于邪谄。初，随时顺处，心无所系，无所为也，以和而已，是以吉也。《象》又以其处说在下而非中正，故云"行未疑也"。其行未有可疑，谓未见其有失也，若得中正，则无是言也。说以中正为本，爻直陈其义，《象》则推而尽之。

九二，孚兑，吉，悔亡。

二承比阴柔，阴柔，小人也，说之则当有悔。二，刚中之德，孚信内充，虽比小人，自守不失。君子和而不同，说而不失刚中，故"吉"而"悔亡"。非二之刚中，则有悔矣，以自守而亡也。

《象》曰："孚兑"之"吉"，信志也。

心之所存为志。二，刚实居中，孚信存于中也。志存诚信，岂至说小人而自失乎？是以吉也。

六三，来兑，凶。

六三，阴柔不中正之人，说不以道者也。"来兑"，就之以求说也。比于在下之阳，枉己非道，就以求说，所以凶也。之内为"来"。上下俱阳，而独之内者，以同体而阴性下也，失道下行也。

《象》曰："来兑"之"凶"，位不当也。
自处不中正，无与而妄求说，所以凶也。

九四，商兑未宁，介疾有喜。

四，上承中正之五，而下比柔邪之三，虽刚阳而处非正。三，阴柔，阳所说也，故不能决而商度。"未宁"，谓拟议所从而未决，未能有定也。两间谓之"介"，分限也。地之界，则加田，义乃同也。故人有节守谓之"介"。若介然守正，而疾远邪恶，则"有喜"也。从五，正也；说三，邪也。四，近君之位，若刚介守正，疾远邪恶，将得君以行道，福庆及物，为"有喜"也。若四者，得失未有定，系所从耳。

《象》曰：九四之"喜"，有庆也。
所谓"喜"者，若守正而君说之，则得行其刚阳之道，而福庆及物也。

九五，孚于剥，有厉。

九五，得尊位而处中正，尽说道之善矣，而圣人复设"有厉"之戒。盖尧、舜之盛，未尝无戒也，戒所当戒而已。虽圣贤在上，天下未尝无小人，然不敢肆其恶也，圣人亦说其能勉而革面也。彼小人者，未尝不知圣贤之可说也。如四凶处尧朝，隐恶而顺命是也。圣人非不知其终恶也，取其畏罪而强仁耳。五若诚心信小人之假善为实善，而不知其包藏，则危道也。小人者，备之不至则害于善，圣人为戒之意深矣。"剥"者，消阳之名。阴，消阳者也，盖指上六，故"孚于剥"则危也。以五在说之时，而密比于上六，故为之戒。虽舜之圣，且"畏巧言令色"，安得不戒也？说之惑人，易入而可惧也如此。

《象》曰："孚于剥"，位正当也。

戒"孚于剥"者，以五所处之位正当戒也。密比阴柔，有相说之道，故戒在信之也。

上六，引兑。

他卦至极则变，《兑》为说极则愈说。上六，成说之主，居说之极，说不知已者也。故说既极矣，又引而长之。然而不至悔咎，何也？曰："方言其说不知已，未见其所说善恶也；又下乘九五之中正，无所施其邪说。六三则承、乘皆非正，是以有凶。"

《象》曰："上六，引兑"，未光也。

说既极矣，又引而长之，虽说之之心不已，而事理已过，实无所说。事之盛，则有光辉。既极而强引之长，其无意味甚矣，岂有光也？"未"，非必之辞，《象》中多用。非必能有光辉，谓不能光也。

涣

☶ 坎下巽上

《涣》，《序卦》："兑者，说也。说而后散之，故受之以《涣》。"说则舒散也，人之气，忧则结聚，说则舒散，故说有散义，《涣》所以继《兑》也。为卦，巽上坎下。风行于水上，水遇风则涣散，所以为《涣》也。

《涣》：亨，王假有庙，利涉大川，利贞。

涣，离散也。人之离散，由乎中，人心离，则散矣。治乎散，亦本于中，能收合人心，则散可聚也。故卦之义，皆主于中。"利贞"，合涣散之道在乎正固也。

《彖》曰："《涣》，亨"，刚来而不穷，柔得位乎外，而上同。

涣之能亨者，以卦才如是也。《涣》之成《涣》，由九来居二，六上居四也。刚阳之来，则不穷极于下而处得其中；柔之往，则得正位于外而上同于五之中。巽顺于五，乃"上同"也。四、五，君臣之位，当涣而比，其义相通，同五，乃从中也。当涣之时而守其中，则不至于离散，故能亨也。

"王假有庙"，王乃在中也。

"王假有庙"之义，在《萃》卦详矣。天下离散之时，王者收合人心，至于有庙，乃是在其中也。"在中"，谓求得其中，摄其心之谓也。"中"者，心之象。"刚来而不穷，柔得位而上同"，卦才之义，皆主于中也。王者拯涣之道，在得其中而已。孟子曰："得其民有道，得其心，斯得民矣。"享帝、立庙，民心所归从也。归人心之道，无大于此，故云"至于有庙"，拯涣之道极于此也。

"利涉大川"，乘木有功也。

治涣之道，当济于险难，而卦有乘木济川之象。上巽，木也；下坎，水，大川也。利涉险以济涣也。木在水上，乘木之象，乘木所以涉川也。涉则有济涣之功，卦有是义，有是象也。

《象》曰：风行水上，涣，先王以享于帝，立庙。

"风行水上"，有涣散之象。先王观是象，救天下之涣散，至于享帝、立庙也。收合人心，无如宗庙。祭祀之报，出于其心。故享帝、立庙，人心之所归也。系人心，合离散之道，无大于此。

初六，用拯马壮，吉。

六居卦之初，涣之始也。始涣而拯之，又得马壮，所以"吉"也。六爻，独初不云"涣"者，离散之势，辨之宜早，方始而拯之，则不至于涣也。为教深矣。"马"，人之所托也。托于壮马，故能拯涣。"马"谓二也。二有刚中之才，初阴柔顺，两皆无应，无应则亲比相求。初之柔顺，而托于刚中之才，以拯其涣，如得壮马以致远，必有济矣，故"吉"也。涣拯于始，为力则易，时之顺也。

《象》曰：初六之"吉"，顺也。

初之所以"吉"者，以其能顺从刚中之才也；始涣而用拯，能顺乎时也。

九二，涣奔其机，悔亡。

诸爻皆云"涣"，谓涣之时也。在涣离之时，而处险中，其有悔可知。若能奔就所安，则得"悔亡"也。"机"者，俯凭以为安者也。俯，就下也。"奔"，急往也。二与初，虽非正应，而当涣离之时，两皆无与，以阴阳亲比相求，则相赖者也。故二目初为"机"，初谓二为"马"。二急就于初以为安，则能亡其悔矣。初虽坎体，而不在险中也。或疑初之柔微，何足赖？盖涣之时，合力为胜。先儒皆以五为机，非也。方涣离之时，二阳岂能同也？若能同，则成济涣之功当大，岂止"悔亡"而已？"机"，谓俯就也。

《象》曰："涣奔其机"，得愿也。

涣散之时，以合为安。二居险中，急就于初，求安也。赖之如机而亡其悔，乃得所愿也。

六三，涣其躬，无悔。

三在涣时，独有应与，无涣散之悔也。然以阴柔之质，不中正之才，上居无位之地，岂能拯时之涣而及人也？止于其身，可以无悔而已。上加"涣"字，在涣之时，躬无涣之悔也。

《象》曰："涣其躬"，志在外也。

志应于上，在外也。与上相应，故其身得免于涣而无悔。悔亡者，本有而得亡；无悔者，本无也。

六四，涣其群，元吉。涣有丘，匪夷所思。

涣，四、五二爻义相须，故通言之，《象》故曰"上同"也。四，巽顺而正，居大臣之位；五，刚中而正，居君位。君臣合力，刚柔相济，以拯天下之涣者也。方涣散之时，用刚，则不能使之怀附；用柔，则不足为之依归。四以巽顺之正道，辅刚中正之君，君臣同功，所以能济涣也。天下涣散，而能使之群聚，可谓大善之吉也。"涣有丘，匪夷所思"，赞美之辞也。"丘"，聚之大也。方涣散而能致其大聚，其功甚大，其事甚难，其用至妙。"夷"，平常也。非平常之见所能思及也，非大贤智，孰能如是？

《象》曰："涣其群，元吉"，光大也。

称"元吉"者，谓其功德光大也。"元吉，光大"，不在五而在四者，二爻之义通言也。于四，言其施用；于五，言其成功，君臣之分也。

九五，涣汗其大号，涣王居，无咎。

五与四，君臣合德，以刚中正巽顺之道治涣，得其道矣。唯在涣洽于人心，则顺从也。当使号令洽于民心，如人身之汗浃于四体，则信服而从矣。如是，则可以济天下之涣，居王位为称而无咎。"大号"，大政令也，谓新民之大命，救涣之大政。再云"涣"者，上谓涣之时，下谓处涣如是则无咎也。在四已言"元吉"，五唯言称其位也。涣之四、五通言者，涣以离散为害，拯之使合也。非君臣同功合力，其能济乎？爻义相须，时之宜也。

《象》曰："王居，无咎"，正位也。

"王居"，谓正位，人君之尊位也。能如五之为，则居尊位为称而无咎也。

上九，涣其血去逖出，无咎。

《涣》之诸爻，皆无系应，亦涣离之象。惟上应于三，三居险陷之极，上若下从于彼，则不能出于涣也。险有伤害、畏惧之象，故云"血惕"。然九以阳刚处涣之外，有出涣之象，又居巽之极，为能巽顺于事理，故云"若能使其血去，其惕出，则无咎也"。"其"者，所有也。涣之时，以能合为功，独九居涣之极，有系而临险，故以能出涣远害为善也。

《象》曰："涣其血"，远害也。

若如《象》文为"涣其血"，乃与"屯其膏"同也，义则不然。盖"血"字下脱"去"字，"血去惕出"，谓能远害则无咎也。

节

䷽ 兑下坎上

《节》，《序卦》："涣者，离也。物不可以终离，故受之以《节》。"物既离散，则当节止之，《节》所以次《涣》也。为卦，泽上有水。泽之容有限，泽上置水，满则不容，为有节之象，故为《节》。

《节》：亨，苦节，不可贞。

事既有节，则能致亨通，故节有"亨"义。节贵适中，过则苦矣。节至于苦，岂有常也？不可固守以为常，"不可贞"也。

《彖》曰："《节》，亨"，刚柔分而刚得中。

节之道，自有亨义，事有节，则能亨也。又卦之才，刚柔分处，刚得中而不过，亦所以为节，所以能亨也。

"苦节，不可贞"，其道穷也。

节至于极而苦，则不可坚固常守，其道已穷极也。

说以行险，当位以节，中正以通。

以卦才言也。内兑外坎，"说以行险"也。人于所说则不知已，遇艰险则思止。方说而止，为节之义。"当位以节"，五居尊，当位也；在泽上，有节也。当位而以节，主节者也。处得中正，节而能通也。中正则通，过则苦矣。

天地节而四时成，节以制度，不伤财，不害民。

推言节之道。天地有节，故能成四时，无节则失序也。圣人立制度以为节，故能不伤财、害民。人欲之无穷也，苟非节以制度，则侈肆，至于伤财、害民矣。

《象》曰：泽上有水，节，君子以制数度，议德行。

泽之容水有限，过则盈溢，是有节，故为《节》也。君子观《节》之象，以制立数度。凡物之大小、轻重、高下、文质，皆有数度，所以为节也。"数"，多寡。"度"，法制。"议德行"者，存诸中为德，发于外为行。人之德行当义，则中节。"议"，谓商度求中节也。

初九，不出户庭，无咎。

"户庭"，户外之庭；"门庭"，门内之庭。初，以阳在下，上复有应，非能节者也；又当节之初，故戒之谨守，至于"不出户庭"，则"无咎"也。初能固守，终或渝之。不谨于初，安能有卒？故于节之初，为戒甚严也。

《象》曰："不出户庭"，知通塞也。

爻辞于节之初，戒之谨守，故云"不出户庭"则"无咎"也。《象》恐人之泥于言也，故复明之云："虽当谨守，不出户庭，又必知时之通塞也。"通则行，塞则止，义当出则出矣。尾生之信，水至不去，不知通塞也，故"君子贞而不谅"。《系辞》所解，独以言者，在人所节，唯言与行，节于言，则行可知，言当在先也。

九二，不出门庭，凶。

二虽刚中之质，然处阴居说而承柔。处阴，不正也；居说，失刚也；承柔，近邪也。节之道，当以刚、中、正。二失其刚、中之德，与九五刚、中、正异矣。"不出门庭"，不之于外也，谓不从于五也。二、五，非阴阳正应，故不相从。若以刚中之道相合，则可以成节之功。唯其失德失时，是以凶也。不合于五，乃不正之节也。以刚、中、正为节，如惩忿窒欲、损过抑有余是也；不正之节，如啬节于用、懦节于行是也。

《象》曰："不出门庭，凶"，失时极也。

不能上从九五刚、中、正之道，成节之功，乃系于私昵之阴柔，是失时之至极，所以凶也。"失时"，失其所宜也。

六三，不节若，则嗟若，无咎。

六三不中正，乘刚而临险，固宜有咎。然柔顺而和说，若能自节而顺于义，则可以无过。不然，则凶咎必至，可伤嗟也。故"不节若，则嗟若"，己所自致，无所归咎也。

《象》曰："不节"之"嗟"，又谁咎也？

节则可以免过，而不能自节，以致可嗟，将谁咎乎？

六四，安节，亨。

四，顺承九五刚、中、正之道，是以中、正为节也。以阴居阴，安于正也。当位，为有节之象，下应于初。四，坎体，水也。水上溢为无节，就下，有节也。如四之义，非强节之，安于节者也，故能致亨。节以安为善。强守而不安，则不能常，岂以亨也？

《象》曰："安节"之"亨"，承上道也。

四能"安节"之义，非一，《象》独举其重者。上承九五刚、中、正之道以为节，足以亨矣，余善亦不出于中、正也。

九五，甘节，吉，往有尚。

九五刚、中、正，居尊位，为节之主，所谓"当位以节，中正以通"者也。在己则安行，天下则说从，节之甘美者也，其吉可知。以此而行，其功大矣，故往则有可嘉尚也。

《象》曰："甘节"之"吉"，居位中也。

既居尊位，又得中道，所以吉而有功。节以中为贵，得中则正矣，正不能尽中也。

上六，苦节，贞凶，悔亡。

上六居节之极，节之苦者也；居险之极，亦为苦义。固守则凶，悔则凶亡。"悔"，损过从中之谓也。《节》之"悔亡"，与他卦之"悔亡"，辞同而义异也。

《象》曰："苦节，贞凶"，其道穷也。

节既苦而贞固守之，则凶。盖节之道至于穷极矣。

中孚

兑下巽上

《中孚》，《序卦》："节而信之，故受之以《中孚》。"节者，为之制节，使不得过越也。信而后能行，上能信守之，下则信从之，节而信之也，《中孚》所以次《节》也。为卦，泽上有风。风行泽上，而感于水中，为中孚之象。感，谓感而动也。内外皆实而中虚，为中孚之象。又二、五皆阳，中实，亦为孚义。在二体则中实，在全体则中虚；中虚，信之本；中实，信之质。

《中孚》：豚鱼，吉，利涉大川，利贞。

豚躁鱼冥，物之难感者也。孚信能感于豚鱼，则无不至矣，所以"吉"也。忠信可以蹈水火，况涉川乎？守信之道，在乎坚正，故利于贞也。

《彖》曰：《中孚》，柔在内而刚得中，

二柔在内，中虚，为诚之象；二刚得上下体之中，中实，为孚之象，卦所以为《中孚》也。

说而巽，孚乃化邦也。

以二体言卦之用也。上巽下说，为上至诚以顺巽于下，下有孚以说从其上，如是，其孚乃能化于邦国也。若人不说从，或违拂事理，岂能化天下乎？

"豚鱼，吉"，信及豚鱼也。

信能及于豚鱼，信道至矣，所以吉也。

"利涉大川"，乘木，舟虚也。

以中孚涉险难，其利如乘木济川，而以虚舟也。"舟虚"，则无沉覆之患。卦，虚中为虚舟之象。

中孚以利贞，乃应乎天也。

中孚而贞，则应乎天矣。天之道，孚贞而已。

《象》曰：泽上有风，中孚，君子以议狱缓死。

泽上有风，感于泽中。水体虚，故风能入之；人心虚，故物能感之。风之动乎泽，犹物之感于中，故为《中孚》之象。君子观其象，以议狱与缓死。君子之于议狱，尽其忠而已；于决死，极其恻而已，故诚意常求于缓。"缓"，宽也。于天下之事，无所不尽其忠，而"议狱缓死"，最其大者也。

初九，虞吉，有他不燕。

九当中孚之初，故戒在审其所信。"虞"，度也，度其可信而后从也。虽有至信，若不得其所，则有悔咎，故虞度而后信，则吉也。既得所信，则当诚一，若"有他"，则不得其燕安矣。"燕"，安裕也。"有他"，志不定也。人志不定，则惑而不安。初与四为正应，四巽体而居正，无不善也。爻以谋始之义大，故不取相应之义。若用应，则非虞也。

《象》曰："初九，虞吉"，志未变也。

当信之始，志未有所从，而虞度所信，则得其正，是以吉也。盖其志未有变动。志有所从，则是变动，虞之不得其正矣。在初，言求所信之道也。

九二，鸣鹤在阴，其子和之，我有好爵，吾与尔靡之。

二，刚实于中，孚之至者也，孚至则能感通。鹤鸣于幽隐之处，不闻也，而其子相应和，中心之愿相通也。好爵我有，而彼亦系慕，说好爵之意同也。有孚于中，物无不应，诚同故也。至诚无远近、幽深之间，故《系辞》云："善则千里之外应之，不善则千里违之。"言诚通也。至诚感通之理，知道者为能识之。

《象》曰："其子和之"，中心愿也。

"中心愿"，谓诚意所愿也，故通而相应。

六三，得敌，或鼓，或罢，或泣，或歌。

"敌"，对敌也，谓所交孚者，正应上九是也。三、四，皆以虚中为成孚之主，然所处则异。四，得位居正，故亡匹以从上；三，不中失正，故得敌以累志。以柔说之质，既有所系，唯所信是从，或鼓张，或罢废，或悲泣，或歌乐，动息忧乐，皆系乎所信也。唯系所信，故未知吉凶，然非明达君子之所为也。

《象》曰："或鼓，或罢"，位不当也。

居不当位，故无所主，唯所信是从。所处得正，则所信有方矣。

六四，月几望，马匹亡，无咎。

四为成孚之主，居近君之位，处得其正而上信之至，当孚之任者也。如月之几望，盛之至也。已望则敌矣，臣而敌君，祸败必至。故以几望为至盛。"马匹亡"，四与初为正应，匹也。古者驾车用四马，不能备纯色，则两服两骖各一色，又小大必相称，故两马为匹，谓对也。"马"者，行物也。初上应四，而四亦进从五，皆上行，故以马为象。孚道在一，四既从五，若复下系于初，则不一而害于孚，为有咎矣。故"马匹亡"则"无咎"也。上从五而不系于初，是亡其匹也。系初则不进，不能成孚之功也。

《象》曰："马匹亡"，绝类上也。

绝其类而上从五也。"类"，谓应也。

九五，有孚，挛如，无咎。

五居君位。人君之道，当以至诚感通天下，使天下之心信之，固结如拘挛然，则为无咎也。人君之孚，不能使天下固结如是，则亿兆之心，安能保其不离乎？

《象》曰："有孚，挛如"，位正当也。

五居君位之尊，出中正之道，能使天下信之，如拘挛之固，乃称其位，人君之道当如是也。

上九，翰音登于天，贞凶。

"翰音"者，音飞而实不从。处信之终，信终则衰，忠笃内丧，华美外飏，故云"翰音登天"，正亦灭矣。阳性上进，风体飞飏。九居中孚之时，处于最上，孚于上进而不知止者也。其极至于羽翰之音，登闻于天，贞固于此而不知变，凶可知矣。夫子曰："好信不好学，其蔽也贼。"固守而不通之谓也。

《象》曰："翰音登于天"，何可长也？

守孚至于穷极而不知变，岂可长久也？固守而不通，如是则凶也。

小过

䷽艮下震上

《小过》，《序卦》："有其信者，必行之，故受之以《小过》。"人之所信则必行，行则过也，《小过》所以继《中孚》也。为卦，山上有雷。雷震于高，其声过常，故为《小过》。又阴居尊位，阳失位而不中，小者过其常也。盖为小者过，又为小事过，又为过之小。

《小过》：亨，利贞。

过者，过其常也。若矫枉而过正，过所以就正也。事有时而当，然有待过而后能亨者，故小过自有亨义。"利贞"者，过之道利于贞也。不失时宜之谓正。

可小事，不可大事。飞鸟遗之音，不宜上，宜下，大吉。

过，所以求就中也。所过者，小事也，事之大者，岂可过也？于《大过》论之详矣。"飞鸟遗之音"，谓过之不远也。"不宜上，宜下"，谓宜顺也。顺则大吉，过以就之，盖顺理也。过而顺理，其吉必大。

《彖》曰：《小过》，小者过而亨也。

阳大阴小。阴得位，刚失位而不中，是小者过也，故为小事过、过之小。小者与小事，有时而当过，过之亦小，故为小过。

事固有待过而后能亨者，过之所以能亨也。

过以"利贞"，与时行也。

过而利于贞，谓"与时行也"。时当过而过，乃非过也，时之宜也，乃所谓正也。

柔得中，是以小事吉也。刚失位而不中，是以不可大事也。有飞鸟之象焉。

小过之道，于小事有过则吉者，而《彖》以卦才言吉义。"柔得中"，二、五居中也。阴柔得位，能致小事吉耳，不能济大事也。"刚失位而不中，是以不可大事"，大事非刚阳之才不能济，三不中，四失位，是以不可大事。小过之时，自不可大事，而卦才又不堪大事，与时合也。"有飞鸟之象焉"，此一句，不类《彖》体，盖解者之辞，误入《彖》中。中刚外柔，飞鸟之象，卦有此象，故就飞鸟为义。

"飞鸟遗之音，不宜上，宜下，大吉"，上逆而下顺也。

事有时而当过，所以从宜，然岂可甚过也？如过恭、过哀、过俭，大过则不可。所以在小过也，所过当如飞鸟之遗音。鸟飞迅疾，声出而身已过，然岂能相远也？事之当过者，亦如是。身不能甚远于声，事不可远过其常，在得宜耳。"不宜上，宜下"，更就鸟音取宜顺之义。过之道，当如飞鸟之遗音。夫声逆而上则难，顺而下则易，故在高则大，山上有雷，所以为过也。过之道，顺行则吉，如飞鸟之遗音，宜顺也。所以过者，为顺乎宜也；能顺乎宜，所以"大吉"。

《象》曰：山上有雷，小过，君子以行过乎恭，丧过乎哀，用过乎俭。

雷震于山上，其声过常，故为《小过》。天下之事，有时当过，而不可过甚，故为小过。君子观《小过》之象，事之宜过者则勉之，"行过乎恭，丧过乎哀，用过乎俭"是也。当过而过，乃其宜也，不当过而过，则过矣。

初六，飞鸟以凶。

初六，阴柔在下，小人之象；又上应于四，四复动体。小人躁易而上有应助，于所当过，必至过甚，况不当过而过乎？其过如飞鸟之迅疾，所以凶也。躁疾如是，所以过之速且远，救止莫及也。

《象》曰："飞鸟以凶"，不可如何也。

其过之疾，如飞鸟之迅，岂容救止也？凶其宜矣。"不可如何"，无所用其力也。

六二，过其祖，遇其妣，不及其君，遇其臣，无咎。

阳之在上者，父之象；尊于父者，祖之象。四在三上，故为祖。二与五，居相应之地，同有柔中之德，志不从于三、四，故过四而遇五，是"过其祖"也。五，阴而尊，祖妣之象，与二同德相应，在他卦则阴阳相求，过之时，必过其常，故异也。无所不过，故二从五，亦戒其过。"不及其君，遇其臣"，谓上进而不陵及于君，适当臣道，则无咎也。"遇"，当也。过臣之分，则其咎可知。

《象》曰："不及其君"，臣不可过也。

过之时，事无不过其常，故于上进则戒及其君，臣不可过臣之分也。

九三，弗过防之，从或戕之，凶。

小过，阴过阳失位之时，三独居正，然在下，无所能为，而为阴所忌恶，故有当过者，在过防于小人。若"弗过防之"，则或从而戕害之矣，如是则凶也。三，于阴过之时，以阳居刚，过于刚也。既戒之"过防"，则过刚亦在所戒矣。防小人之道，正己为先。三不失正，故无必凶之义，能过防则免矣。三居下之上，居上为下，皆如是也。

《象》曰："从或戕之"，凶如何也！

阴过之时，必害于阳；小人道盛，必害君子，当过为之防，防之不至，则为其所戕矣，故曰"凶如何也"，言其甚也。

九四，无咎，弗过，遇之，往厉，必戒，勿用永贞。

四当小过之时，以刚处柔，刚不过也，是以"无咎"。既"弗过"，则合其宜矣，故云"遇之"，谓得其道也。若往则有危，必当戒惧也。"往"，去柔而以刚进也。"勿用永贞"，阳性坚刚，故戒以随宜，不可固守也。方阴过之时，阳刚失位，则君子当随时顺处，不可固守其常也。四居高位，而无上下之交，虽比五应初，方阴过之时，彼岂肯从阳也？故往则有厉。

《象》曰："弗过，遇之"，位不当也；"往厉，必戒"，终不可长也。

"位不当"，谓处柔。九四，当过之时，不过刚而反居柔，乃得其宜，故曰"遇之"，遇其宜也。以九居四，位不当也，居柔乃遇其宜也。当阴过之时，阳退缩自保足矣，终岂能长而盛也？故往则有危，必当戒也。"长"，上声，作平声，则大失《易》意，以《夬》与《剥》观之可见。与《夬》之象，文同而音异也。

六五，密云不雨，自我西郊，公弋取彼在穴。

五以阴柔居尊位，虽欲过为，岂能成功？如密云而不能成雨。所以不能成雨，自西郊故也。阴不能成雨，《小畜》卦中已解。"公弋取彼在穴"，"弋"，射取之也。射止是射，弋有取义。"穴"，山中之空，中虚乃空也，"在穴"，指六二也。五与二，本非相应，乃弋而取之。五当位，故云"公"，谓公上也。同类相取，虽得之，两阴岂能济大事乎？犹密云之不能成雨也。

《象》曰："密云不雨"，已上也。

阳降阴升，合则和而成雨。阴已在上，云虽密，岂能成雨乎？阴过不能成大之义也。

上六，弗遇，过之，飞鸟离之，凶，是谓灾眚。

六，阴而动体，处过之极，不与理遇，动皆过之，其违理过常，如飞鸟之迅速，所以凶也。"离"，过之远也。"是谓灾眚"，是当有灾眚也。"灾"者，天殃；"眚"者，人为。既过之极，岂唯人眚？天灾亦至，其凶可知，天理、人事皆然也。

《象》曰："弗遇过之"，已亢也。

居过之终，弗遇于理而过之，过已亢极，其凶宜也。

既济

☲ 离下坎上

《既济》，《序卦》："有过物者，必济，故受之以《既
济》。"能过于物，必可以济，故《小过》之后，受之以《既
济》也。为卦，水在火上。水火相交，则为用矣。各当其用，故
为《既济》，天下万事已济之时也。

《既济》：亨小，利贞，初吉终乱。

既济之时，大者既已亨矣，小者尚有亨也。虽既济之时，不
能无小未亨也。"小"字在下，语当然也。若言小亨，则为亨之
小也。"利贞"，处既济之时，利在贞固以守之也。"初吉"，
方济之时也；"终乱"，济极则反也。

《彖》曰：既济，亨，小者亨也。"利贞"，刚柔正而
位当也。

既济之时，大者固已亨矣，唯有小者亨也。时既济矣，固宜
贞固以守之。卦才，刚柔正当其位，当位者，其常也，乃正固之
义，利于如是之贞也。阴阳各得正位，所以为既济也。

"初吉"，柔得中也。

二以柔顺文明而得中，故能成既济之功。二居下体，方济之
初也，而又善处，是以吉也。

终止则乱，其道穷也。

天下之事，不进则退，无一定之理。济之终，不进而止矣，无常止也，衰乱至矣，盖其道已穷极也。九五之才，非不善也，时极道穷，理当必变也。圣人至此奈何？曰："唯圣人为能通其变于未穷，不使至于极也，尧、舜是也，故有终而无乱。"

《象》曰：水在火上，既济，君子以思患而豫防之。

水火既交，各得其用，为既济。时当既济，唯虑患害之生，故思而豫防，使不至于患也。自古天下既济而致祸乱者，盖不能思患而豫防也。

初九，曳其轮，濡其尾，无咎。

初，以阳居下，上应于四，又火体，其进之志锐也。然时既济矣，进不已则及于悔咎，故"曳其轮，濡其尾"，乃得"无咎"。轮所以行，倒曳之使不进也。兽之涉水，必揭其尾，"濡其尾"则不能济。方既济之初，能止其进，乃得无咎，不知已则至于咎也。

《象》曰："曳其轮"，义无咎也。

既济之初，而能止其进，则不至于极，其义自无咎也。

六二，妇丧其茀，勿逐，七日得。

二以文明中正之德，上应九五刚阳中正之君，宜得行其志也。然五既得尊位，时已既济，无复进而有为矣，则于在下贤才，岂有求用之意？故二不得遂其行也。自古既济而能用人者，鲜矣。以唐太宗之用言，尚怠于终，况其下者乎？于斯时也，则刚中反为中满，坎、离乃为相戾矣。人能识时知变，则可以言《易》矣。二，阴也，故以妇言。"茀"，妇人出门以自蔽者也。"丧其茀"，则不可行矣。二不为五之求用，则不得行，如妇之丧茀也。然中正之道岂可废也？时过则行矣。"逐"者，从物也，从物则失其素守，故戒"勿逐"。自守不失，则七日当复得也。卦有六位，七则变矣。"七日得"，谓时变也。虽不为上所用，中正之道无终废之理，不得行于今，必行于异时也。圣人之劝戒深矣。

《象》曰："七日得"，以中道也。

中正之道，虽不为时所用，然无终不行之理，故"丧茀，七日当复得"。谓自守其中，异时必行也。不失其中，则正矣。

九三，高宗伐鬼方，三年克之，小人勿用。

九三当既济之时，以刚居刚，用刚之至也。既济而用刚如是，乃高宗伐鬼方之事。高宗，必商之高宗。天下之事既济，而远伐暴乱也。威武可及，而以救民为心，乃王者之事也，唯圣贤之君则可。若骋威武，忿不服，贪土地，则残民肆欲也，故戒不可用小人。小人为之，则以贪忿，私意也；非贪忿，则莫肯为也。"三年克之"，见其劳惫之甚。圣人因九三当既济而用刚，发此义以示人，为法为戒，岂浅见所能及也？

《象》曰："三年克之"，惫也。

言"惫"，以见其事之至难。在高宗为之则可，无高宗之心，则贪忿以殄民也。

六四，繻有衣袽，终日戒。

四在济卦而水体，故取舟为义。四，近君之位，当其任者也。当既济之时，以防患虑变为急。"繻"当作濡，谓渗漏也。

舟有罅漏，则塞以衣袽。有衣袽以备濡漏，又终日戒惧不怠，虑患当如是也。不言吉，方免于患也。既济之时，免患则足矣，岂复有加也？

《象》曰："终日戒"，有所疑也。
终日戒惧，常疑患之将至也。处既济之时，当畏慎如是也。

九五，东邻杀牛，不如西邻之禴祭，实受其福。
五，中实，孚也；二，虚中，诚也，故皆取祭祀为义。"东邻"，阳也，谓五；"西邻"，阴也，谓二。"杀牛"，盛祭也；"禴"，薄祭也。盛不如薄者，时不同也。二、五，皆有孚诚中正之德，二在济下，尚有进也，故受福；五处济极，无所进矣，以至诚中正守之，苟未至于反耳。理，无极而终不反者也。已至于极，虽善处，无如之何矣，故爻、《象》唯言其时也。

《象》曰："东邻杀牛"，不如西邻之时也；"实受其福"，吉大来也。
五之才德非不善，不如二之时也。二在下，有进之时，故中正而孚，则其吉大来，所谓受福也。"吉大来"者，在既济之时，为大来也，"亨小"、"初吉"是也。

上六，濡其首，厉。
既济之极，固不安而危也，又阴柔处之，而在险体之上。坎，为水，济亦取水义，故言其穷至于濡首，危可知也。既济之终，而小人处之，其败坏可立而待也。

《象》曰："濡其首，厉"，何可久也？
既济之穷，危至于濡首，其能长久乎？

未济

䷿坎下离上

《未济》，《序卦》："物不可穷也，故受之以《未济》，终焉。"既济矣，物之穷也。物穷而不变，则无不已之理。《易》者，变易而不穷也，故《既济》之后，受之以《未济》而终焉。未济，则未穷也，未穷则有生生之义。为卦，离上坎下。火在水上，不相为用，故为《未济》。

《未济》：亨，小狐汔济，濡其尾，无攸利。

未济之时，有亨之理，而卦才复有致亨之道，唯在慎处。狐能度水，濡尾则不能济，其老者多疑畏，故履冰而听，惧其陷也；小者则未能畏慎，故勇于济。"汔"，当为仡，壮勇之状。《书》曰："仡仡勇夫。"小狐果于济，则"濡其尾"而不能济也。未济之时，求济之道，当至慎则能亨。若如小狐之果，则不能济也。既不能济，无所利矣。

《彖》曰："《未济》，亨"，柔得中也。

以卦才言也。所以能亨者，以"柔得中也"。五，以柔居尊位，居刚而应刚，得柔之中也。刚柔得中，处未济之时，可以亨也。

"小狐汔济"，未出中也。

据二而言也。二以刚阳居险中，将济者也，又上应于五。险非可安之地，五有当从之理，故果于济如小狐也。既果于济，故有濡尾之患，未能出于险中也。

"濡其尾，无攸利"，不续终也。

其进锐者，其退速，始虽勇于济，不能继续而终之，无所往而利也。

虽不当位，刚柔应也。

虽阴阳不当位，然刚柔皆相应。当未济而有与，若能重慎，则有可济之理。二以汔济，故濡尾也。卦之诸爻，皆不得位，故为《未济》。《杂卦》云："《未济》，男之穷也。"谓三阳皆失位也。斯义也，闻之成都隐者。

《象》曰：火在水上，未济，君子以慎辨物居方。

水火不交，不相济为用，故为未济。火在水上，非其处也。君子观其处不当之象，以慎处于事物，辨其所当，各居其方，谓止于其所也。

初六，濡其尾，吝。

六以阴柔在下，处险而应四。处险则不安其居，有应则志行于上。然己既阴柔，而四非中正之才，不能援之以济也。兽之济水，必揭其尾，尾濡则不能济。"濡其尾"，言不能济也。不度其才力而进，终不能济，可羞吝也。

《象》曰："濡其尾"，亦不知极也。

不度其才力而进，至于濡尾，是不知之极也。

九二，曳其轮，贞吉。

在他卦，九居二为居柔得中，无过刚之义也。于《未济》，圣人深取卦象以为戒，明事上恭顺之道。未济者，君道艰难之时也。五以柔处君位，而二乃刚阳之才，而居相应之地，当用者也。刚有陵柔之义，水有胜火之象。方艰难之时，所赖者，才臣耳，尤当尽恭顺之道，故戒"曳其轮"则得正而吉也。倒曳其轮，杀其势，缓其进，戒用刚之过也。刚过，则好犯上而顺不足。唐之郭子仪、李晟，当艰危未济之时，能极其恭顺，所以为得正，而能保其终吉也。于六五，则言其贞吉光辉，尽君道之善；于九二，则戒其恭顺，尽臣道之正，尽上下之道也。

《象》曰："九二，贞吉"，中以行正也。

九二得正而吉者，以曳轮而得中道，乃正也。

六三，未济，征凶，利涉大川。

"未济，征凶"，谓居险无出险之用，而行则凶也。必出险，而后可征。三以阴柔不中正之才而居险，不足以济，未有可济之道、出险之用而征，所以"凶"也。然未济有可济之道，险终有出险之理。上有刚阳之应，若能涉险而往从之，则济矣，故"利涉大川"也。然三之阴柔，岂能出险而往？非时不可，才不能也。

《象》曰："未济，征凶"，位不当也。

三，征则凶者，以位不当也，谓阴柔不中正，无济险之才也。若能涉险以从应，则利矣。

九四，贞吉，悔亡。震用伐鬼方，三年，有赏于大国。

九四，阳刚居大臣之位，上有虚中明顺之主，又已出于险，
未济已过中矣，有可济之道也。济天下之艰难，非刚健之才不能
也。九虽阳而居四，故戒以贞固则吉而悔亡，不贞则不能济，有
悔者也。"震"，动之极也。古之人用力之甚者，"伐鬼方"
也，故以为义。力勤而远伐，至于三年，然后成功而行大国之
赏，必如是乃能济也。济天下之道，当贞固如是。四居柔，故设
此戒。

《象》曰："贞吉，悔亡"，志行也。

如四之才与时合，而加以贞固，则能行其志，吉而悔亡。鬼
方之伐，贞之至也。

六五，贞吉，无悔，君子之光，有孚，吉。

五，文明之主，居刚而应刚，其处得中，虚其心而阳为之
辅，虽以柔居尊，处之至正至善，无不足也。既得贞正，故吉而
无悔。贞，其固有，非戒也。以此而济，无不济也。五，文明
之主，故称其光。君子德辉之盛，而功实称之，有孚也。上云
"吉"，以贞也，柔而能贞，德之吉也；下云"吉"，以功也，
既光而有孚，时可济也。

《象》曰："君子之光"，其晖吉也。

光盛则有晖。"晖"，光之散也。君子积充而光盛，至于有
晖，善之至也，故重云"吉"。

上九，有孚于饮酒，无咎，濡其首，有孚失是。

九以刚在上，刚之极也；居明之上，明之极也。刚极而能明，则不为躁而为决。明能烛理，刚能断义。居未济之极，非得济之位，无可济之理，则当乐天顺命而已。若否终则有倾，时之变也；未济则无极而自济之理，故止为未济之极，至诚安于义命而自乐，则可无咎。“饮酒”，自乐也。不乐其处，则忿躁陨获，入于凶咎矣。若从乐而耽肆过礼，至“濡其首”，亦非能安其处也。“有孚”，自信于中也。“失是”，失其宜也。如是则于有孚为失也。人之处患难，知其无可奈何，而放意不反者，岂安于义命者哉？

《象》曰："饮酒，濡首"，亦不知节也。

饮酒至于濡首，不知节之甚也。所以至如是，不能安义命也。能安，则不失其常矣。

附录

易说

系　辞

"天尊地卑"，尊卑之位定，而乾坤之义明矣；高卑既别，贵贱之位分矣；阳动阴静，各有其常，则刚柔判矣。事有理，物有形也。事则有类，形则有群，善恶分而吉凶生矣；象见于天，形成于地，变化之迹见矣。阴阳之交相摩轧，八方之气相推荡，雷霆以动之，风雨以润之，日月运行，寒暑相推，而成造化之功。得乾者，成男；得坤者，成女。乾当始物，坤当成物。乾坤之道，易简而已。乾始物之道，易；坤成物之能，简。平易，故人易知；简直，故人易从。易知则可亲就而奉顺，易从则可取法而成功。亲合则可以常久，成事则可以广大。圣贤德业久大，得易简之道也。天下之理，易简而已。有理而后有象，"成位乎其中"也。

圣人既设卦，观卦之象而系之以辞，明其吉凶之理，以刚柔相推而知变化之道。吉凶之生，由失得也。悔吝者，可忧虞也。进退消长，所以成变化也。刚柔相易而成昼夜，观昼夜，则知刚柔之道矣。三极，上中下也。极，中也，皆其时中也。三才，以物言也；三极，以位言也。六爻之动，以位为义，乃其序也，得其序则安矣。辞所以明义，玩其辞义，则知其可乐也。观象玩辞而能通其意，观变玩占而能顺其时，动不违于天矣。

《彖》言卦之象，爻随时之变，因失得而有吉凶。能如是，则得无咎。位有贵贱之分，卦兼小大之义。吉凶之道，于辞可见。以悔吝为防，则存意于微小。震惧而得无咎者，以能悔也。卦有小大，于时之中，有小大也。有小大，则辞之险易殊矣。辞，各随其事也。

圣人作《易》，以准则天地之道。《易》之义，天地之道也，"故能弥纶天地之道"。"弥"，遍也；"纶"，理也。在事为伦，治丝为纶。"弥纶"，遍理也。遍理天地之道，而复仰观天文，俯察地理，验之著见之迹，故能"知幽明之故"。在理为幽，成象为明。"知幽明之故"，知理与物之所以然也。"原"，究其始；"要"，考其终，则可以见死生之理。聚为精气，散为游魂；聚则为物，散则为变。观聚散，则见"鬼神之情状"。万物始终，聚散而已。鬼神，造化之功也。以幽明之故、死生之理、鬼神之情状观之，则可以见"天地之道"。

《易》之义，"与天地之道相似"，故无差违。"相似"，谓同也。"知周乎万物而道济天下，故不过"，义之所包知也。其义周尽万物之理，其道足以济天下，故无过差。"旁行而不流"，旁通远及而不流失正理。顺乎理，"乐天"也；安其分，"知命"也。顺理安分，故无所忧。"安土"，安所止也；"敦乎仁"，存乎同也，是以"能爱"。

"范围"，俗语谓之模量。模量天地之运化而不过差，委曲成就万物之理而无遗失，通昼夜辟阖屈伸之道而知其所以然。如此，则得天地之妙用，知道德之本源。所以见至神之妙，无有方所，而《易》之准道，无有形体。

道者，一阴一阳也。动静无端，阴阳无始。非知道者，孰能识之？动静相因而成变化，顺继此道，则为善也；成之在人，则谓之性也。在众人，则不能识。随其所知，故仁者谓之仁，知者谓之知，百姓则由之而不知。故君子之道，人鲜克知也。

运行之迹，生育之功，"显诸仁"也；神妙无方，变化无迹，"藏诸用"也。"天地不与圣人同忧"，天地不宰，圣人有心也。天地无心而成化，圣人有心而无为。天地、圣人之盛德大业，可谓至矣。

"富有"，溥博也；"日新"，无穷也。生生相续，变易而不穷也。乾始物而有象，坤成物而体备，法象著矣。推数可以知来物。通变不穷，事之理也。天下之有，不离乎阴阳。惟神也，莫知其乡，不测其为刚柔、动静也。

《易》道广大，推远则无穷，近言则安静而正。天地之间，万物之理，无有不同。乾，"静也专"，"动也直"。"专"，专一；"直"，直易。惟其专、直，故其生物之功大。坤，静翕动辟。坤体动则开，应乾开阖而广生万物。"广大"，天地之功也；"变通"，四时之运也。一阴一阳，日月之行也。乾坤易简之功，乃至善之德也。

《易》之道，其至矣乎！圣人以《易》之道崇大其德业也。知则崇高，礼则卑下。高卑顺理，合天地之道也。高卑之位设，则《易》在其中矣。斯理也，成之在人则为性。成之者，性也。人心，存乎此理之所存，乃"道义之门"也。

"赜"，深远也。圣人见天下深远之事，而比拟其形容，体象其事类，故谓之象。天下之动，无穷也，必"观其会通"。"会通"，纲要也。乃以"行其典礼"。"典礼"，法度也，物之则也。系之辞以断其吉凶者，爻也。言天下之深远难知也，而

412

理之所有，不可厌也；言天下之动无穷也，而物有其方，不可紊也。拟度而设其辞，商议以察其动，"拟议，以成其变化"也。"变化"，爻之时义；"拟议"，议而言之也。举"鸣鹤在阴"以下七爻，拟议而言者也。余爻皆然。

有理则有气，有气则有数。行鬼神者，数也。数，气之用也。"大衍之数，五十"，数始于一，备于五。小衍之而成十，大衍之则为五十。五十，数之成也。成则不动，故损一以为用。"天地之数，五十有五"，"成变化而行鬼神"者也。变化言功，鬼神言用。

显明于道，而见其功用之神，故可与应对万变，可赞祐于神道矣，谓合德也。人惟顺理以成功，乃赞天地之化育也。

"知变化之道，则知神之所为也"，合与上文相连，不合在下章。言所以述理，"以言者尚其辞"，谓于言求理者，则存意于辞也；"以动者尚其变"，动则变也，顺变而动，乃合道也；制器作事，当体乎象；卜筮吉凶，当考乎占。"受命如响"，"遂知来物"，非神乎？曰感而通、求而得，精之至也。

自"天一"至"地十"，合在"天数五，地数五"上，简编失其次也。天一，生数；地六，成数。才有上五者，便有下五者。二五合而成阴阳之功，万物变化，鬼神之用也。

或曰："《乾》《坤》，《易》之门，其义难知，余卦则易知也。"曰："《乾》《坤》，天地也，万物乌有出天地之外者乎？知道者，统之有宗则然也，而在卦观之，《乾》《坤》之道简易，故其辞平直，余卦随时应变，取舍无常，至为难知也。知《乾》《坤》之道者，以为易则可也。"

图书在版编目（CIP）数据

周易程氏传 / (宋) 程颐著；邵逝夫导读 . —合肥：
黄山书社，2022.8
　　（儒家要典导读书系）
　　ISBN 978-7-5737-0244-9

Ⅰ . ①周… Ⅱ . ①程… ②邵… Ⅲ . ①《周易》—注
释 Ⅳ . ① B221.2

中国版本图书馆 CIP 数据核字 (2022) 第 148240 号

周易程氏传
ZHOUYICHENGSHIZHUAN

宋·程颐　撰
邵逝夫　导读

出 品 人　贾兴权
责任编辑　朱莉莉
责任印制　李　磊
装帧设计　观止堂 _ 未泯
出版发行　黄山书社（http ://www.hspress.cn）
地址邮编　安徽省合肥市蜀山区翡翠路 1118 号出版传媒广场 7 层 230071
印　　刷　安徽联众印刷有限公司
版　　次　2022 年 10 月第 1 版
印　　次　2022 年 10 月第 1 次印刷
开　　本　880 mm × 1230 mm　1/32
字　　数　350 千字
印　　张　13.25
书　　号　ISBN 978-7-5737-0244-9
定　　价　49.80 元

服务热线　0551-63533706

销售热线　0551-63533761

官方直营书店（http ://hsssbook.taobao.com）